❧ Preface ❧

Learning is not attained by chance,
It must be sought for with ardor
And attended with diligence.

배움은 우연히 얻어지는 것이 아니라
열성을 다해 갈구하고
부지런히 집중해야 얻을 수 있는 것입니다.
-Abigail Adams-

이 책의 구성과 특징

• Words & Phrases

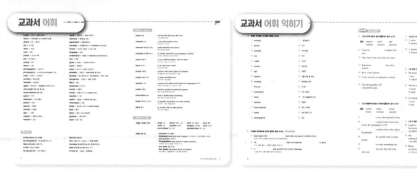

교과서 어휘
- Words • Phrases
- Words in English • Words in Use

교과서 어휘 익히기_Step 1, 2
- 우리말 ↔ 영어 • 교과서 문장 속 어휘
- 실전형 문제

• Communication

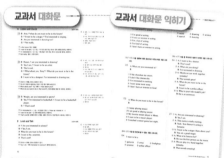

교과서 의사소통 표현
- Function 1, 2 • More Expressions
- Check-Up

교과서 대화문
- 교과서에 나오는 모든 대화문

교과서 대화문 익히기
- 실전형 문제

• Grammar

교과서 문법
- Point 1, 2 • More to Learn
- Grammar in Sentences
- Check-Up

교과서 문법 익히기
- 실전형 문제

• Reading

교과서 본문 분석
- 꼼꼼한 첨삭식 문장 분석

교과서 본문 익히기 ❶ ❷
- 알맞은 말 고르기
- 영작하기

교과서 본문 외 지문 분석
- 본문 외 교과서에 나오는 모든 지문

내신
백신

중등 기출문제집

1학기 기말고사
English 1

김기택

PART II

· 내신대비 실전 문제

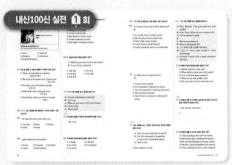

· 내신대비 실전 문제

영역별 실전 1회, 2회
· 영역별 실전형 문제
· Vocabulary · Communication
· Grammar · Reading

내신100신 실전 1회, 2회
· 학교 시험과 동일한 유형의 실전형 문제

내신100신 서술형 실전
· 다양한 유형의 서술형 문제

교과서 어휘 연습하기

교과서 대화문 연습하기 ❶❷❸

교과서 문법 연습하기

교과서 본문 연습하기 ❶❷❸❹❺

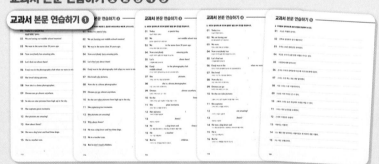

교과서 본문 "나만의" 분석 노트

꼭! 외워야 할 교과서 문장

이 책의 차례

정답 및 해설

LESSON ♥

03

—

My Bright Future

의사소통 표현

▶ 관심사 표현하기
I'm interested in basketball.

▶ 장래 희망 묻고 답하기
A: **What do you want to be in the future?**
B: **I want to be** a singer.

언어 형식

▶ 동사의 과거형
She **loved** taking pictures.

▶ 접속사 when
He feels happy **when** he understands the dogs.

교과서 어휘

- [ ] **bright** (형) 밝은 (↔ dark 어두운)
- [ ] **future** (명) 미래 (past 과거, present 현재)
- [ ] **dream** (명) 꿈 (동) 꿈꾸다
- [ ] **job** (명) 일, 직업
- [ ] **draw** (동) 그리다
- [ ] **cool** (형) 멋진
- [ ] **poster** (명) 포스터, 벽보
- [ ] **join** ~에 가입하다
- [ ] **acting** (명) 연기
- [ ] **drone** (명) 드론
- [ ] **photographer** (명) 사진작가
- [ ] **photography** (명) 사진 촬영 (photograph 사진)
- [ ] **cook** (명) 요리사 (동) 요리하다
- [ ] **exciting** (형) 흥미진진한
- [ ] **fantastic** (형) 환상적인
- [ ] **agree** (동) 동의하다 (↔ disagree 동의하지 않다)
- [ ] **role model** 역할 모델, 롤 모델
- [ ] **movie director** 영화 감독
- [ ] **space** (명) 우주
- [ ] **astronaut** (명) 우주 비행사
- [ ] **person** (명) 사람
- [ ] **special** (형) 특별한
- [ ] **reunion** (명) 동창회
- [ ] **ago** (부) ~ 전에
- [ ] **capture** (동) 정확히 포착하다
- [ ] **moment** (명) 순간

- [ ] **teach** (동) 가르치다 (↔ learn 배우다)
- [ ] **manners** (명) 예의범절, 예의
- [ ] **application** (명) 애플리케이션
- [ ] **translate** (동) 번역[통역]하다 (명) translation 번역, 통역)
- [ ] **human** (형) 인간의; 사람의 (명) 인간, 사람
- [ ] **language** (명) 언어
- [ ] **understand** (동) 이해하다 (-understood-understood)
- [ ] **tour** (명) 여행
- [ ] **guide** (명) 안내인 (동) 안내하여 데려가다
- [ ] **travel** (동) 여행하다
- [ ] **leave** (동) 떠나다 (↔ arrive 도착하다)
- [ ] **possible** (형) 가능한 (↔ impossible 불가능한)
- [ ] **faraway** (형) 멀리 떨어진, 먼 (= far, distant) (↔ near 가까운)
- [ ] **dangerous** (형) 위험한 (↔ safe 안전한)
- [ ] **Mars** (명) 화성
- [ ] **classmate** (명) 반 친구
- [ ] **tourist** (명) 여행객
- [ ] **create** (동) 만들어 내다 (명) creation 창조)
- [ ] **reporter** (명) 기자
- [ ] **useful** (형) 유용한 (↔ useless 쓸모 없는)
- [ ] **information** (명) 정보
- [ ] **break** (동) 깨뜨리다, 부수다 (-broke-broken)
- [ ] **floor** (명) 바닥
- [ ] **alone** (부) 혼자 (= by oneself)
- [ ] **guitarist** (명) 기타 연주자
- [ ] **band** (명) 밴드, 악단

- [ ] **in the future** 장차, 미래에
- [ ] **be interested in** ~에 관심[흥미]이 있다
- [ ] **take pictures** 사진을 찍다
- [ ] **in fact** 사실상, 실제로는
- [ ] **be famous for** ~으로 유명하다

- [ ] **find out** 알아내다
- [ ] **take care of** ~을 돌보다 (= look after)
- [ ] **translate A into B** A를 B로 통역[번역]하다
- [ ] **take A to B** A를 B에 데리고 가다
- [ ] **in front of** ~ 앞에서 (= before)

☐ **future** 미래
the time that will come after now
지금 이후에 올 시간

☐ **moment** 순간
a very short period of time
아주 짧은 기간의 시간

☐ **manners** 예의범절, 예의
polite behaviors and actions
예의 바른 행동과 행위

☐ **translate** 번역[통역]하다
to change words from one language to another
단어를 한 언어에서 다른 언어로 바꾸다

☐ **travel** 여행하다
to go to different places, often far away
다른 장소로, 종종 먼 곳으로 가다

☐ **leave** 떠나다
to go away from a place
어떤 장소를 떠나다

☐ **tourist** 여행객
a person who visits a place for pleasure
즐거움을 위해 어떤 장소를 방문하는 사람

☐ **create** 만들어 내다
to make something new
새로운 어떤 것을 만들다

☐ **reporter** 기자
a person who writes news stories for newspapers or TV
신문이나 TV를 위한 뉴스 기사를 쓰는 사람

☐ **useful** 유용한
helpful or good for a particular purpose
특정 목적에 도움이 되거나 좋은

☐ **information** 정보
facts or details about something
어떤 것에 대한 사실이나 세부사항

☐ **break** 깨뜨리다, 부수다
to separate into pieces or to stop working
조각으로 나누거나 작동을 멈추다

☐ **alone** 혼자
by oneself, with no other people
혼자, 다른 사람 없이

· Words in Use ·

☐ 직업을 나타내는 단어

singer 가수	**dancer** 무용수, 댄서	**artist** 화가, 예술가	**actor** 배우
writer 작가	**scientist** 과학자	**designer** 디자이너	**cook** 요리사
soccer player 축구 선수		**baseball player** 야구 선수	

☐ 직업과 하는 일

- astronaut 우주 비행사
  Astronauts travel and work in space. 우주 비행사는 우주에서 여행하고 일한다.
- photographer 사진작가
  Photographers take pictures of great moments.
  사진작가는 멋진 순간들을 사진으로 찍는다.
- tour guide 관광 가이드
  Tour guides tell people about nice places.
  관광 가이드는 사람들에게 멋진 장소들에 대해 말한다.

교과서 어휘 익히기

A 영어는 우리말로, 우리말은 영어로 쓰시오.

01	exciting		17	~을 돌보다	
02	person		18	순간	
03	possible		19	사진 촬영	
04	tour		20	언어	
05	create		21	떠나다	
06	reunion		22	환상적인	
07	ago		23	유용한	
08	capture		24	역할 모델, 롤 모델	
09	translate		25	예의범절, 예의	
10	find out		26	안내인	
11	understand		27	우주 비행사	
12	travel		28	~에 관심[흥미]이 있다	
13	reporter		29	특별한	
14	movie director		30	장차, 미래에	
15	space		31	멀리 떨어진, 먼	
16	photographer		32	정보	

B 우리말과 일치하도록 빈칸에 알맞은 말을 쓰시오. 교과서 문장 속 어휘

01 Eunji was in the _____ club when we were in middle school.
(은지는 우리가 중학교에 다닐 때 사진 동호회에 있었다.)

02 He _____ them and teaches _____ to them.
(그는 그들을 돌보고 그들에게 예절을 가르친다.)

03 It _____ dog sounds into human language.
(그것은 개의 소리를 사람의 언어로 번역한다.)

STEP 2 실력 다지기

A 다음 빈칸에 알맞은 말을 보기에서 골라 쓰시오.

> 보기
> capture   travel   ago
> reunion   manners   guitarist

01 I want to _____ to Japan next year.

02 They were in the same class two years _____.

03 Kids learn _____ from their parents.

04 He is a very famous _____.

05 I can't wait for our elementary school _____.

06 The photographer will _____ a beautiful sunset.

B 다음 영영풀이에 알맞은 단어를 보기에서 골라 쓰시오.

> 보기
> tourist   alone   create
> future   moment   reporter

01 _____ : a very short period of time

02 _____ : a person who writes news stories for newspapers or TV

03 _____ : a person who visits a place for pleasure

04 _____ : by oneself; with no other people

05 _____ : to make something new

06 _____ : the time that will come after now

C 다음 중 나머지 단어와 성격이 다른 하나를 고르시오.

01 ① artist   ② tour   ③ scientist
    ④ astronaut   ⑤ soccer player

02 ① pianist   ② guitarist   ③ cellist
    ④ drummer   ⑤ painter

D 다음 밑줄 친 단어와 의미가 반대인 것을 고르시오.

01 He doesn't <u>teach</u> children.
    ① join   ② learn   ③ play
    ④ capture   ⑤ translate

02 The bus will <u>leave</u> the station soon.
    ① travel   ② love   ③ arrive
    ④ guide   ⑤ take

03 It is <u>dangerous</u> to drive too fast.
    ① cool   ② bright   ③ useful
    ④ safe   ⑤ possible

E 다음 우리말과 일치하도록 빈칸에 알맞은 말을 쓰시오.

01 I need to _____ _____ what time the movie starts.
    (나는 영화가 몇 시에 시작하는지 알아봐야 해.)

02 She _____ _____ _____ cooking Italian food.
    (그녀는 이탈리아 음식을 요리하는 것에 관심이 있어.)

03 Please _____ _____ _____ my plants while I'm away.
    (내가 없는 동안 내 식물들을 돌봐줘.)

교과서 의사소통 표현 ───────────────

FUNCTION 1 관심사 표현하기

 Are you interested in basketball? 너는 농구에 관심이 있니?

Yes, **I'm interested in** basketball. 응, 나는 농구에 관심이 있어.

◆ 상대방이 관심 있어 하는 것을 물을 때에는 Are you interested in ～?으로 표현한다.
◆ 이에 대한 대답은 I'm interested in ～.으로 한다.
◆ 전치사 in 뒤에는 basketball 같은 명사나 playing 같은 동명사가 온다.

More ♉ Expressions

▶ 관심사를 말하는 표현
I'm interested in science. 나는 과학에 관심이 있다.
I'm interested in cooking. 나는 요리에 관심이 있다.
I have an interest in Korean history. 나는 한국사에 관심이 있다.
I have an interest in learning new languages. 나는 새로운 언어를 배우는 것에 관심이 있다.

▶ 관심사를 묻고 답하는 표현
A: **What are you interested in?** 너는 무엇에 관심이 있니?
B: **I'm interested in** musicals. 나는 뮤지컬에 관심이 있어.

A: **What are you interested in?** 너는 무엇에 관심이 있니?
B: **I'm interested in** playing musical instruments. 나는 악기를 연주하는 것에 관심이 있어.

Check-Up ♉

01 다음 중 문장의 의미가 <u>다른</u> 하나는?

ⓐ I'm interested in drawing.
ⓑ I have a talent for drawing.
ⓒ I have an interest in drawing.

02 다음 대화의 빈칸에 공통으로 알맞은 말을 주어진 철자로 시작하여 쓰시오.

> A: What are you i＿＿＿＿＿ in? (너는 무엇에 관심이 있니?)
> B: I'm i＿＿＿＿＿ in traveling around the world.
> (나는 전 세계를 여행하는 것에 관심이 있어.)

(FUNCTION 2) 장래 희망 묻고 답하기

 What do you want to be in the future? 너는 미래에 무엇이 되고 싶어?

I want to be a singer. 나는 가수가 되고 싶어.

◆ 장래 희망을 물을 때에는 What do you want to be in the future?를 사용한다.
◆ 이에 대한 대답은 I want to be a(n) ~.으로 한다.

More
Expressions

▶ 장래 희망을 묻고 답하는 표현
A: **What do you want to be in the future?** 너는 미래에 무엇이 되고 싶어?
B: **I want to be** an actor. 나는 배우가 되고 싶어.
  I hope to be an actor. 나는 배우가 되기를 희망해.
  I wish to become an actor. 나는 배우가 되기를 바라.
  My dream is to be an actor. 내 꿈은 배우가 되는 거야.

▶ 직업을 묻고 답하는 표현
A: **What is your job?** 당신의 직업은 무엇인가요?
B: **I'm** a nurse. 나는 간호사예요.
  I work as a nurse. 나는 간호사로 일해요.

Check-Up

01 다음 질문에 대한 응답으로 알맞은 것은?

What do you want to be in the future?

ⓐ I'm a soccer player.
ⓑ I have a job as a nurse.
ⓒ I want to be a designer.

02 다음 중 빈칸에 들어갈 말로 알맞지 <u>않은</u> 것은?

I want to be a _____.

ⓐ dancer   ⓑ artist   ⓒ singer

교과서 대화문

· TOPIC 1 · Listen & Talk

A Listen and Check

교과서 46쪽

1 B Arin, ❶what do you want to be in the future?
   G ❷I want to be a singer. ❸I'm interested in singing.
   B Are you interested in dancing too?
   G ❹Not really.

≪ B: 아린, 너는 미래에 무엇이 되고 싶어?
   G: 나는 가수가 되고 싶어. 나는 노래하는 것에 관심이 있어.
   B: 춤에도 관심이 있어?
   G: 별로 없어.

❶ in the future: 장차, 미래에
❷ I want to be a(n) ~.은 '나는 ~이 되고 싶어.'라는 뜻으로 장래 희망을 말하는 표현이다.
❸ I'm interested in ~.은 '나는 ~에 관심이 있어.'라는 뜻으로 관심사를 말하는 표현이다.
❹ Not really.: 별로 (그렇지 않아).

2 B Haeun, ❶are you interested in drawing?
   G Yes, I am. ❷I want to be an artist.
   B That's cool.
   G ❸What about you, Tony? ❹What do you want to be in the future?
   B I want to be a designer. I'm interested in drawing too.

≪ B: 하은, 너는 그림 그리기에 관심이 있어?
   G: 응, 있어. 나는 화가가 되고 싶어.
   B: 멋지네.
   G: 너는 어때, 토니? 너는 미래에 무엇이 되고 싶어?
   B: 나는 디자이너가 되고 싶어. 나도 그림 그리기에 관심이 있어.

❶ 전치사 in 뒤에는 명사나 동명사가 온다.
❷ 첫소리가 모음으로 발음되는 단어가 오면 명사 앞에 an을 쓴다.
❸ What about you?: 너는 어때? (= How about you?)
❹ What do you want to be in the future?는 장래 희망을 물을 때 사용하는 표현이다.

3 G Woojin, are you interested in sports?
   B Yes, ❶I'm interested in basketball. ❷I want to be a basketball player.
   G ❸That's cool!

≪ G: 우진, 너는 스포츠에 관심이 있어?
   B: 응, 나는 농구에 관심이 있어. 나는 농구 선수가 되고 싶어.
   G: 멋지다!

❶ I'm interested in ~.: 나는 ~에 관심이 있다. (= I have an interest in ~.)
❷ I want to be a(n) ~.은 장래 희망을 말하는 표현이다.
❸ That's cool!은 상대방의 말이나 행동, 상황이 멋지거나 인상적일 때 사용하는 표현이다.

B Look and Talk

교과서 46쪽

A ❶Are you interested in science?
B ❷Yes, I am.
A What do you want to be in the future?
B I want to be a scientist.
A That's cool!

≪ A: 너는 과학에 관심이 있어?
   B: 응, 있어.
   A: 너는 미래에 무엇이 되고 싶어?
   B: 나는 과학자가 되고 싶어.
   A: 멋지다!

❶ 전치사 in 뒤에는 명사나 동명사가 온다.
❷ Yes, I am.: 뒤에 interested in science가 생략된 형태이다.

C Listen Up

교과서 47쪽

G Hey, Ben! ❶What are you doing?

B Hi, Taeyeon. ❷I'm looking at these school club posters.

G Oh, I see. Look! There is a drama club.

B Yes. I'm interested in acting. ❸I can join that club.

G What do you want to be in the future? ❹An actor?

B Yes, I want to be an actor. What about you?

G ❺I'm interested in taking pictures. So I want to be a photographer.

B Wow, cool! You can join the photography club, then.

❶ What are you doing?은 상대방에게 무엇을 하고 있는지 물을 때 사용하는 표현이다.
❷ look at: ~을 보다
❸ join that club: '그 동아리에 가입하다'는 뜻으로 동아리에 가입한다고 할 때는 join을 쓴다.
❹ An actor?: Do you want to be an actor?를 줄여서 말한 것이다.
❺ taking pictures: '사진 찍기'라는 뜻으로 전치사 in 뒤에는 동명사 형태가 온다.

G: 안녕, 벤! 뭐 하고 있어?
B: 안녕, 태연. 나는 이 학교 동아리 포스터들을 보고 있어.
G: 아, 그렇구나. 봐! 드라마 동아리가 있어.
B: 응. 나는 연기에 관심이 있어. 나는 그 동아리에 가입할 수 있어.
G: 너는 미래에 무엇이 되고 싶어? 배우?
B: 응, 나는 배우가 되고 싶어. 너는 어때?
G: 나는 사진 찍는 것에 관심이 있어. 그래서 나는 사진작가가 되고 싶어.
B: 와, 멋지다! 그럼 너는 사진 동아리에 가입할 수 있어.

D Talk Together

교과서 47쪽

A Suho, what are you interested in?

B I'm interested in cooking.

A I see. What do you want to be in the future?

B ❶I want to be a cook. What about you, Haerin?

A I'm interested in dancing. So I want to be a dancer.

B That's great. ❷You can do it!

❶ cook은 '요리하다'와 '요리사'라는 두 가지 의미가 있다. 여기서는 '요리사'라는 의미이다.
❷ You can do it!은 '너는 할 수 있어!'라는 뜻으로 상대방을 격려하거나 응원할 때 쓰는 표현이다.

A: 수호야, 너는 무엇에 관심이 있니?
B: 나는 요리에 관심이 있어.
A: 그렇구나. 너는 미래에 무엇이 되고 싶어?
B: 나는 요리사가 되고 싶어. 너는 어때, 해린아?
A: 나는 춤에 관심이 있어. 그래서 나는 댄서가 되고 싶어.
B: 멋지다. 넌 할 수 있어!

· TOPIC 2 · Real-Life Communication

My Role Model

교과서 48쪽

B ❶This movie is really exciting.

G Yeah. Tom Stewart's acting is fantastic.

B ❷I agree. ❸In fact, he is my role model. ❹I want to be a great actor like him.

G That's cool. Actually, I'm interested in movies too.

B Oh, really?

G Yes, I want to be a movie director. Julie Lee is my role model.

B ❺Maybe we can work together someday!

G ❻That sounds great!

B: 이 영화는 정말 흥미진진해.
G: 맞아. 톰 스튜어트의 연기는 환상적이야.
B: 동의해. 사실, 그는 내 역할 모델이야. 나는 그처럼 훌륭한 배우가 되고 싶어.
G: 멋지다. 사실, 나도 영화에 관심이 있어.
B: 오, 정말?
G: 응, 나는 영화 감독이 되고 싶어. 줄리 리는 내 역할 모델이야.
B: 아마 우리는 언젠가 함께 일할 수 있어!
G: 그거 참 좋겠다!

❶ really: '매우, 정말'이라는 뜻으로 형용사나 부사를 강조한다. (= very, so)
❷ I agree.는 '동의해.'라는 뜻으로 상대방의 의견에 대해 동의한다고 말할 때 사용하는 표현이다.
❸ In fact.: 실제, 사실은 (= Actually)
❹ like: '~처럼, ~ 같은'이라는 의미의 전치사
❺ work together: 함께 일하다 / someday: (미래 시점의) 어느 날, 언젠가
❻ That sounds great!는 '그거 좋다!' 또는 '그거 멋지다!'라는 뜻으로 상대방의 말에 대해 긍정적이거나 좋다고 생각할 때 사용하는 표현이다.

Step 2

교과서 49쪽

A Hey, Minjun. ❶Can you guess my role model?
B Sure, Yumi. What are you interested in?
A I'm interested in space.
B What is your role model's job?
A ❷He was an astronaut.
B ❸What is he famous for?
A ❹He was the first person on the moon.
B ❺I got it. Your role model is Neil Armstrong.
A Correct! I want to be a great astronaut like him.

《 A: 안녕, 민준. 내 역할 모델이 누구인지 맞춰볼래?
B: 물론이야, 유미. 너는 무엇에 관심이 있어?
A: 나는 우주에 관심이 있어.
B: 너의 역할 모델의 직업은 뭐야?
A: 그는 우주 비행사였어.
B: 그는 무엇으로 유명해?
A: 그는 달에 처음으로 간 사람이었어.
B: 알겠어. 너의 역할 모델은 닐 암스트롱이구나.
A: 맞아! 나는 그처럼 훌륭한 우주 비행사가 되고 싶어.

❶ Can you guess ~?: '~을 맞춰 볼래?'라는 뜻이다.
❷ astronaut는 첫소리가 모음이므로 앞에 a가 아니라 an을 쓴다.
❸ be famous for: ~으로 유명하다
❹ the first person: 첫 번째 사람 / moon은 '달'이라는 뜻으로 앞에 항상 the를 붙인다.
❺ I got it.은 '알았어.'라는 뜻으로 어떤 것을 이해했을 때 사용하는 표현이다.

· Lesson Review ·

A

교과서 58쪽

B Lily, what are you interested in?
G ❶I'm interested in playing the guitar. I want to be a guitarist.
B Oh, ❷I love music too!
G Really? What do you want to be in the future, Henry?
B I want to be a singer.
G That's cool! We can play in a band together someday.
B ❸That sounds amazing!

《 B: 릴리, 너는 무엇에 관심이 있어?
G: 나는 기타 치는 것에 관심이 있어. 나는 기타리스트가 되고 싶어.
B: 오, 나도 음악을 좋아해!
G: 정말? 헨리, 너는 미래에 무엇이 되고 싶어?
B: 나는 가수가 되고 싶어.
G: 멋지다! 언젠가 우리 함께 밴드에서 연주할 수 있을 거야.
B: 그거 정말 멋지다!

❶ play 뒤에 악기가 올 때는 악기명 앞에 반드시 the를 쓴다.
❷ love: 어떤 것을 아주 좋아하다 (like보다 강한 표현)
❸ amazing: '놀라운, 굉장한, 멋진'이라는 뜻으로 무언가가 매우 인상적이거나 감탄할 만할 때 사용한다.

01 다음 중 주어진 문장과 의미가 같은 것은?

> I'm interested in acting.

① I'm good at acting.
② I have an interest in acting.
③ I'm a fan of acting.
④ I'm fond of acting.
⑤ I don't have an interest in acting.

[02-03] 다음 질문에 대한 응답으로 자연스러운 것을 고르시오.

02
> A: What are you interested in?
> B: _____

① I like chocolate ice cream.
② I don't like cheesecake.
③ I'm interested in cooking.
④ I want some more soup.
⑤ I don't have an interest in food.

03
> A: What do you want to be in the future?
> B: _____

① I enjoy playing soccer.
② I am good at playing soccer.
③ My favorite soccer player is Messi.
④ I want to be a soccer player.
⑤ I watched a soccer game last night.

[04-05] 다음 중 빈칸에 쓸 수 없는 것을 고르시오.

04
> I want to be a _____.

① guitarist   ② artist   ③ firefighter
④ scientist   ⑤ police officer

05
> I'm interested in _____.

① music   ② drawing   ③ science
④ special   ⑤ dancing

[06-07] 다음 중 짝지어진 대화가 어색한 것을 고르시오.

06 ① A: I want to be a doctor.
    B: That's cool!
② A: What are you doing?
    B: I'm interested in drawing.
③ A: Maybe we can work together someday!
    B: That sounds great!
④ A: What do you want to be in the future?
    B: I want to be a police officer.
⑤ A: What is your role model's job?
    B: He is an astronaut.

07 ① A: Are you interested in drawing?
    B: Yes, I am.
② A: This movie is really exciting.
    B: Yeah. Tom Stewart's acting is fantastic.
③ A: I want to be a singer. How about you?
    B: You are a good singer.
④ A: What is he famous for?
    B: He was the first person on the moon.
⑤ A: We can play in a band together someday.
    B: That sounds amazing!

08 자연스러운 대화가 되도록 배열할 때 네 번째로 오는 말은?

> ⓐ Are you interested in science?
> ⓑ I want to be a scientist.
> ⓒ Yes, I am.
> ⓓ What do you want to be in the future?
> ⓔ That's cool!

① ⓐ ② ⓑ ③ ⓒ ④ ⓓ ⑤ ⓔ

[09-10] 다음 대화를 읽고, 물음에 답하시오.

A: Suho, what are you interested in?
B: I'm interested in cooking.
A: I see. What do you want to be in the future?
B: ⓐI want to be a cook. What about you, Haerin?
A: I'm interested in dancing. So I want to be a dancer.
B: That's great. ⓑYou can do it!

09 위 대화의 밑줄 친 ⓐ와 바꿔 쓸 수 없는 것은?

① My dream is to be a cook.
② I want to become a cook.
③ I hope to be a cook.
④ I enjoy cooking in my free time.
⑤ I wish to become a cook.

10 위 대화의 밑줄 친 ⓑ의 의도로 알맞은 것은?

① 응원 ② 권유 ③ 부탁
④ 제안 ⑤ 충고

[11-13] 다음 대화를 읽고, 물음에 답하시오.

G: Hey, Ben! What are you doing?
B: Hi, Taeyeon. I'm looking at these school club posters.
G: Oh, I see. Look! There is a drama club.
B: Yes. I'm interested in acting. I can ___ⓐ___ that club.
G: What do you want to be in the future? An actor?
B: Yes, I want to be an actor. What about you?
G: I'm interested in ___ⓑ___. So I want to be a photographer.
B: Wow, cool! You can ___ⓒ___ the photography club, then.

11 위 대화의 빈칸 ⓐ와 ⓒ에 공통으로 들어갈 동사로 알맞은 것은?

① start ② visit ③ join
④ quit ⑤ leave

12 위 대화의 빈칸 ⓑ에 들어갈 말로 알맞은 것은?

① cooking ② taking pictures
③ drawing ④ writing stories
⑤ listening to music

13 위 대화의 내용과 일치하지 <u>않는</u> 것은?

① 두 사람은 학교 동아리 포스터를 보고 있다.
② 벤은 연기에 관심이 있다.
③ 벤의 장래 희망은 배우이다.
④ 태연은 사진 찍는 것에 관심이 있다.
⑤ 태연의 장래 희망은 관광 가이드이다.

B : This movie is really exciting.
G: Yeah. Tom Stewart's acting is fantastic.
B : I agree. In fact, he is my role model.
I want to be a great actor like him.
G: That's cool. Actually, I'm interested in
_____ ⓐ _____ too.
B : Oh, really?
G: Yes, 나는 영화 감독이 되고 싶어. Julie Lee is
my role model.
B : Maybe we can work together someday!
G: _____ ⓑ _____

14 위 대화의 빈칸 ⓐ에 들어갈 말로 알맞은 것은?

① movies　　② music　　③ art
④ photos　　⑤ sports

15 위 대화의 밑줄 친 우리말과 일치하도록 괄호 안에 주어진 단어를 사용하여 영어로 쓰시오.

➡ _____
(want, movie director)

16 위 대화의 빈칸 ⓑ에 들어갈 말로 알맞은 것은?

① I'm sure it will be difficult.
② That sounds great!
③ I'm not really interested in that.
④ I don't think that's a good idea.
⑤ Actually, I like working alone.

A: Hey, Minjun. Can you guess my role
model?
B : Sure, Yumi. 너는 무엇에 관심이 있니?
A: I'm interested in space.
B : What is your role model's job?
A: He was an astronaut.
B : What is he famous for?
A: He was the first person on the moon.
B : I got it. Your role model is Neil Armstrong.
A: Correct! I want to be a great astronaut
like him.

17 위 대화의 밑줄 친 우리말과 일치하도록 주어진 단어를 바르게 배열하여 문장을 쓰시오.

you, interested, are, what, in

➡ _____

18 위 대화의 밑줄 친 like와 쓰임이 같은 것은?

① I like to read books after dinner.
② He sings like his favorite artist.
③ My sister likes going to the zoo.
④ Do you like eating out on weekends?
⑤ I don't like swimming in the river.

19 위 대화의 내용과 일치하지 않는 것은?

① Yumi is interested in space.
② Yumi wants to be an astronaut like Neil
Armstrong.
③ Minjun guessed Yumi's role model
correctly.
④ Neil Armstrong was an astronaut.
⑤ Neil Armstrong was the first person on
Mars.

교과서 문법

POINT 1 동사의 과거형

- She **loved** taking pictures. 그녀는 사진 찍는 것을 정말 좋아했다.
- We **were** in the same class 20 years ago. 우리는 20년 전에 같은 반이었다.

- ◆ 과거의 일을 표현할 때는 동사의 과거형을 쓴다. 과거형은 '~이었다', '~했다'라는 뜻이다.
- ◆ 일반동사의 과거형은 일반적으로 동사의 원형에 −(e)d를 붙이지만 -(e)d를 붙이지 않고 불규칙한 형태로 변하는 동사들도 있다.
- ◆ be동사의 경우 am과 is의 과거형은 was로, are의 과거형은 were로 쓴다.
- ◆ 과거시제와 함께 자주 쓰이는 부사는 yesterday, last ~, ~ ago 등이 있다.
  ㉐ last night, last year, last month, last week, two days ago, ten years ago 등

More to Learn ✓

▶ 불규칙 변화하는 일반동사의 과거형

go – **went**	come – **came**	see – **saw**	run – **ran**
eat – **ate**	meet – **met**	have – **had**	do – **did**

▶ 과거형의 부정문

be동사 과거형의 부정문은 was not[wasn't] 또는 were not[weren't]로 나타내고, 일반동사 과거형의 부정문은 「did not[didn't]+동사원형」으로 나타낸다.

Kevin **was not[wasn't]** sick, but he **did not[didn't]** attend the meeting.
케빈은 아프지 않았지만 회의에 참석하지 않았다.

Grammar in Sentences ✓

교과서 속 문법

- Eunji **was** in the photography club when we **were** in middle school.
  은지는 우리가 중학교에 다닐 때 사진 동호회에 있었다.
- He **was** a dog lover and **had** three dogs.
  그는 개를 정말 좋아하는 사람이었고 세 마리의 개를 키웠다.
- When Sohee **was** in middle school, she **liked** telling us about interesting places.
  소희가 중학교에 다닐 때, 그녀는 흥미로운 장소에 대해 우리에게 말하는 것을 좋아했다.
- She **loved** taking pictures. 그녀는 사진 찍는 것을 정말 좋아했다.

교과서➕

- She **was** happy to see an old friend. 그녀는 옛 친구를 만나서 기뻤다.
- They **were** excited during the concert. 그들은 콘서트 동안 신났다.
- My family **lived** in Busan last year. 나의 가족은 작년에 부산에 살았다.
- Amy **studied** for the math test last night. 에이미는 어젯밤에 수학 시험에 대비해 공부했다.
- I **went** to the amusement park with my friends. 나는 친구들과 함께 놀이공원에 갔다.
- We **saw** a beautiful rainbow after the rain. 우리는 비가 온 후에 아름다운 무지개를 보았다.
- My brother **didn't[did not]** help me with my homework.
  내 형은 나의 숙제를 도와주지 않았다.

Check-Up ✿

A 주어진 동사의 과거형을 써서 표를 완성하시오.

현재형	과거형	현재형	과거형	현재형	과거형
like		love		live	
clean		listen		visit	
play		study		do	
go		come		get	
see		win		know	
meet		have		read	
run		lose		make	

B 괄호 안에서 알맞은 말을 골라 문장을 완성하시오.

01 We (have / had) a surprise party yesterday. We (was / were) glad.

02 I (lose / lost) my bike last weekend. I (was / were) sad.

03 Brian (cooked / cooks) a delicious dinner last Saturday. He (was / were) proud.

04 They (meet / met) at the station yesterday. They (was / were) happy.

05 Susan (watches / watched) a thrilling movie last night. She (was / were) scared.

C 우리말과 일치하도록 괄호 안의 동사를 알맞은 형태로 바꿔 빈칸에 쓰시오.

01 Peter _____ late for school yesterday. (be) 피터는 어제 학교에 지각했다.

02 We _____ a soccer game on TV last night. (watch) 우리는 어젯밤 TV로 축구 경기를 보았다.

03 The store _____ at 10:30 yesterday. (close) 그 가게는 어제 10시 30분에 문을 닫았다.

04 They _____ very busy last weekend. (be) 그들은 지난 주말에 매우 바쁘지 않았다.

05 I _____ to Hangang Park yesterday. (go) 나는 어제 한강 공원에 가지 않았다.

D 다음 문장을 과거 시제 문장으로 바꿔 쓰시오.

01 Jenny enjoys listening to music. ➡ _____

02 My grandparents live in an old house. ➡ _____

03 Tom and I are very hungry. ➡ _____

04 I am happy to see my friends at the party. ➡ _____

05 Kevin runs to the subway station. ➡ _____

POINT 2 접속사 when

- He feels happy **when** he understands the dogs. 그는 그가 개의 말을 알아들을 때 행복을 느낀다.

- **When** he talks with the dogs, he uses a special application.
그가 개들과 대화할 때, 그는 특별한 애플리케이션(응용 프로그램)을 사용한다.

◆ 접속사는 절과 절을 연결해 주는 역할을 하며 접속사 뒤에는 주어와 동사를 포함한 완전한 형태의 절이 온다.
◆ 접속사 when은 '~할 때'라는 의미로 시간이나 때를 나타내는 부사절을 이끈다.
◆ 접속사 when으로 시작하는 부사절이 문장의 앞에 위치할 경우에는 뒤에 콤마(,)를 써서 주절과 부사절을 구분한다.

More to Learn ✄

▶ 시간 접속사 before, after
I always check my schedule **before** I start my day. 나는 하루를 시작하기 전에 항상 일정을 확인한다.
(= **Before** I start my day, I always check my schedule.)
You can watch TV **after** you do your homework. 너는 숙제를 한 후에 TV를 봐도 된다.
(= **After** you do your homework, you can watch TV.)

▶ 의문사 when
When does the movie start? 〈의문사〉 영화가 언제 시작해요?

Grammar in Sentences ✄

교과서 속 문법

- Eunji was in the photography club **when** we were in middle school.
은지는 우리가 중학교에 다닐 때 사진 동호회에 있었다.

- **When** Sohee was in middle school, she liked telling us about interesting places.
소희가 중학교에 다닐 때, 그녀는 흥미로운 장소에 대해 우리에게 말하는 것을 좋아했다.

교과서+

- Turn off the lights **before** you go to bed. 잠자리에 들기 전에 불을 꺼라.
- **After** she saw the movie, she went back home. 그녀는 영화를 본 후, 집으로 돌아갔다.
- We went outside **when** the rain stopped. 비가 멈췄을 때 우리는 밖으로 나갔다.
- **When** I was in elementary school, I loved reading comic books.
나는 초등학교에 다닐 때, 만화책 읽는 것을 좋아했다.
- Everyone cheered **when** the home team won the game.
홈팀이 경기를 이겼을 때 모든 사람이 환호했다.
- **When** I go to the bakery, I always buy cheesecake.
그 빵집에 갈 때, 나는 항상 치즈케이크를 산다.
- **When** I was a child, I used to visit my grandparents often.
어렸을 때, 나는 자주 조부모님을 방문하곤 했다.
- **When** my family traveled to Jeju Island, we stayed in a nice hotel.
나의 가족이 제주도를 여행했을 때, 우리는 멋진 호텔에 묵었다.
- **When** I won the writing contest, I was pleased. 글쓰기 대회에서 우승했을 때, 나는 기뻤다.

Check-Up 🍎

A 우리말과 일치하도록 괄호 안에서 알맞은 접속사를 고르시오.

01 You should wear a coat (when / before) it's cold outside. 밖이 추울 때는 코트를 입어야 해.

02 I usually take a walk (before / after) I go to bed. 나는 잠자리에 들기 전에 보통 산책을 한다.

03 (Before / When) I went outside, it was snowing. 내가 밖에 나갔을 때, 눈이 오고 있었다.

04 (After / Before) they had dinner, they played a board game. 그들은 저녁을 먹은 후, 보드 게임을 했다.

B 보기의 밑줄 친 부분과 쓰임이 다른 것을 모두 고르면?

> 보기 <u>When</u> we were kids, we used to play in the park every day.

ⓐ <u>When</u> will the new restaurant open?
ⓑ <u>When</u> the sun sets, the sky turns orange.
ⓒ You should wear a helmet <u>when</u> you ride your bike.
ⓓ <u>When</u> are you planning to visit your cousin?
ⓔ Please call me <u>when</u> you arrive at the airport.

C 다음 문장을 보기와 같이 바꿔 쓰시오.

> 보기 It started to rain when I arrived at home. ➡ When I arrived at home, it started to rain.

01 He loved to play soccer when he was a child. ➡ _____

02 When she sees her friends, she always smiles. ➡ _____

03 Everyone got on board when the train arrived. ➡ _____

D 괄호 안에 주어진 단어들을 바르게 배열하여 문장을 완성하시오.

01 나는 공부할 때 항상 음악을 듣는다. (when / listen to / studying / music / I'm)
  ➡ I always _____.

02 전화가 울렸을 때 나는 책을 읽고 있었다. (reading / the phone / when / a book / rang)
  ➡ I was _____.

03 그녀는 그 소식을 들었을 때 기뻤다. (when / heard / she / happy / the news)
  ➡ She was _____.

교과서 문법 익히기

[01-02] 다음 중 동사의 과거형이 바르지 <u>않은</u> 것을 고르시오.

01 ① am – was ② is – was
③ are – were ④ like – liked
⑤ study – studied

02 ① do – did ② have – haved
③ go – went ④ come – came
⑤ play – played

[03-05] 다음 빈칸에 들어갈 말로 알맞은 것을 고르시오.

03
> Emma didn't like math _____ she was little.
> 엠마는 어렸을 때 수학을 좋아하지 않았다.

① after ② before ③ when
④ if ⑤ because

04
> I checked my email _____ I went to bed.
> 나는 잠자리에 들기 전에 이메일을 확인했다.

① when ② before ③ and
④ after ⑤ but

05
> _____ he moved to the city, he made new friends.
> 그는 도시로 이사한 후에, 새로운 친구를 사귀었다.

① When ② Before ③ And
④ After ⑤ But

06 다음 중 빈칸에 들어갈 말로 알맞지 않은 것은?

> I watched a sci-fi movie _____.

① yesterday ② last night
③ now ④ last weekend
⑤ two hours ago

07 다음 중 빈칸에 공통으로 들어갈 말로 알맞은 것은?

> • My father and I _____ at the robot museum last weekend.
> • A lot of people _____ at the mall yesterday.

① are ② were ③ was
④ did ⑤ had

[08-09] 다음 중 밑줄 친 부분이 틀린 문장을 고르시오.

08 ① I <u>was</u> tired after working all day.
② He <u>was</u> late for the meeting this morning.
③ My sister <u>were</u> in the library last Saturday.
④ We <u>were</u> in the sixth grade last year.
⑤ Kevin and Lucas <u>were</u> playing in the park all afternoon.

09 ① I <u>finished</u> my homework last night.
② He <u>visitted</u> his grandparents last week.
③ She <u>studied</u> hard for her exams.
④ We <u>cooked</u> dinner together yesterday.
⑤ They <u>enjoyed</u> the concert last weekend.

10 다음 빈칸에 들어갈 말이 순서대로 바르게 짝지어진 것은?

> • Jake _____ to Paris last summer.
> • He _____ his room yesterday.
> • They _____ soccer last weekend.

① travels – cleans – play
② travels – cleaned – play
③ travels – cleaned – played
④ traveled – cleaned – played
⑤ traveled – cleans – play

11 보기의 동사를 어법에 맞게 사용하여 다음 글을 완성하시오.

> 보기   have   read   go

> We (1)_____ to the library last Saturday. We (2)_____ science books there. We (3)_____ a good time.

12 다음 빈칸에 알맞은 말이 순서대로 바르게 짝지어진 것은?

> • They _____ a fantastic time at the concert yesterday.
> • In 20 years, we _____ robot friends.

① have – have
② have – will have
③ had – have
④ had – will have
⑤ had – had

13 다음 빈칸에 들어갈 말로 알맞지 <u>않은</u> 것은?

> Daniel _____ last weekend.

① visited a museum
② eat out for dinner
③ went to a concert hall
④ had a surprise party
⑤ made some delicious cookies

14 다음 중 밑줄 친 부분의 쓰임이 <u>다른</u> 하나는?

① He was jogging <u>when</u> it started to snow.
② <u>When</u> I was a child, I loved playing with toys.
③ <u>When</u> she called, I was already on my way home.
④ <u>When</u> did you start learning Spanish?
⑤ We were having dinner <u>when</u> the phone rang.

15 우리말과 일치하도록 괄호 안의 동사를 알맞은 형태로 바꿔 쓰시오.

> Andy _____ playing online games in his free time. (love)
> 앤디는 여가 시간에 온라인 게임하는 것을 좋아했다.

16 우리말과 일치하도록 주어진 단어를 바르게 배열하여 문장을 완성하시오.

> 나는 어렸을 때, 자주 가족과 함께 캠핑을 갔다.
> (young / was / when / I)

➡ _____, I often went camping with my family.

교과서 본문 분석

❶ Today is a special day.
　　　　be동사

❷ We are having our middle school reunion!
　　현재진행형(be동사+v-ing): ~하고 있다

❸ We were in the same class 20 years ago.
　　be동사 are의 과거형　　　　　　　　~ 전에 〈부사〉

❹ Now everybody has amazing jobs.
　　　단수 취급　　　3인칭 단수 현재형(have로 쓰지 않도록 주의)
　알아내다

❺ Let's find out about them!
　Let's+동사원형: ~하자　　= amazing jobs

❻ Eunji was in the photography club when we were in middle school.
　　　be동사 is의 과거형　　　　　　~할 때 〈접속사〉　be동사 are의 과거형
　love의 과거형

❼ She loved taking pictures.
　= Eunji　　동명사(loved의 목적어)

❽ Now she is a drone photographer.
　　　　be동사의 3인칭 단수형
　　　　동사원형

❾ Drones can go almost anywhere.
　~할 수 있다 〈조동사〉　거의 〈부사〉 어디든, 아무데나

❿ So she can take pictures from high up in the sky.
　그래서 〈접속사〉　　　　　　　~에서부터

⓫ She captures great moments.
　　3인칭 단수 현재형

⓬ Her pictures are amazing!
　She의 소유격

⓭ How about Jimin?
　~은 어때? (= What about)

　　　be동사 is의 과거형(동사 1)　　have의 과거형(동사 2)
⓮ He was a dog lover and had three dogs.
　= Jimin　　　　　　동위접속사

⓯ He is a teacher now.
　　be동사

⓰ But he doesn't teach children.
　그러나 〈접속사〉 일반동사의 부정형 child의 복수형

20년 후에 친구들 다시 만나기

❶ 오늘은 특별한 날이다.

❷ 중학교 동창회가 있기 때문이다!

❸ 우리는 20년 전에 같은 반이었다.

❹ 지금은 모두가 놀랄 만한 직업을 가지고 있다.

❺ 그것들에 대해 알아보자!

❻ 은지는 우리가 중학교에 다닐 때 사진 동호회에 있었다.

❼ 그녀는 사진 찍는 것을 정말 좋아했다.

❽ 지금 그녀는 드론 사진작가이다.

❾ 드론은 거의 어디든 갈 수 있다.

❿ 그래서 그녀는 높은 하늘에서 사진을 찍을 수 있다.

⓫ 그녀는 멋진 순간들을 포착한다.

⓬ 그녀의 사진들은 놀랍다!

Q1 은지는 중학교 때 어떤 동호회에 있었나요?

⓭ 지민이는 어떨까?

⓮ 그는 개를 정말 좋아하는 사람이었고 세 마리의 개를 키웠다.

⓯ 그는 지금 선생님이다.

⓰ 그러나 그는 아이들을 가르치지 않는다.

⓱ He teaches dogs!
3인칭 단수 현재형

동사 1   동사 2
⓲ He takes care of them and teaches manners to them.
= dogs   등위접속사 「teach+직접목적어+to+간접목적어」

⓳ When he talks with the dogs, he uses a special application.
~할 때 <접속사> ~와 대화하다

┌translate A into B: A를 B로 번역하다┐
⓴ It translates dog sounds into human language.
= a special application

~할 때 <접속사>
㉑ He feels happy when he understands the dogs.
「감각동사 feel+형용사」: ~하게 느끼다

㉒ Sohee works as a tour guide.
~로서(자격)

㉓ She travels all around the world.
= Sohee

㉔ But she doesn't leave Korea.
일반동사의 부정형

㉕ How is that possible?
= 전 세계를 여행하지만 한국을 떠나지 않는 것

㉖ She guides tourists in a VR world!
= Virtual Reality(가상 현실)

like의 과거형   ~에 대해
㉗ When Sohee was in middle school, she liked telling us about
~할 때 <접속사> be동사 is의 과거형   동명사(liked의 목적어)

interesting places.

㉘ Now she does the same thing with her tourists.
같은 일을 하다   ~와 함께

= her tourists
㉙ She also takes them to faraway and dangerous places.
또한   take A to B: A를 B에 데리고 가다

㉚ She even travels to Mars.
심지어 ~로 여행하다 화성(항상 대문자로 씀)

㉛ That sounds exciting!
「감각동사 sound+형용사」: ~하게 들리다

⓱ 그는 개를 가르친다!

⓲ 그는 개를 돌보고 그들에게 예절을 가르친다.

⓳ 그가 개들과 대화할 때, 그는 특별한 애플리케이션(응용 프로그램)을 사용한다.

⓴ 그것은 개의 소리를 사람의 언어로 번역한다.

㉑ 그는 그가 개의 말을 알아들을 때 행복을 느낀다.

Q2 지민이는 개를 이해하기 위해 무엇을 사용하나요?

㉒ 소희는 관광 가이드로 일한다.

㉓ 그녀는 전 세계를 여행한다.

㉔ 그러나 그녀는 한국을 떠나지 않는다.

㉕ 어떻게 그것이 가능할까?

㉖ 그녀는 VR 세계에서 관광객들을 안내한다!

㉗ 소희가 중학교에 다닐 때, 그녀는 흥미로운 장소에 대해 우리에게 말하는 것을 좋아했다.

㉘ 지금 그녀는 관광객에게 같은 것을 한다.

㉙ 그녀는 그들을 멀고 위험한 장소에도 데려간다.

㉚ 그녀는 심지어 화성으로 여행을 간다.

㉛ 그건 흥미롭게 들린다!

Q3 소희는 어떤 방법으로 전 세계를 여행하나요?

🎀 본문과 일치하도록 둘 중에서 알맞은 말을 골라 문장을 완성하시오.

01 Today is / are a special day.

오늘은 특별한 날이다.

02 We are have / having our middle school reunion!

중학교 동창회가 있기 때문이다!

03 We was / were in the same class 20 years ago.

우리는 20년 전에 같은 반이었다.

04 Now everybody has / have amazing jobs.

지금은 모두가 놀랄 만한 직업을 가지고 있다.

05 Let's find out about they / them !

그것들에 대해 알아보자!

06 Eunji was in the photography club but / when we were in middle school.

은지는 우리가 중학교에 다닐 때 사진 동호회에 있었다.

07 She loved takes / taking pictures.

그녀는 사진 찍는 것을 정말 좋아했다.

08 Now she is / was a drone photographer.

지금 그녀는 드론 사진작가이다.

09 Drones can go / goes almost anywhere.

드론은 거의 어디든 갈 수 있다.

10 So she can take pictures to / from high up in the sky.

그래서 그녀는 높은 하늘에서 사진을 찍을 수 있다.

11 She capture / captures great moments.

그녀는 멋진 순간들을 포착한다.

12 She / Her pictures are amazing!

그녀의 사진들은 놀랍다!

13 Who / How about Jimin?

지민이는 어떨까?

14 He was a dog lover and has / had three dogs.

그는 개를 정말 좋아하는 사람이었고 세 마리의 개를 키웠다.

15 He is / was a teacher now.

그는 지금 선생님이다.

16 But he don't / doesn't teach children.

그러나 그는 아이들을 가르치지 않는다.

17 He teach / teaches dogs!

그는 개를 가르친다!

18 He takes care of them and teaches manners to / for them.

그는 개를 돌보고 그들에게 예절을 가르친다.

19 And / When he talks with the dogs, he uses a special application.

그가 개들과 대화할 때, 그는 특별한 애플리케이션(응용 프로그램)을 사용한다.

20 It translates dog sounds into / from human language.

그것은 개의 소리를 사람의 언어로 번역한다.

21 He feels happy / happily when he understands the dogs.

그는 그가 개의 말을 알아들을 때 행복을 느낀다.

22 Sohee works as / for a tour guide.

소희는 관광 가이드로 일한다.

23 She travel / travels all around the world.

그녀는 전 세계를 여행한다.

24 But she doesn't leave / leaves Korea.

그러나 그녀는 한국을 떠나지 않는다.

25 How / What is that possible?

어떻게 그것이 가능할까?

26 She guide / guides tourists in a VR world!

그녀는 VR 세계에서 관광객들을 안내한다!

27 When Sohee was in middle school, she liked tells / telling us about interesting places.

소희가 중학교에 다닐 때, 그녀는 흥미로운 장소에 대해 우리에게 말하는 것을 좋아했다.

28 Now she do / does the same thing with her tourists.

지금 그녀는 관광객에게 같은 것을 한다.

29 She also takes they / them to faraway and dangerous places.

그녀는 그들을 멀고 위험한 장소에도 데려간다.

30 She even travels to mars / Mars.

그녀는 심지어 화성으로 여행을 간다.

31 That sounds / looks exciting!

그건 흥미롭게 들린다!

🏅 우리말을 보고 주어진 표현을 바르게 배열하여 본문 문장을 완성하시오.

01 오늘은 특별한 날이다. [day / special / is / a / today]

_____

02 중학교 동창회가 있기 때문이다! [having / our / middle school / we / are / reunion]

_____

03 우리는 20년 전에 같은 반이었다. [in / the same / we / ago / were / class / 20 years]

_____

04 지금은 모두가 놀랄 만한 직업을 가지고 있다. [everybody / now / amazing jobs / has]

_____

05 그것들에 대해 알아보자! [let's / about / find out / them]

_____

06 은지는 우리가 중학교에 다닐 때 사진 동호회에 있었다.
[Eunji / in / when / we / the photography club / was / middle school / were / in]

_____

07 그녀는 사진 찍는 것을 정말 좋아했다. [taking / she / loved / pictures]

_____

08 지금 그녀는 드론 사진작가이다. [is / now / she / a drone photographer]

_____

09 드론은 거의 어디든 갈 수 있다. [go / almost / drones / can / anywhere]

_____

10 그래서 그녀는 높은 하늘에서 사진을 찍을 수 있다.
[she / can / so / from high up / take pictures / in the sky]

_____

11 그녀는 멋진 순간들을 포착한다. [she / great / captures / moments]

_____

12 그녀의 사진들은 놀랍다! [pictures / are / her / amazing]

_____

13 지민이는 어떨까? 그는 개를 정말 좋아하는 사람이었고 세 마리의 개를 키웠다.
[about / how / Jimin] [was / he / a dog lover / three dogs / and / had]

_____

14 그는 지금 선생님이다. 그러나 그는 아이들을 가르치지 않는다.
[a teacher / he / is / now] [doesn't / but / children / he / teach]

_____

15 그는 개를 가르친다! 그는 개를 돌보고 그들에게 예절을 가르친다.
[dogs / teaches / he] [he / them / and / teaches / takes care of / to them / manners]

---

16 그가 개들과 대화할 때, 그는 특별한 애플리케이션(응용 프로그램)을 사용한다.
[he / the dogs / when / talks with / he / a special application / uses]

---

17 그것은 개의 소리를 사람의 언어로 번역한다.
[it / dog sounds / into / translates / human language]

---

18 그는 그가 개의 말을 알아들을 때 행복을 느낀다.
[when / he / happy / understands / he / feels / the dogs]

---

19 소희는 관광 가이드로 일한다. 그녀는 전 세계를 여행한다.
[works / Sohee / as / a tour guide] [travels / she / around / all / the world]

---

20 그러나 그녀는 한국을 떠나지 않는다. [she / leave / doesn't / but / Korea]

---

21 어떻게 그것이 가능할까? [how / that / possible / is]

---

22 그녀는 VR 세계에서 관광객들을 안내한다! [tourists / in / she / guides / a VR world]

---

23 소희가 중학교에 다닐 때, 그녀는 흥미로운 장소에 대해 우리에게 말하는 것을 좋아했다.
[when / about / telling / was / she / in / middle school / us / liked / Sohee / interesting places]

---

24 지금 그녀는 관광객에게 같은 것을 한다. [now / the same thing / with / does / she / her tourists]

---

25 그녀는 그들을 멀고 위험한 장소에도 데려간다.
[she / them / and / dangerous / takes / also / faraway / to / places]

---

26 그녀는 심지어 화성으로 여행을 간다. 그건 흥미롭게 들린다!
[she / to / even / Mars / travels] [sounds / that / exciting]

교과서 본문 외 지문 분석

Real-Life Communication_Presentation Time!

Yumi is interested in space. Her role model is Neil Armstrong. He
be interested in:~에 관심이 있다

was an astronaut. He was the first person on the moon. Yumi
be동사 is의 과거형   첫 번째의 〈서수〉   moon 앞에는 반드시 the를 붙임

wants to be a great astronaut like him. She can do it!
want to be: ~되기를 원하다   ~처럼 〈전치사〉   ~할 수 있다 〈조동사〉

》 유미는 우주에 관심이 있다. 그녀의 역할 모델은 닐 암스트롱이다. 그는 우주 비행사였다. 그는 달에 처음으로 간 사람이었다. 유미는 그처럼 훌륭한 우주 비행사가 되고 싶어 한다. 그녀는 해낼 수 있다!

After You Read_C
교과서 55쪽

I'm Nick. I'm a reporter. When I was in middle school, I liked
I am의 줄임말   ~할 때 〈접속사〉 be동사 is의 과거형   like의 과거형

talking in front of people. Now I report the news on TV every
동명사 (liked의 목적어) ~ 앞에서   TV로

night. I give useful information to people.
give A to B: B에게 A를 주다 (= give people useful information)

》 저는 닉입니다. 저는 기자입니다. 제가 중학교에 다닐 때, 저는 사람들 앞에서 이야기하는 것을 좋아했습니다. 지금 저는 매일 밤 TV에서 뉴스를 보도합니다. 저는 사람들에게 유용한 정보를 전달합니다.

Think & Write_Step 1
교과서 57쪽

This is my life graph. It shows big events in my life.
= life graph   사건

When I was seven, I met my best friend, Jisu. I was glad. When I
~할 때 〈접속사〉   meet의 과거형   ~할 때 〈접속사〉

was nine, I was very sick. I was sad. When I was twelve, I went to a
~할 때 〈접속사〉   go의 과거형

K-pop concert. I was happy.

What will happen next? I don't know, but I'm excited for the
will+동사원형 (미래)   그러나 〈접속사〉

future!

》 이것은 나의 인생 그래프이다. 그것은 나의 인생의 큰 사건들을 보여준다. 내가 7살이었을 때, 내 최고의 친구 지수를 만났다. 기뻤다. 내가 9살이었을 때, 나는 매우 아팠다. 슬펐다. 내가 12살이었을 때, 나는 K-pop 콘서트에 갔다. 행복했다.
다음에는 무슨 일이 일어날까? 잘 모르겠지만, 나는 미래가 기대된다!

Lesson Review_A
교과서 58쪽

Lily is interested in playing the guitar. She wants to be a guitarist.
~에 관심이 있다   동명사 (전치사 뒤)   want to be: ~되기를 원하다

Henry also loves music. He wants to be a singer. They can play
또한   3인칭 단수 현재형   조동사+동사원형

in a band together someday.
미래의 어느 날

》 릴리는 기타 연주에 관심이 있어요. 그녀는 기타리스트가 되고 싶어 해요. 헨리도 음악을 사랑해요. 그는 가수가 되고 싶어 해요. 그들은 언젠가 함께 밴드에서 연주할 수 있어요.

🌱 우리말을 참고하여 빈칸에 알맞은 말을 쓰시오.

Real-Life Communication_Presentation Time!

Yumi ❶_____ _____ _____ space. Her role model is
Neil Armstrong. He ❷_____ an astronaut. He was ❸_____
_____ person on ❹_____ _____. Yumi ❺_____
_____ _____ a great astronaut ❻_____ him. She can do
it!

《 유미는 우주에 관심이 있다. 그녀의 역할 모델은 닐 암스트롱이다. 그는 우주 비행사였다. 그는 달에 처음으로 간 사람이었다. 유미는 그처럼 훌륭한 우주 비행사가 되고 싶어 한다. 그녀는 해낼 수 있다!

After You Read_C

I'm Nick. I'm a reporter. ❼_____ I was in middle school, I
liked talking ❽_____ _____ _____ people. Now I report
the news on TV every night. I give ❾_____ _____ to people.

《 저는 닉입니다. 저는 기자입니다. 제가 중학교에 다닐 때, 저는 사람들 앞에서 이야기하는 것을 좋아했습니다. 지금 저는 매일 밤 TV에서 뉴스를 보도합니다. 저는 사람들에게 유용한 정보를 전달합니다.

Think & Write_Step 1

This is my life graph. It shows big events in ❿_____ _____.
When I was seven, I ⓫_____ my best friend, Jisu. I was
⓬_____. When I was nine, I was very ⓭_____. I was sad.
When I was twelve, I went to a K-pop concert. I was happy.
What ⓮_____ _____ next? I don't know, but I'm
⓯_____ for the future!

《 이것은 나의 인생 그래프이다. 그것은 나의 인생의 큰 사건들을 보여준다.
내가 7살이었을 때, 내 최고의 친구 지수를 만났다. 기뻤다. 내가 9살이었을 때, 나는 매우 아팠다. 슬펐다. 내가 12살이었을 때, 나는 K-pop 콘서트에 갔다. 행복했다.
다음에는 무슨 일이 일어날까? 잘 모르겠지만, 나는 미래가 기대된다!

Lesson Review_A

Lily is interested in ⓰_____ the guitar. She wants to be a
⓱_____. Henry also loves music. He wants to be a ⓲_____.
They ⓳_____ _____ in a band together ⓴_____.

《 릴리는 기타 연주에 관심이 있어요. 그녀는 기타리스트가 되고 싶어 해요. 헨리도 음악을 사랑해요. 그는 가수가 되고 싶어 해요. 그들은 언젠가 함께 밴드에서 연주할 수 있어요.

❦ Vocabulary

01 다음 중 빈칸에 들어갈 말로 알맞지 <u>않은</u> 것은?

> I want to be a _____ .

① cook   ② designer   ③ scientist
④ actor   ⑤ baseball player

[02-03] 다음 영영풀이가 설명하는 말을 고르시오.

02
> a person who writes news stories for newspapers or TV

① actor   ② tourist   ③ astronaut
④ reporter   ⑤ photographer

03
> to change words from one language into another

① leave   ② translate   ③ travel
④ create   ⑤ guide

04 다음 빈칸에 들어갈 말이 순서대로 바르게 짝지어진 것은?

> • I will _____ care of my brother.
> • Let's _____ out the answer to the question.

① find – take   ② find – make
③ take – travel   ④ take – make
⑤ take – find

[서술형]

05 우리말과 일치하도록 빈칸에 알맞은 말을 쓰시오.

> 너는 미래에 무엇이 되고 싶어?
> ➡ What do you want to be in the _____ ?

❦ Communication

06 다음 중 말의 의도가 나머지와 <u>다른</u> 것은?

① I want to be a photographer.
② I hope to be a photographer.
③ I love taking pictures.
④ I wish to become a photographer.
⑤ My dream is to be a photographer.

[07-08] 다음 중 응답으로 가장 알맞은 것을 고르시오.

07
> A: I want to be a dancer. What about you?
> B: _____

① Your dancing is fantastic.
② I want to be a movie director.
③ That's great.
④ You can join the dance club.
⑤ We can work together someday.

08
> A: What are you interested in?
> B: _____

① You're interested in music.
② My favorite movie is *Frozen*.
③ I don't like musicals.
④ I'm interested in Korean culture.
⑤ I'm not interested in foreign cultures.

09 다음 중 짝지어진 대화가 <u>어색한</u> 것은?

① A: What are you interested in?
   B: I'm interested in art.
② A: Are you interested in movies?
   B: Yes, I'm interested in sports.
③ A: What do you want to be in the future?
   B: I want to be a nurse.
④ A: What are you doing?
   B: I'm listening to music.
⑤ A: I want to be a cook. What about you?
   B: I want to be a dancer.

[10-11] 다음 대화를 읽고, 물음에 답하시오.

> G: Hey, Ben! What are you doing?
>
> B: Hi, Taeyeon. I'm _____ⓐ_____ at these school club posters.
>
> G: Oh, I see. Look! There is a drama club.
>
> B: Yes. I'm interested in acting. I can join that club.
>
> G: 너는 미래에 무엇이 되고 싶어? An actor?
>
> B: Yes, I want to be an actor. What about you?
>
> G: I'm interested in _____ⓑ_____ pictures. So I want to be a photographer.
>
> B: Wow, cool! You can join the photography club, then.

10 위 대화의 빈칸 ⓐ와 ⓑ에 들어갈 말이 바르게 짝지어진 것은?

① look – take
② looking – take
③ look – taking
④ looking – taking
⑤ to look – taking

서술형

11 위 대화의 밑줄 친 우리말과 일치하도록 주어진 단어를 사용하여 문장을 쓰시오..

> _____
>
> (want, future)

서술형

12 다음 대화를 읽고, 내용과 일치하도록 빈칸에 알맞은 말을 쓰시오.

> B: Arin, what do you want to be in the future?
>
> G: I want to be a singer. I'm interested in singing.
>
> B: Are you interested in dancing too?
>
> G: Not really.

> Arin is not interested in _____.

서술형

13 그림을 보고, 질문에 알맞은 답을 완성하시오.

> Q: What are you interested in?
>
> A: _____

🐂 Grammar

14 다음 중 짝지어진 과거형이 바르지 <u>않은</u> 것은?

① go – went
② come – came
③ meet – met
④ run – runned
⑤ have – had

15 다음 중 밑줄 친 부분이 바르지 <u>않은</u> 것은?

① I <u>was</u> in the book club last year.
② He <u>was</u> ten years old four years ago.
③ We <u>were</u> in the sixth grade last year.
④ She <u>were</u> so cute when she was a kid.
⑤ They <u>were</u> happy to see their favorite singer.

서술형

16 다음 괄호 안의 동사를 알맞은 형태로 바꿔 과거형 문장을 완성하시오.

> • He _____ reading webtoons on his phone. (like)
>
> • Lisa _____ hard for her final exams. (study)

17 다음 문장의 빈칸에 들어갈 말이 바르게 짝지어진 것은?

> • Tony _____ an elementary school
>   student last year.
> • Mina _____ chocolate cookies
>   yesterday.

① is – bakes   ② be – baked

③ was – bakes   ④ was – baked

⑤ were – baked

18 다음 문장을 과거 시제로 <u>잘못</u> 바꾼 것은?

① My grandparents live on Jeju Island.
  ➡ My grandparents lived on Jeju Island.
② We study math in the morning.
  ➡ We studied math in the morning.
③ My parents watch TV after dinner.
  ➡ My parents watched TV after dinner.
④ They play badminton after school.
  ➡ They played badminton after school.
⑤ Jenny and Lucy are good friends.
  ➡ Jenny and Lucy was good friends.

고난도

19 다음 중 밑줄 친 부분이 접속사로 쓰인 문장을 <u>모두</u> 고른
것은?

> ⓐ We went outside <u>when</u> the rain stopped.
> ⓑ <u>When</u> does the last train leave?
> ⓒ Please turn off the lights <u>when</u> you
>   leave.
> ⓓ <u>When</u> is your mother's birthday?

① ⓐ, ⓑ   ② ⓐ, ⓒ

③ ⓑ, ⓒ   ④ ⓐ, ⓒ, ⓓ

⑤ ⓑ, ⓒ, ⓓ

서술형

20 두 문장의 뜻이 같도록 빈칸에 알맞은 말을 쓰시오.

> When they heard the news, they all
> started cheering.

➡ _____
when _____.

🍊 Reading

[21-22] 다음 글을 읽고, 물음에 답하시오.

> Today is a special day. We are having our
> middle school reunion! We _____(be) in
> the same class 20 years ago. Now everybody
> has amazing jobs. Let's find out about them!

서술형

21 괄호 안의 동사를 알맞은 형태로 바꿔 쓰시오.

_____

22 윗글의 내용으로 보아 다음 질문에 대한 답으로 알맞은
것은?

> Q: Why is today special?
> A: It's special because _____.

① today is their high school reunion

② today is their elementary school reunion

③ today is their middle school reunion

④ they are celebrating a holiday

⑤ they are meeting after 25 years

[23-24] 다음 글을 읽고, 물음에 답하시오.

Eunji was ____ⓐ____ the photography club when we were in middle school. She loved taking pictures. Now she is a drone photographer. Drones can go almost anywhere. So she can take pictures ____ⓑ____ high up in the sky. She captures great moments. Her pictures are amazing!

23 윗글의 빈칸 ⓐ와 ⓑ에 들어갈 말이 바르게 짝지어진 것은?

① in – of   ② in – from
③ in – to   ④ on – from
⑤ from – in

서술형

24 다음 영영풀이에 알맞은 단어를 윗글에서 찾아 쓰시오.

_____ : a very short period of time

[25-26] 다음 글을 읽고, 물음에 답하시오.

How about Jimin? He ①was a dog lover and had three dogs. He ②was a teacher now. But he doesn't teach children. He teaches dogs! He takes care of them and ③teaches manners to them. When he talks with the dogs, he ④uses a special application. It translates dog sounds into human language. He ⑤feels happy when he understands the dogs.

25 윗글의 밑줄 친 ①~⑤ 중, 어법상 어색한 것은?

①   ②   ③   ④   ⑤

26 윗글의 내용으로 보아 지민이 개들과 소통하기 위해 사용하는 방법은?

① He uses sign language.
② He uses a special application.
③ He speaks directly to the dogs.
④ He writes notes to the dogs.
⑤ He uses body language only.

[27-28] 다음 글을 읽고, 물음에 답하시오.

Sohee works as a _____. She ①travels all around the world. But she doesn't leave Korea. How is that possible? She ②guides tourists in a VR world! When Sohee was in middle school, she ③likes telling us about interesting places. Now she ④does the same thing with her tourists. She also takes them to faraway and dangerous places. She even ⑤travels to Mars. That sounds exciting!

27 윗글의 빈칸에 들어갈 말로 알맞은 것은?

① actor   ② writer   ③ singer
④ tour guide   ⑤ soccer player

서술형

28 윗글의 밑줄 친 ①~⑤ 중, 어법상 어색한 것을 찾아 번호를 쓰고 바르게 고쳐 쓰시오.

_____ ➡ _____

❦ Vocabulary

01 다음 중 빈칸에 들어갈 말로 알맞지 <u>않은</u> 것은?

> Daniel wants to be an _____.

① actor ② artist ③ engineer
④ astronaut ⑤ scientist

[02-03] 다음 영영풀이가 설명하는 말을 고르시오.

02
> a person who visits a place for pleasure

① artist ② writer ③ tourist
④ reporter ⑤ astronaut

03
> a very short period of time

① tour ② moment ③ future
④ reunion ⑤ manners

04 다음 빈칸에 들어갈 말이 순서대로 바르게 짝지어진 것은?

> • Drones can _____ almost anywhere.
> • We are _____ our middle school reunion!
> • She liked _____ us about interesting places.

① go – have – tell
② go – having – tell
③ go – having – telling
④ going – having – tell
⑤ to go – having – telling

서술형

05 우리말과 일치하도록 빈칸에 알맞은 말을 쓰시오.

> 나는 사진작가가 되고 싶다.
> ➡ I want to be a _____.

❦ Communication

06 다음 중 말의 의도가 나머지와 <u>다른</u> 것은?

① I'm a nurse.
② My job is to help patients.
③ I work as a nurse.
④ I work at a hospital.
⑤ I want to be a nurse.

[07-08] 다음 중 응답으로 가장 알맞은 것을 고르시오.

07
> A: What are you interested in?
> B: _____

① I'm a baseball player.
② I'm interested in playing sports.
③ I don't have an interest in art.
④ I'm not interested in music.
⑤ I don't like playing games.

08
> A: What do you want to be in the future?
> B: _____

① I want to be a movie director.
② You're interested in taking pictures.
③ I don't like horror movies.
④ I don't want to be a designer.
⑤ I'm not interested in art.

09 다음 중 짝지어진 대화가 <u>어색한</u> 것은?

① A: Are you interested in drawing?
  B: Yes, I am.
② A: I want to be a dancer.
  B: That's great. I can do it!
③ A: What do you want to be in the future?
  B: I want to be a scientist.
④ A: What is your role model's job?
  B: He was an astronaut.
⑤ A: What is he famous for?
  B: He was the first person on the moon.

[10-11] 다음 대화를 읽고, 물음에 답하시오.

B : This movie is really exciting.
G: Yeah. Tom Stewart's acting is fantastic.
B : I agree. In fact, he is my role model.
  I want to be a great actor like him.
G: That's cool. Actually, I'm interested in movies too.
B : Oh, really?
G: Yes, I want to be a movie director. Julie Lee is my role model.
B : Maybe we can work together someday!
G: _____

10 위 대화의 빈칸에 들어갈 말로 알맞은 것은?

① That sounds great!
② That's too bad.
③ That's disappointing.
④ Don't worry!
⑤ Have a good time!

11 위 대화의 내용과 일치하지 않는 것은?

① B는 배우가 되고 싶어 한다.
② G는 영화에 관심이 없다.
③ G는 톰 스튜어트의 연기가 훌륭하다고 생각한다.
④ B의 역할 모델은 톰 스튜어트이다.
⑤ G의 역할 모델은 줄리 리이다.

서술형
12 자연스러운 대화가 되도록 바르게 배열하시오.

A: Are you interested in science?
(B) I want to be a scientist.
(C) Yes, I am.
(D) What do you want to be in the future?
(E) That's cool!

A – (   ) – (   ) – (   ) – (   )

서술형
13 그림을 보고, 질문에 알맞은 응답을 빈칸에 쓰시오.

Q: What do you want to be in the future?
A: _____

Grammar

14 다음 중 짝지어진 과거형이 바르지 않은 것은?

① eat – ate   ② meet – met
③ do – did   ④ study – studyed
⑤ have – had

15 다음 중 밑줄 친 부분이 바르지 않은 것은?

① They were in the first grade last year.
② She was in the hospital last weekend.
③ Mike and I was very tired yesterday.
④ I loved taking pictures when I was young.
⑤ My cousin lived in the capital city.

서술형
16 다음 괄호 안의 동사를 알맞은 형태로 바꿔 과거형 문장을 완성하시오.

• They _____ their school uniform. (love)
• Tony _____ the drums in the school band. (play)

17 우리말과 일치하도록 빈칸에 알맞은 접속사를 쓰시오.

> Luke feels happy _____ he plays online games.
> (루크는 온라인 게임을 할 때 행복을 느낀다.)

18 다음 문장의 빈칸에 들어갈 수 <u>없는</u> 말은?

> We went to the new restaurant _____.

① yesterday   ② last month
③ last weekend   ④ three days ago
⑤ next week

19 다음 주어진 문장과 의미가 같은 것은?

> We had lunch before we went to the movies.

① We had lunch when we went to the movies.
② We had lunch while we went to the movies.
③ We went to the movies after we had lunch.
④ We had lunch but we went to the movies.
⑤ We went to the movies when we had lunch.

20 주어진 문장을 When으로 시작하여 다시 쓰시오.

> You need to rest when you're tired.

➜ When _____, _____.

🏅 Reading

21 다음 밑줄 친 우리말과 일치하도록 주어진 단어들을 바르게 배열하여 문장을 쓰시오.

> Today is a special day. We are having our middle school reunion! <u>우리는 20년 전에 같은 반이었다.</u> Now everybody has amazing jobs. Let's find out about them!

> in / ago / were / we / 20 years / the same class

_____

[22-23] 다음 글을 읽고, 물음에 답하시오.

> Eunji was in the ① photography club when we were in middle school. She loved taking ② pictures. Now she is a ③ drone photographer. Drones can go almost anywhere. So she can take pictures from high up in the ④ sky. She captures great moments. Her pictures are ⑤ disappointing!

22 윗글의 밑줄 친 ①~⑤ 중, 전체 흐름상 어색한 것은?

①   ②   ③   ④   ⑤

23 윗글의 내용과 일치하지 <u>않는</u> 것은?

① 은지는 중학교 때 사진 동호회에 있었다.
② 은지는 사진 찍는 것을 정말 좋아했다.
③ 은지는 지금 드론 사진작가이다.
④ 은지는 바닷속에서 사진을 찍을 수 있다.
⑤ 은지는 멋진 순간들을 포착하여 사진을 찍는다.

[24-26] 다음 글을 읽고, 물음에 답하시오.

How about Jimin? He was a dog lover and had three dogs. He is a teacher now. But he doesn't teach children. He teaches dogs! He takes care of them and teaches manners to them. ____ⓐ____ he talks with the dogs, he uses a special application. It translates dog sounds into human language. He feels happy ____ⓑ____ he understands the dogs.

24 윗글의 밑줄 친 them이 가리키는 것은?

① children   ② dogs
③ manners   ④ sounds
⑤ teachers

서술형

25 다음 영영풀이에 알맞은 단어를 윗글에서 찾아 쓰시오.

_____ : to change words from one language to another

26 윗글의 빈칸 ⓐ와 ⓑ에 공통으로 알맞은 것은?

① After[after]   ② When[when]
③ Before[before]   ④ And[and]
⑤ But[but]

[27-29] 다음 글을 읽고, 물음에 답하시오.

Sohee is a tour guide. She travels all around the world. (①) But she doesn't leave Korea. How is that possible? (②) She guides tourists in a VR world! (③) When Sohee was in middle school, she liked telling us about interesting places. (④) Now she does the same thing with her tourists. (⑤) She even travels to Mars. That sounds exciting!

서술형

27 윗글의 밑줄 친 문장과 같은 의미가 되도록 빈칸에 알맞은 말을 쓰시오.

Sohee works _____ a tour guide.

28 윗글의 흐름으로 보아, 주어진 문장이 들어갈 위치로 알맞은 곳은?

She also takes them to faraway and dangerous places.

①   ②   ③   ④   ⑤

29 윗글의 내용과 일치하지 않는 것은?

① 소희는 관광 가이드로 일한다.
② 소희는 한국을 떠나지 않고 전 세계를 여행한다.
③ 소희는 VR 세계에서 관광객들을 안내한다.
④ 소희는 흥미로운 장소에 대해 말하는 것을 좋아했다.
⑤ 소희는 실제로 화성으로도 여행을 간다.

01 다음 인물 소개 카드의 빈칸에 들어갈 말로 알맞은 것은?

Name: Neil Armstrong
Job: _____

What he is famous for:
He was the first person on the moon.

① actor
② scientist
③ designer
④ astronaut
⑤ basketball player

02 다음 중 밑줄 친 부분의 뜻풀이가 바르지 <u>않은</u> 것은?

① They <u>are interested in</u> camping.
　　　~에 흥미가 있다

② We were in the same class <u>20 years ago</u>.
　　　　　　　　　　　20년 전에

③ He <u>takes care of</u> homeless people.
　　~을 돌보다

④ Mike didn't like <u>taking pictures</u>.
　　　　　　　사진 찍기

⑤ David likes talking <u>in front of</u> people.
　　　　　　~ 뒤에서

[03-04] 다음 영영풀이에 해당하는 단어로 알맞은 것을 고르시오.

03

the time that will come after now

① moment
② leave
③ future
④ alone
⑤ break

04

polite behaviors and actions

① future
② manners
③ moment
④ create
⑤ information

05 다음 중 나머지와 의미가 다른 하나는?

① I hope to be a cook.
② I want to be a cook.
③ My dream is to be a cook.
④ I wish to become a cook.
⑤ My hobby is baking cookies.

06 두 사람의 대화 주제로 알맞은 것은?

A: What do you want to be in the future?
B: I want to be a guitarist.

① 장래 희망
② 자기소개
③ 여가 활동
④ 주말 계획
⑤ 음악 취향

[07-08] 다음 대화를 읽고, 물음에 답하시오.

A: Are you interested in painting?
B: <u>Yes, I am.</u>
A: What do you want to be in the future?
B: I want to be _____.
A: That's cool!

서술형

07 위 대화의 밑줄 친 문장의 뒤에 생략된 말을 쓰시오.

Yes, I am _____.

08 위 대화의 빈칸에 들어갈 말로 알맞은 것은?

① a singer
② a dancer
③ an artist
④ an engineer
⑤ an actor

09
> A: I want to be an actor. What about you?
> B: _____

① In my free time, I watch movies.
② My favorite movie is *Spiderman*.
③ I don't like action movies.
④ I want to be a movie director.
⑤ I enjoy watching movies on weekends.

10
> A: What are you interested in?
> B: _____

① I want to be a pianist.
② I'm interested in playing the piano.
③ Are you interested in playing the piano?
④ That sounds amazing!
⑤ I don't have an interest in playing the piano.

서술형

11 다음 대화를 읽고, 내용과 일치하도록 빈칸에 알맞은 말을 쓰시오.

> A: Tom, are you interested in sports?
> B: Yes, I'm interested in basketball.
>   I want to be a basketball player.
> A: That's cool!

➡ Tom's dream is to be _____.

[12-14] 다음 대화를 읽고, 물음에 답하시오.

> A: Hey, Minjun. Can you guess my role model?
> B: Sure, Yumi. What are you interested in?
> A: I'm interested in space.
> B: _____
> A: He was an astronaut.
> B: What is he famous for?
> A: 그는 달에 처음으로 간 사람이었다.
> B: I got it. Your role model is Neil Armstrong.
> A: Correct! I want to be a great astronaut like him.

12 위 대화의 빈칸에 들어갈 말로 알맞은 것은?

① Did he discover a new star?
② When did you meet your role model?
③ Is he a famous space engineer?
④ What is your role model's job?
⑤ Do you want to be an astronaut too?

서술형

13 위 대화의 밑줄 친 우리말과 일치하도록 괄호 안의 단어들을 이용하여 문장을 쓰시오.

> first, person, the moon

➡ _____

14 위 대화의 밑줄 친 like와 쓰임이 같은 것은?

① I like spending time with my family.
② She dances like a professional dancer.
③ Do you like listening to K-pop music?
④ We like to play basketball after school.
⑤ I like watching movies on the weekend.

15 다음 대화의 밑줄 친 부분 중, 흐름상 어색한 문장은?

A : ① Suho, what are you interested in?
B : ② I'm interested in cooking.
A : I see. ③ What do you want to be in the future?
B : ④ I want to be a cook. What about you, Haerin?
A : I'm interested in dancing. ⑤ So I want to be a cook too.
B : That's great. You can do it!

16 다음 중 밑줄 친 부분의 쓰임이 다른 하나는?

① When is the school festival?
② When I was young, I liked swimming.
③ We were happy when we heard the news.
④ I will call you when I arrive at the airport.
⑤ I listen to his songs when I am sad.

17 다음 중 어법상 어색한 문장을 모두 고른 것은?

ⓐ She watches a comedy yesterday.
ⓑ I visited the museum last weekend.
ⓒ He was late for school yesterday.
ⓓ Tom and I was very busy last night.

① ⓐ, ⓑ   ② ⓐ, ⓒ
③ ⓐ, ⓓ   ④ ⓑ, ⓒ
⑤ ⓐ, ⓒ, ⓓ

[18~20] 다음 대화를 읽고, 물음에 답하시오.

G : Hey, Ben! What are you doing?
B : Hi, Taeyeon. I'm (A)look at these school club posters.
G : Oh, I see. Look! There is a drama club.
B : Yes. I'm interested in acting. I can join that club.
G : What do you want to be in the future? An actor?
B : Yes, I want to be an actor. What about you?
G : I'm interested in (B)take pictures. So I want to be a photographer.
B : Wow, cool! You can join the photography club, then.

18 위 대화의 내용으로 보아, 태연이 가입하면 좋은 동아리로 알맞은 것은?

① drama club
② science club
③ photography club
④ music club
⑤ sports club

19 위 대화의 (A), (B)의 동사를 알맞은 형태로 바꿔 쓰시오.

(A) _____
(B) _____

20 위 대화의 밑줄 친 부분을 완전한 문장으로 쓰시오.

_____ an actor?

[21-22] 다음 글을 읽고, 물음에 답하시오.

> Today is a special day. We are having our middle school reunion! We were in the same class 20 years ago. Now everybody _____ amazing jobs. Let's find out about <u>them</u>!

21 윗글의 빈칸에 들어갈 동사의 형태로 알맞은 것은?

① have   ② has   ③ having
④ had   ⑤ to have

서술형

22 윗글의 밑줄 친 <u>them</u>이 가리키는 것을 찾아 쓰시오.

_____

[23-24] 다음 글을 읽고, 물음에 답하시오.

> Eunji ___ⓐ___ in the photography club when we ___ⓑ___ in middle school. <u>그녀는 사진 찍는 것을 아주 좋아했다.</u> Now she is a drone photographer. Drones can go almost anywhere. So she can take pictures from high up in the sky. She captures great moments. Her pictures are amazing!

23 윗글의 빈칸 ⓐ와 ⓑ에 알맞은 동사로 짝지어진 것은?

① was – was   ② was – were
③ were – was   ④ were – were
⑤ is – are

서술형

24 윗글의 밑줄 친 우리말과 일치하도록 주어진 단어를 사용하여 문장을 쓰시오.

> love, take, pictures

➡ _____

[25-27] 다음 글을 읽고, 물음에 답하시오.

> How about Jimin? He was a dog lover and ①<u>had</u> three dogs. He ②<u>is</u> a teacher now. But he ③<u>doesn't teach</u> children. He teaches dogs! He takes care of them and teaches manners to them. <u>그가 개들과 대화할 때, 그는 특별한 애플리케이션을 사용한다.</u> It translates dog sounds ④<u>into</u> human language. He feels ⑤<u>happily</u> when he understands the dogs.

25 윗글을 읽고 지민에 관해 답할 수 <u>없는</u> 질문은?

① Did Jimin love dogs?
② How many dogs did Jimin have?
③ What is Jimin's job?
④ What does Jimin use when talking with dogs?
⑤ How does Jimin feel when he walks his dog?

서술형

26 윗글의 밑줄 친 부분 중, 어법상 어색한 것은?

①   ②   ③   ④   ⑤

27 윗글의 밑줄 친 우리말과 일치하도록 주어진 말을 사용하여 문장을 완성하시오.

> _____,
> he uses a special application.
> (talk with, dogs)

[28-30] 다음 글을 읽고, 물음에 답하시오.

Sohee works as a tour guide. She travels all around the world. ____ⓐ____ she doesn't leave Korea. How is that possible? She guides tourists in a VR world! ____ⓑ____ Sohee was in middle school, she liked telling us about interesting places. Now she does the same thing with her tourists. She also takes them to faraway and ____ⓒ____ places. She even travels to Mars. That sounds exciting!

28 윗글의 빈칸 ⓐ와 ⓑ에 들어갈 접속사가 바르게 짝지어진 것은?

① And – When ② And – After
③ So – Before ④ But – When
⑤ But – After

29 윗글의 밑줄 친 the same thing이 가리키는 것을 우리말로 쓰시오.

_____

30 윗글의 빈칸 ⓒ에 들어갈 말로 알맞은 것은?

① safe   ② dangerous
③ boring   ④ beautiful
⑤ strange

01 다음 중 주어진 단어의 종류에 해당하지 <u>않는</u> 것은?

> job

① singer　　② writer　　③ actor
④ tourist　　⑤ scientist

02 다음 중 관심사와 장래 희망의 연결이 <u>어색한</u> 것은?

① science : scientist
② music : pianist
③ reading : writer
④ sports : soccer player
⑤ drawing : actor

[03-04] 다음 설명과 관련 있는 직업으로 알맞은 것을 고르시오.

03
> I report the news on TV every night. I give useful information to people.

① writer　　② singer　　③ reporter
④ scientist　　⑤ tour guide

04
> I'm interested in space. My role model is Neil Armstrong.

① actor　　② designer　　③ engineer
④ astronaut　　⑤ dancer

05 다음 중 빈칸에 들어갈 말로 알맞은 것은?

> It _____ dog sounds into human languages.

① takes　　② feels
③ translates　　④ teaches
⑤ captures

06 다음 대화의 주제로 알맞은 것은?

> A: What are you interested in?
> B: I'm interested in taking pictures.

① 학교 축제　　② 장래 희망
③ 여가 활동　　④ 관심사
⑤ 학교 동아리

서술형

07 자연스러운 대화가 되도록 (A)~(D)를 바르게 배열하시오.

> (A) What is your role model's job?
> (B) What is he famous for?
> (C) He was the first person on the moon.
> (D) He was an astronaut.

(　　) – (　　) – (　　) – (　　)

08 다음 대화의 빈칸에 들어갈 말로 알맞은 것은?

> A: I want to be a cook. What about you?
> B: I'm interested in dancing. _____

① I want to be a singer.
② So I want to be a dancer.
③ So I don't like dancing.
④ I enjoy cooking in my free time.
⑤ My hobby is reading books.

[09-10] 다음 대화를 읽고, 물음에 답하시오.

B : Haeun, are you interested in drawing? (①)

G : Yes, I am. I want to be an artist. (②)

B : That's cool. (③)

G : (④) What do you want to be in the future?

B : (⑤) I want to be a designer. I'm interested in drawing too.

09 위 대화의 ①~⑤ 중 주어진 문장이 들어갈 위치로 알맞은 것은?

What about you, Tony?

① ② ③ ④ ⑤

10 위 대화의 내용과 일치하지 <u>않는</u> 것은?

① 하은은 그림 그리기에 관심이 있다.

② 하은의 장래 희망은 화가이다.

③ 토니는 그림 그리기에 관심이 없다.

④ 토니의 장래 희망은 디자이너이다.

⑤ 두 사람은 장래 희망에 대해 이야기하고 있다.

서술형

11 다음 대화의 내용과 일치하도록 빈칸에 알맞은 말을 쓰시오.

B : Arin, what do you want to be in the future?

G : I want to be a singer. I'm interested in singing.

B : Are you interested in dancing too?

G : Not really.

→ Arin wants to be a _____. She is interested in _____ but not in _____.

[12-13] 다음 대화를 읽고, 물음에 답하시오.

B : This movie is really ①boring.

G : Yeah. Tom Stewart's acting is ②fantastic.

B : I agree. In fact, he is my role model. I want to be a ③great actor like him.

G : That's ④cool. Actually, I'm interested in movies too.

B : Oh, really?

G : Yes, I want to be a movie director. Julie Lee is my role model.

B : Maybe we can work together someday!

G : That sounds ⑤great!

12 위 대화의 밑줄 친 부분 중, 대화의 흐름상 <u>어색한</u> 것은?

① ② ③ ④ ⑤

서술형

13 위 대화의 밑줄 친 문장과 같은 뜻이 되도록 빈칸에 알맞은 말을 쓰시오.

I'm interested in movies too.

➡ I have an _____ in movies too.

고난도

14 다음 중 어법상 <u>어색한</u> 문장을 <u>모두</u> 고른 것은?

ⓐ Ryan moved to a new city last month.

ⓑ We studied together for the test last week.

ⓒ I goed to Jeju Island with my family last summer.

ⓓ She was talking on the phone when I enter her room.

① ⓐ, ⓑ   ② ⓐ, ⓒ   ③ ⓑ, ⓒ

④ ⓑ, ⓓ   ⑤ ⓒ, ⓓ

15 다음 우리말과 일치하도록 할 때 빈칸에 알맞은 것은?

> _____ the movie started, the audience became silent.
> 영화가 시작되었을 때, 관객들은 조용해졌다.

① When ② After ③ Before
④ And ⑤ Because

[16-17] 다음 대화를 읽고, 물음에 답하시오.

> B : Lily, what are you interested in?
> G : I'm interested in ___ⓐ___ the guitar. I want to be a guitarist.
> B : Oh, I love music too!
> G : Really? What do you want to be in the future, Henry?
> B : I want to be a singer.
> G : That's cool! We can ___ⓑ___ in a band together someday.
> B : That sounds amazing!

16 위 대화의 빈칸 ⓐ와 ⓑ에 들어갈 말이 순서대로 바르게 짝지어진 것은?

① play – play
② playing – play
③ playing – playing
④ playing – to play
⑤ to play – play

17 위 대화의 내용과 일치하지 <u>않는</u> 것은?

① 릴리는 기타 치는 것에 관심이 있다.
② 릴리는 기타리스트가 되고 싶어 한다.
③ 헨리는 음악을 좋아한다.
④ 헨리는 가수가 되고 싶어 한다.
⑤ 릴리와 헨리는 같은 밴드에서 연주하고 있다.

[18-20] 다음 대화를 읽고, 물음에 답하시오.

> G : Hey, Ben! What are you doing?
> B : Hi, Taeyeon. I'm looking at these school club posters.
> G : Oh, I see. Look! There is a drama club.
> B : Yes. I'm interested in acting. I can ___ⓐ___ that club.
> G : What do you want to be in the future? An actor?
> B : Yes, I want to be an actor. What about you?
> G : 나는 사진을 찍는 것에 관심이 있다. So I want to be a photographer.
> B : Wow, cool! You can ___ⓑ___ the photography club, then.

18 위 대화의 빈칸 ⓐ와 ⓑ에 공통으로 들어갈 말로 알맞은 것은?

① dream ② create ③ join
④ make ⑤ capture

[서술형]

19 다음 설명과 관련 있는 단어를 위 대화에서 찾아 쓰시오.

> _____ : a person who takes pictures of great moments

[서술형]

20 위 대화의 밑줄 친 우리말과 일치하도록 주어진 단어들을 배열하여 문장을 완성하시오.

> in / taking / interested / I'm / pictures

➡ _____

Today is a special day. We are having our middle school reunion! <u>We are in the same class 20 years ago.</u> Now everybody has amazing jobs. Let's find out _____ them!

21 윗글의 밑줄 친 문장에서 틀린 부분을 찾아 바르게 고쳐 문장을 다시 쓰시오.

➡ _____

22 윗글의 빈칸에 들어갈 말로 알맞은 것은?

① in   ② on   ③ of
④ from   ⑤ about

[23-24] 다음 글을 읽고, 물음에 답하시오.

Eunji was in the photography club when we were in middle school. She loved taking pictures. Now she is a drone photographer. Drones ___ⓐ___ go almost anywhere. So she ___ⓑ___ take pictures from high up in the sky. She captures great moments. Her pictures are amazing!

23 윗글의 빈칸 ⓐ와 ⓑ에 공통으로 알맞은 것은?

① will   ② can   ③ may
④ must   ⑤ should

24 윗글의 내용을 참고하여 빈칸에 알맞은 말을 쓰시오.

Eunji is now a _____ _____ capturing amazing moments from high up in the sky.

[25-27] 다음 글을 읽고, 물음에 답하시오.

How about Jimin? He was a dog lover and ___ⓐ___ three dogs. He is a teacher now. But he doesn't teach children. He teaches dogs! He takes care of them and teaches manners ___ⓑ___ them. When he talks ___ⓒ___ the dogs, he uses a special application. It translates dog sounds ___ⓓ___ human language. He feels happy when he understands the dogs.

25 윗글의 빈칸 ⓐ에 들어갈 말로 알맞은 것은?

① have   ② has   ③ had
④ having   ⑤ to have

26 윗글의 빈칸 ⓑ, ⓒ, ⓓ에 들어갈 말이 순서대로 바르게 짝지어진 것은?

① for – to – into
② for – with – into
③ of – with – into
④ to – with – into
⑤ to – of – into

서술형

27 다음 영영풀이에 해당하는 단어를 윗글에서 찾아 쓰시오.

> polite behaviors and actions

_____

29 윗글의 밑줄 친 as와 쓰임이 다른 것은?

① Kevin works as a firefighter.
② Brian works as a teacher at a middle school.
③ She takes care of sick people as a nurse.
④ He told us interesting stories as we went along.
⑤ I use this app as a math helper.

[28-30] 다음 글을 읽고, 물음에 답하시오.

Sohee works as a tour guide. She travels all around the world. (①) But she doesn't leave Korea. (②) How is that possible? She guides tourists in a VR world! (③) When Sohee was in middle school, 그녀는 흥미로운 장소에 대해 우리에게 이야기하는 것을 좋아했다. (④) She also takes them to faraway and dangerous places. She even travels to Mars. (⑤) That sounds exciting!

28 윗글의 흐름으로 보아, 주어진 문장이 들어갈 위치로 알맞은 곳은?

> Now she does the same thing with her tourists.

①   ②   ③   ④   ⑤

서술형

30 윗글의 밑줄 친 우리말과 일치하도록 빈칸에 알맞은 말을 쓰시오.

> When Sohee was in middle school, _____
> _____ .

01 다음 빈칸에 공통으로 알맞은 말을 쓰시오.

> • I will take care _____ his cat when he's on vacation.
> • There is a beautiful garden in front _____ my house.

02 다음 영영풀이가 설명하는 단어를 주어진 철자로 시작하여 쓰시오.

> to change words from one language to another

➡ t_____

03 다음 문장을 과거 시제로 바꿔 쓰시오.

(1) Many people are at the amusement park.

➡ _____

(2) My grandmother loves baking cookies.

➡ _____

(3) The children get up early.

➡ _____

04 다음 문장을 조건에 맞게 바꿔 쓰시오.

> He was nervous when he met his favorite actor.
>
> ➡ _____
> _____

> **조건**
> 1. When으로 시작하는 문장으로 쓸 것
> 2. 필요한 곳에 콤마(,)를 사용할 것

05 다음 설명과 관련 있는 직업을 찾아 빈칸에 쓰시오.

> photographer   astronaut   tour guide

(1) travel and work in space

→ _____

(2) take pictures of great moments

→ _____

(3) tell people about interesting places

→ _____

06 다음 대화의 밑줄 친 우리말과 일치하도록 주어진 단어를 바르게 배열하여 쓰시오.

> A: (1) 너는 미래에 무엇이 되고 싶니?
> B: (2) 나는 가수가 되고 싶어. I'm interested in singing.
> A: Are you interested in dancing too?
> B: Not really.

(1) _____

(want / you / do / what / to / in the future / be)

(2) _____

(I / to / a singer / want / be)

07 다음 빈칸에 공통으로 알맞은 말을 넣어 관심사를 묻고 답하는 대화를 완성하시오.

> A: Woojin, are you _____ in sports?
> B: Yes, I'm _____ in basketball. I want to be a basketball player.
> A: That's cool!

08 다음 중 어법상 어색한 문장을 세 개 찾아 바르게 고쳐 쓰시오.

> ⓐ We was in the same class 20 years ago.
> ⓑ Drones can go almost anywhere.
> ⓒ He was a dog lover and has three dogs when he was young.
> ⓓ He feels happy when he understands the dogs.
> ⓔ Sohee liked telling us about interesting places but she was in middle school.

기호	틀린 표현	바른 표현

09 다음 대화의 밑줄 친 부분을 우리말로 바르게 옮겨 쓰시오.

> A: (1) Are you interested in science?
> B: Yes, I am.
> A: What do you want to be in the future?
> B: (2) I want to be a scientist.
> A: That's cool!

(1) Are you interested in science?

➡ _____

(2) I want to be a scientist.

➡ _____

10 다음 글에서 틀린 부분이 있는 문장을 두 개 찾아 바르게 고쳐 쓰시오.

> ①Today is a special day. ②We are have our middle school reunion! ③We are in the same class 20 years ago. ④Now everybody has amazing jobs. ⑤Let's find out about them!

_____ : _____
_____ : _____

11 주어진 우리말에 맞게 다음 대화를 완성하시오.

> B : Haeun, are you interested in drawing?
> G: Yes, I am. I (1) _____ an artist. (나는 화가가 되고 싶어.)
> B : That's cool.
> G: What about you, Tony? What (2) _____ the future? (너는 미래에 무엇이 되고 싶어?)
> B : I want to be a designer. I'm (3) _____ too. (나도 그리는 것에 관심이 있어.)

[12–13] 다음 대화를 읽고, 물음에 답하시오.

> Yumi: Hey, Minjun. Can you guess my role model?
> Minjun: Sure, Yumi. What are you interested in?
> Yumi: I'm interested in space.
> Minjun: What is your role model's job?
> Yumi: He was an astronaut.
> (A) I got it. Your role model is Neil Armstrong.
> (B) What is he famous for?
> (C) He was the first person on the moon.
> (D) Correct! 나는 그처럼 위대한 우주 비행사가 되고 싶어.

12 유미의 말에 이어질 (A)~(D)의 순서를 바르게 배열하시오.

(   ) – (   ) – (   ) – (   )

13 위 대화의 밑줄 친 우리말을 영작하시오.

➡ _____

14 다음 대화를 읽고, 표를 완성하시오.

> A: Suho, what are you interested in?
> B: I'm interested in cooking.
> A: I see. What do you want to be in the future?
> B: I want to be a cook. What about you, Haerin?
> A: I'm interested in dancing. So I want to be a dancer.
> B: That's great. You can do it!

	수호	해린
관심 있는 것	(1)	(2)
장래 희망	(3)	(4)

17 다음 밑줄 친 문장을 과거 시제로 바꿔 쓰시오.

> (1) Eunji is in the photography club when we are in middle school. (2) She loves taking pictures. Now she is a drone photographer. Drones can go almost anywhere. So she can take pictures from high up in the sky. She captures great moments. Her pictures are amazing!

(1) _____

_____

(2) _____

[15~16] 다음 글을 읽고, 물음에 답하시오.

> How about Jimin? He was a dog lover and had three dogs. He is a teacher now. But he doesn't teach children. He teaches dogs! 그는 그들을 돌보고 그들에게 예절을 가르친다. When he talks with the dogs, he uses <u>a special application</u>. It translates dog sounds into human language. He feels happy when he understands the dogs.

15 윗글의 밑줄 친 우리말과 일치하도록 주어진 단어를 사용하여 바르게 영작하시오. 필요시 단어의 형태를 바꾸시오.

> teach, to, take care of, and, manners

➡ _____

16 윗글의 밑줄 친 <u>a special application</u>의 기능을 우리말로 설명하시오.

➡ _____

18 다음 글의 요약문을 조건에 맞게 완성하시오.

> Sohee works as a tour guide. She travels all around the world. But she doesn't leave Korea. How is that possible? She guides tourists in a VR world! When Sohee was in middle school, she liked telling us about interesting places. Now she does the same thing with her tourists. She also takes them to faraway and dangerous places. She even travels to Mars. That sounds exciting!

⬇

> Sohee is a VR _____ _____ who takes _____ to exciting _____ like Mars without _____ _____ .

조건

1. 본문에서 알맞은 단어를 찾아 쓸 것
2. 필요시 단어의 형태를 바꿀 것

LESSON

04

—

Be Safe
Everywhere

의사소통 표현

▶ **경고하기**
Be careful!

▶ **충고하고 답하기**
A: **You should** walk carefully.
B: **Okay, I will.**

언어 형식

▶ **동사의 목적어로 쓰이는 to부정사**
Minji wanted **to go** home quickly.

▶ **조동사 should, will**
You **should** keep them! / I **will** warm up before I play sports.

교과서 어휘

· Words ·

- ☐ **sidewalk** 명 인도
- ☐ **slippery** 형 미끄러운
- ☐ **matter** 명 문제
- ☐ **school zone** 어린이보호구역
- ☐ **hole** 명 구멍, 구덩이
- ☐ **bike lane** 자전거 전용도로
- ☐ **safety** 명 안전 (safe 형 안전한)
- ☐ **tip** 명 정보, 조언
- ☐ **sign** 명 표지판
- ☐ **watch** 동 주의하다
- ☐ **stair** 명 계단
- ☐ **learn** 동 배우다 (↔ teach 가르치다)
- ☐ **shout** 동 외치다
- ☐ **loudly** 부 큰 목소리로
- ☐ **cover** 동 가리다, 덮다
- ☐ **wet** 형 젖은 (↔ dry 마른)
- ☐ **cloth** 명 천
- ☐ **outside** 명 밖, 바깥쪽 (↔ inside 안쪽)
- ☐ **remember** 동 기억하다 (↔ forget 잊어버리다)
- ☐ **during** 전 ~ 동안
- ☐ **earthquake** 명 지진
- ☐ **ground** 명 바닥
- ☐ **something** 대 어떤 것
- ☐ **exactly** 부 맞아, 바로 그거야; 정확하게
- ☐ **classroom** 명 교실

- ☐ **cafeteria** 명 식당
- ☐ **accident** 명 사고
- ☐ **happen** 동 발생하다
- ☐ **common** 형 흔한
- ☐ **break** 명 쉬는 시간 동 깨지다
- ☐ **injure** 동 부상을 입다 (injury 명 부상)
- ☐ **ankle** 명 발목
- ☐ **land** 동 착지하다 명 땅, 육지
- ☐ **way** 명 방식, 방법
- ☐ **bump** 동 부딪치다
- ☐ **spill** 동 흘리다, 쏟다 (-spilt-spilt)
- ☐ **slip** 동 미끄러지다
- ☐ **example** 명 예, 예시
- ☐ **promise** 명 약속 동 약속하다
- ☐ **hold** 동 잡고[들고] 있다
- ☐ **excited** 형 신이 난
- ☐ **delicious** 형 맛있는
- ☐ **cloudy** 형 흐린, 구름이 낀 (cloud 명 구름)
- ☐ **vacation** 명 방학
- ☐ **weather report** 일기예보
- ☐ **follow** 동 ~에 따르다
- ☐ **crosswalk** 명 횡단보도
- ☐ **traffic light** 신호등
- ☐ **both** 형 양쪽의, 둘 다
- ☐ **cross** 동 (가로질러) 건너다, 횡단하다

· Phrases ·

- ☐ **slow down** (속도를) 늦추다 (↔ speed up 속도를 올리다)
- ☐ **wait for** ~을 기다리다
- ☐ **put on** ~을 입다[쓰다] (↔ take off ~을 벗다)
- ☐ **watch out for** ~을 조심하다
- ☐ **hold on to** ~에 의지하다, ~을 계속 잡고 있다
- ☐ **pick up** ~을 집다, ~을 들어 올리다 (↔ put down 내려 놓다)

- ☐ **warm up** 준비 운동을 하다
- ☐ **look around** ~을 둘러보다
- ☐ **go on a picnic** 소풍을 가다
- ☐ **go camping** 캠핑 가다
- ☐ **be care of** ~을 조심하다
- ☐ **make a fire** 불을 붙이다

☐ **sidewalk** 인도 | a path next to the road for people to walk on
도로 옆에 있는 사람들이 걸어 다니는 길

☐ **slippery** 미끄러운 | wet and smooth, making it easy to fall
젖고 매끄러워서 넘어지기 쉬운

☐ **matter** 문제 | a situation or subject that you must think about. discuss. or deal with
당신이 생각하고, 논의하거나, 다루어야 하는 상황이나 주제

☐ **safety** 안전 | the state of being safe
안전한 상태

☐ **stair** 계단 | a step that helps you go up or down
위로 올라가거나 아래로 내려가는 데 도움이 되는 계단

☐ **remember** 기억하다 | to keep something in your mind
무언가를 마음속에 간직하다

☐ **accident** 사고 | something bad that happens by chance
우연히 발생하는 나쁜 일

☐ **common** 흔한 | happening often or found frequently in many places
자주 일어나거나 여러 곳에서 흔히 발견되는

☐ **break** 쉬는 시간 | a short rest from work or play
일이나 놀이로부터의 짧은 휴식

☐ **injure** 부상을 입다 | to hurt yourself or someone else
자신이나 다른 사람을 다치게 하다

☐ **bump** 부딪치다 | to hit something by accident
실수로 무언가를 치다

☐ **hold** 잡고[들고] 있다 | to carry or keep something in your hands
무언가를 손에 들고 있거나 가지고 있다

☐ **crosswalk** 횡단보도 | a place where people can safely cross the street
사람들이 안전하게 길을 건널 수 있는 장소

· Words in Use ·

☐ 학교 시설과 관련된 표현들

classroom 교실　　cafeteria 식당　　hall 복도, 강당
library 도서관　　science lab 과학실　　school gate 교문

☐ 안전과 관련된 표현들

You should walk carefully. 조심해서 걸어야 한다.
You should put on a helmet. 헬멧을 써야 한다.
You should watch out for cars. 자동차를 조심해야 한다.
You should not drive too fast. 너무 빨리 운전하면 안 된다.
You should not use your smartphone when you walk.
걸을 때는 스마트폰을 사용하면 안 된다.

교과서 어휘 익히기 ━━━━━━━━━━━━━━━━━━

A 영어는 우리말로, 우리말은 영어로 쓰시오.

01 follow _____

02 shout _____

03 common _____

04 land _____

05 break _____

06 matter _____

07 excited _____

08 happen _____

09 cloth _____

10 slippery _____

11 stair _____

12 loudly _____

13 pick up _____

14 remember _____

15 cloudy _____

16 traffic light _____

17 hold on to _____

18 사고 _____

19 약속 _____

20 표지판 _____

21 지진 _____

22 밖, 바깥쪽 _____

23 안전 _____

24 부딪치다 _____

25 인도 _____

26 흘리다, 쏟다 _____

27 부상을 입다 _____

28 예, 예시 _____

29 횡단보도 _____

30 ~을 입다[쓰다] _____

31 발목 _____

32 가리다, 덮다 _____

33 미끄러지다 _____

34 (속도를) 늦추다 _____

B 우리말과 일치하도록 빈칸에 알맞은 말을 쓰시오. 교과서 문장 속 어휘

01 Sora _____ the hot soup on her arm. (소라는 그녀의 팔에 뜨거운 국을 쏟았다.)

02 She ran down the _____ and _____! (그녀는 계단을 뛰어 내려갔고 미끄러졌다!)

03 We looked at some _____ of _____ at school.
(우리는 학교에서 발생하는 사고의 몇 가지 예시들을 살펴보았다.)

STEP 2 실력 다지기

A 다음 빈칸에 알맞은 말을 보기에서 골라 쓰시오.

> 보기   spill   bump   sidewalk
> break   ankle   promise

01 She didn't _____ into her friend.

02 He kept his _____ to help me.

03 I hurt my _____ while playing.

04 Please walk on the _____ and not on the road.

05 Let's take a _____ and have some snacks.

06 Be careful not to _____ your drink on the carpet.

B 다음 영영풀이에 알맞은 단어를 보기에서 골라 쓰시오.

> 보기   slippery   injure   safety
> accident   common   remember

01 _____ : to hurt yourself or someone else

02 _____ : the state of being safe

03 _____ : to keep something in your mind

04 _____ : happening often or found frequently in many places

05 _____ : wet and smooth, making it easy to fall

06 _____ : something bad that happens by chance

C 다음 중 나머지 단어와 성격이 다른 것을 고르시오.

01 ① library   ② museum   ③ classroom
④ cafeteria   ⑤ science lab

02 ① ankle   ② finger   ③ knee
④ arm   ⑤ land

03 ① tennis   ② basketball   ③ soccer
④ accident   ⑤ dodgeball

D 다음 주어진 단어와 의미가 반대인 것을 고르시오.

01 remember
① watch   ② forget   ③ bump
④ slip   ⑤ happen

02 wet
① safe   ② cloudy   ③ dry
④ common   ⑤ slippery

E 다음 우리말과 일치하도록 빈칸에 알맞은 말을 쓰시오.

01 Please _____ _____ when you drive near schools.
(학교 근처에서 운전할 때는 속도를 늦춰주세요.)

02 It's cold outside. Don't forget to _____ _____ your coat.
(밖이 추워요. 코트 입는 것을 잊지 마세요.)

03 _____ _____ _____ the handrail when you go up the stairs.
(계단을 올라갈 때 난간을 붙잡으세요.)

교과서 의사소통 표현

경고하기

 Be careful! 조심해!

Oh, thank you. 오, 고마워.

◆ Be careful!은 '조심해!'라는 의미로 위험한 상황에 대해 경고하는 표현이다.

◆ 비슷한 표현으로 Watch out!, Look out!, Caution! 등이 있다.

More Expressions

▶ 경고하는 표현

A: **Be careful!** A car is coming! 조심해! 차가 오고 있어!
B: Oh, thank you. 오, 고마워.

▶ 경고하는 다른 표현

A: **Watch out!** It's really hot! 조심해! 정말 뜨거워!
B: Oh, thanks. I'll be careful. 오, 고마워. 조심할게.

A: **Look out!** A motorbike is coming! 조심해! 오토바이가 오고 있어!
B: Oh, thank you for the warning. 오, 경고해줘서 고마워.

Check-Up

01 다음 중 밑줄 친 말과 바꿔 쓸 수 있는 것은?

> A: Watch out! The floor is wet!
> B: Oh, thanks for the warning.

ⓐ Don't worry!   ⓑ Help me!   ⓒ Be careful!

02 자연스러운 대화가 되도록 바르게 배열한 것은?

> (A) Look out! A car is coming!
> (B) I'm going to cross the street.
> (C) Thanks! I'll wait until it passes.

ⓐ (A) – (C) – (B)   ⓑ (B) – (A) – (C)   ⓒ (B) – (C) – (A)

FUNCTION 2 충고하고 답하기

 You should walk carefully. 너는 조심스럽게 걸어야 해.

Okay, I will. 알았어, 그럴게.

◆ You should (not) ∼.은 '∼해야 해/∼하지 말아야 해.'라는 뜻으로 상대방에게 충고하는 표현이다.
◆ 조동사 should 뒤에는 반드시 동사원형이 온다.
◆ 충고하는 내용을 따를 때에는 Okay, I will. 또는 Okay, I won't.라고 답할 수 있다.

More Expressions

▶ 충고하고 답하는 표현
You should drink plenty of water every day. 매일 충분한 물을 마셔야 해.
You should not skip meals. 식사를 거르지 말아야 해.

▶ 충고나 제안하는 다른 표현
A: I'm late for the meeting. 회의에 늦었어.
B: **You'd better** take a taxi. 택시를 타는 게 좋겠어.

A: I'm feeling tired today. 오늘 너무 피곤해.
B: **Why don't you** get some rest? 좀 쉬는 게 어때?

A: I don't know what to cook for dinner. 저녁으로 무엇을 요리해야 할지 모르겠어.
B: **How about** making some pasta? 파스타를 만드는 건 어때?

Check-Up

01 다음 대화의 빈칸에 들어갈 수 <u>없는</u> 말은?

A: _____
B: Okay, I will.

ⓐ You should finish your homework.
ⓑ Let's watch a movie this weekend.
ⓒ How about drinking some water?

02 우리말과 일치하도록 괄호 안의 말을 바르게 배열하여 문장을 쓰시오.

설탕을 너무 많이 먹으면 안 돼.
(not / should / eat / sugar / you / too much)

➡ _____

교과서 대화문

· TOPIC 1 · Listen & Talk

A Listen and Number

교과서 62쪽

1 B ❶Be careful, Minji.
  G Why?
  B The sidewalk is slippery. ❷There's water on it. ❸You should walk carefully.
  G ❹Okay, I will.

《 B: 조심해, 민지야.
  G: 왜?
  B: 인도가 미끄러워. 물이 있어. 조심해서 걸어야 해.
  G: 알겠어, 조심할게.

❶ Be careful: '조심해'라는 뜻으로 위험한 상황에 대해 경고하는 표현 ❷ it = the sidewalk
❸ should+동사원형: ~해야 한다 / carefully: 조심스럽게 cf. careful 조심스러운
❹ Okay, I will.: 충고에 대해 그러겠다고 답할 때 사용하는 표현

2 G David, be careful! It's a red light.
  B Oh, is it? ❶Thanks for telling me.
  G ❷You should not use your smartphone when you walk. ❸It's dangerous.
  B ❹Okay, I won't.

《 G: 데이비드, 조심해! 빨간 불이야.
  B: 오, 그래? 말해줘서 고마워.
  G: 걸을 때 스마트폰을 사용하면 안 돼. 위험해.
  B: 알겠어, 사용하지 않을게.

❶ Thanks for ~.: '~에 대해 고맙다'라는 뜻으로 for 뒤에는 명사나 동명사가 온다.
❷ should not+동사원형: ~하지 말아야 한다 / when: '~할 때'라는 의미의 부사절 접속사
❸ dangerous: 위험한 (↔ safe 안전한)
❹ Okay, I won't.: 충고에 대해 그러지 않겠다고 답할 때 사용하는 표현

3 W Jim, be careful!
  M ❶What's the matter?
  W ❷You are driving too fast. We are in a school zone. ❸You should slow down.
  M Oh, you are right. ❹There are many children around here. Thank you.

《 W: 짐, 조심해!
  M: 무슨 문제야?
  W: 너무 빠르게 운전하고 있어. 우리는 어린이보호구역에 있어. 속도를 줄여야 해.
  M: 오, 맞아. 이 근처에 아이들이 많이 있어. 고마워.

❶ What's the matter?: 무슨 일이 있는지 물을 때 사용하는 표현
❷ 「be동사+v-ing」: 현재 진행형(~하고 있다) / too: '너무'라는 뜻의 부사로 fast(빨리) 수식
❸ slow down: 속도를 늦추다 (↔ speed up 속도를 올리다)
❹ There are+복수명사.: ~이 있다 / many(많은) = a lot of / around here: 이 근처에

B Look and Talk

교과서 62쪽

A Be careful! It's a red light.
B Oh, thank you.
A ❶You should wait for the green light.
B ❷Okay, I will. / ❸Okay, I won't.

《 A: 조심해! 빨간 불이야.
  B: 오, 고마워.
  A: 녹색불이 될 때까지 기다려야 해.
  B: 알겠어, 기다릴게. / 알겠어, 기다리지 않을게.

❶ wait for: ~을 기다리다 ❷ 상대방의 충고에 답하는 표현: 알겠어, 그럴게.
❸ 상대방의 충고에 답하는 표현: 알겠어, 그러지 않을게. / won't: will not의 줄임말

C Listen Up

교과서 63쪽

G Hi, Lucas.

B Hi, Amy. ❶Are you ready to go?

G Sure! ❷But you should put on a helmet first.

B Okay, I will.

G And be careful. A car is coming. ❸You should watch out for cars.

B Thank you. ❹Oh, look at that sign. ❺There is a bike lane over there.

G Yes, I see it. We should ride our bikes in the bike lane.

B Okay. Let's go.

G: 안녕, 루카스.
B: 안녕, 에이미. 갈 준비 됐어?
G: 물론이지! 하지만 먼저 헬멧을 써야 해.
B: 알겠어, 쓸게.
G: 그리고 조심해. 차가 오고 있어. 차를 조심해야 해.
B: 고마워. 오, 저 표지판을 봐. 저쪽에 자전거 전용도로가 있어.
G: 응, 보이네. 우리는 자전거 전용도로에서 자전거를 타야 해.
B: 알겠어. 가자.

❶ Are you ready to ~?: ~할 준비가 되었니?
❷ put on: ~을 입다[쓰다] (↔ take off ~을 벗다)
❸ watch out for: ~을 조심하다
❹ look at: ~을 보다
❺ There is+단수명사.: ~이 있다 / over there: 저쪽에

D Talk Together

교과서 63쪽

A Hey, Yuri. Be careful.

B What's the matter, Kihoon?

A ❶Look at this safety sign. ❷You should watch your head.

B Okay, I will. / ❸Okay, I won't.

A: 이봐, 유리야. 조심해.
B: 무슨 일인데, 기훈?
A: 이 안전 표지판을 봐. 머리를 조심해야 해.
B: 알겠어, 조심할게. / 알겠어, 조심하지 않을게.

❶ look at: ~을 보다 / safety sign: 안전 표지판
❷ should+동사원형: ~해야 한다
❸ won't: will not의 줄임말

· TOPIC 2 · Real-Life Communication

Safety Campaign

교과서 64쪽

B ❶I learned about fire safety today.

G Oh! ❷Please tell me about it.

B Sure. ❸When you see a fire, you should call 119 and shout "fire" loudly.

G Okay. ❹What should I do next?

B ❺You should cover your nose and mouth with a wet cloth. ❻Then you should get outside quickly.

G ❼I understand.

B Also, you should use the stairs.

G Okay. ❽I'll remember those tips and be careful during a fire.

B: 나는 오늘 화재 안전에 대해 배웠어.
G: 오! 그것에 대해 내게 말해줘.
B: 물론이지. 만약 네가 불을 보게 된다면, 너는 119에 전화하고 큰 소리로 '불이야'라고 외쳐야 해.
G: 알겠어. 그다음에 내가 무엇을 해야 해?
B: 너는 젖은 천으로 네 코와 입을 가려야 해. 그러고 나서 너는 빨리 밖으로 나가야 돼.
G: 이해했어.
B: 또한, 너는 계단을 이용해야 해.
G: 알겠어. 내가 그 수칙들을 기억해서 화재 시 주의할게.

❶ learn about: ~에 대해 배우다
❷ tell A about B: A에게 B에 대해 말하다
❸ When: '~하면'이라는 뜻의 부사절 접속사
❹ What should I do?: 내가 무엇을 해야 하지?
❺ cover A with B: A를 B로 가리다
❻ get outside: 밖으로 나가다
❼ I understand.: 상대방의 말을 이해했을 때 사용하는 표현
❽ during: ~ 동안(전치사)

Step 2

교과서 65쪽

A We will make a poster about earthquake safety.
B Yes. ❶What are some earthquake safety tips?
A You should drop to the ground. Then you should cover your head.
B ❷Exactly. ❸Also, you should hold on to something.
A Great. ❹Let's remember those tips.

❰❰ A: 우리는 지진 안전에 관한 포스터를 만들 거야.
B: 그래. 지진 안전 수칙에는 어떤 것들이 있어?
A: 바닥에 엎드려야 해. 그러고 나서 머리를 보호해야 해.
B: 맞아. 또한, 무언가를 붙잡아야 해.
A: 좋아. 그 수칙들을 기억하자.

❶ 주어가 복수(some earthquake safety tips)이므로 동사는 are를 쓴다.
❷ Exactly.: 상대방의 말에 대해 맞다고 동의할 때 사용하는 표현
❸ hold on to: ~을 계속 잡고 있다
❹ Let's ~.: ~하자. / remember: 기억하다 (↔ forget 잊어버리다)

·Lesson Review·

A

교과서 76쪽

B ❶Let's go swimming in the pool!
G That's a good idea. ❷But before we go, we should talk about swimming safety tips.
B Sure. What are some safety tips for swimming pools?
G ❸First, you should warm up before swimming.
B That's important. What else should I remember?
G ❹You should not run near the pool. It's slippery.
B Okay, I won't.
G Great! ❺We should always be careful around swimming pools.

❰❰ B: 수영장에 수영하러 가자!
G: 좋은 생각이야. 하지만 가기 전에 수영 안전 수칙에 대해 이야기해야 해.
B: 알겠어. 수영장 안전 수칙에는 어떤 게 있어?
G: 먼저, 수영하기 전에 몸을 풀어야 해.
B: 그거 중요하네. 그밖에 무엇을 기억해야 해?
G: 수영장 근처에서는 뛰지 말아야 해. 미끄럽거든.
B: 알겠어. 뛰지 않을게.
G: 좋아! 우리는 항상 수영장 주변에서 조심해야 해.

❶ go swimming: 수영하러 가다 (go v-ing: ~하러 가다)
❷ before: 뒤에 절이 나왔으므로 '~전에'라는 뜻의 접속사임. / talk about: ~에 대해 이야기하다
❸ warm up: 몸을 풀다, 준비 운동을 하다 /
   before: 뒤에 동명사가 왔으므로 '~ 전에'라는 뜻의 전치사임.
❹ near: 가까이에, 근처에
❺ should: 조동사로 뒤에는 동사원형이 와야 하므로 뒤에 be가 옴. /
   always는 빈도부사로 조동사의 뒤에 옴. / around: ~ 주변에, 둘레에

01 다음 중 주어진 문장과 의미가 같은 것은?

> Be careful!

① Take it easy!　② Watch out!
③ Have fun!　④ Good luck!
⑤ Don't worry!

02 다음 질문에 대한 응답으로 자연스럽지 <u>않은</u> 것은?

> A: Be careful!
> B: _____

① Okay, I'll watch out.
② Sure, I'll be more careful.
③ You should be more careful next time.
④ Oh, thank you. I'll be careful.
⑤ Okay, I will. Thanks for the warning.

03 다음 질문에 대한 응답으로 자연스러운 것은?

> A: You should wait for the green light.
> B: _____

① Okay, I will.
② Yes, it's very bright.
③ No, I like red.
④ Thanks. I'm in a hurry.
⑤ Okay, I won't.

[04-05] 다음 중 그림 속 아이에게 할 수 있는 말로 알맞은 것을 고르시오.

04

① Warm up!　② Be careful!
③ Be quiet!　④ Pick up!
⑤ Speed up!

05

① You should walk carefully.
② You should put on a helmet.
③ You should drive carefully.
④ You should watch out for cars.
⑤ You should not use your smartphone.

06 다음 중 짝지어진 대화가 <u>어색한</u> 것은?

① A: Be careful. It's a red light.
　B: Oh, thank you.
② A: What's the matter?
　B: You are driving too fast.
③ A: You should slow down.
　B: Okay, I will speed up.
④ A: You should cross at a green light.
　B: Okay, I will.
⑤ A: You should not use your smartphone
　　when you walk.
　B: Okay, I won't.

07 다음 대화의 빈칸에 들어갈 말로 알맞은 것은?

> A: You should not run near the pool.
> _____
> B: Okay, I won't.

① It's too noisy.
② The water is clean.
③ It's slippery.
④ There are many cars.
⑤ It's a fun place.

08 다음 대화의 흐름상, 주어진 문장이 들어갈 위치로 가장 알맞은 곳은?

> You should slow down.

W: Jim, be careful! (①)
M: What's the matter? (②)
W: You are driving too fast. We are in a school zone. (③)
M: Oh, you are right. (④) There are many children around here. Thank you. (⑤)

[09-10] 다음 대화를 읽고, 물음에 답하시오.

A: Hey, Yuri. Be careful.
B: What's the matter, Kihoon?
A: Look at this safety sign. You should watch your head.
B: Okay, I will.

09 위 대화의 주제로 알맞은 것은?

① traffic accident   ② safety warning
③ school project   ④ sports activity
⑤ birthday party

10 위 대화를 한 후, 유리가 할 행동으로 알맞은 것은?

① 기훈의 경고를 무시한다.
② 도움을 요청한다.
③ 안전 표지판을 제거한다.
④ 위를 보고 더 조심한다.
⑤ 표지판을 보고 웃는다.

11 자연스러운 대화가 되도록 바르게 배열하시오.

(A) You should wait for the green light.
(B) Be careful! It's a red light.
(C) Oh, thank you.
(D) Okay, I will.

(　　) – (　　) – (　　) – (　　)

[12-13] 다음 대화를 읽고, 물음에 답하시오.

G: Hi, Lucas.
B: Hi, Amy. Are you ready to go?
G: Sure! But you ____ⓐ____ put on a helmet first.
B: Okay, I will.
G: And be careful. A car is coming. You ____ⓑ____ watch out for cars.
B: Thank you. Oh, look at that sign. There is a bike lane over there.
G: Yes, I see it. We ____ⓒ____ ride our bikes in the bike lane.
B: Okay. Let's go.

12 위 대화의 빈칸 ⓐ~ⓒ에 공통으로 들어갈 말로 알맞은 것은?

① can   ② will   ③ should
④ may   ⑤ should not

13 위 대화에서 Amy가 Lucas에게 한 조언으로 알맞은 것을 모두 고르면?

① 장갑 끼기   ② 헬멧 착용하기
③ 차 조심하기   ④ 안전벨트 착용하기
⑤ 자전거 타지 말기

[14-15] 다음 대화를 읽고, 물음에 답하시오.

G: David, be careful! It's a red light.
B: Oh, is it? Thanks for telling me.
G: 걸을 때는 스마트폰을 사용해서는 안 돼. It's _____.
B: Okay, I won't.

14 위 대화의 밑줄 친 우리말과 일치하도록 다음 문장의 빈칸에 알맞은 말을 쓰시오.

You _____ _____ use your smartphone when you walk.

15 위 대화의 빈칸에 들어갈 말로 알맞은 것은?

① safe   ② exciting   ③ careful
④ common   ⑤ dangerous

16 다음 대화를 읽고, 빈칸에 알맞은 말을 넣어 질문에 대한 대답을 완성하시오.

B: Be careful, Minji.
G: Why?
B: The sidewalk is slippery. There's water on it. You should walk carefully.
G: Okay, I will.

Q: Why is the sidewalk slippery?
A: It's _____ because there's _____ on it.

[17-19] 다음 대화를 읽고, 물음에 답하시오.

B: I learned about fire safety today.
G: Oh! Please tell me about it.
B: Sure. When you see a fire, you should call 119 and shout "fire" loudly.
G: Okay. 그다음에 내가 무엇을 해야 해?
B: You should cover your nose and mouth with a wet cloth. Then you should get outside quickly.
G: I understand.
B: Also, you should use the stairs.
G: Okay. I'll remember those tips and be careful during a fire.

17 위 대화의 주제로 알맞은 것은?

① 학교 행사   ② 화재 안전 조치
③ 응급 처치   ④ 긴급 전화번호
⑤ 기상 경보

18 위 대화의 밑줄 친 우리말과 일치하도록 주어진 단어들을 바르게 배열하시오.

I / do / should / what / next

➡ _____

19 위 대화에서 화재 안전 수칙으로 언급되지 않은 것은?

① Call 119.
② Shout "fire."
③ Cover your nose and mouth with a wet cloth.
④ Get outside quickly.
⑤ Break the windows.

교과서 문법

POINT 1 동사의 목적어로 쓰이는 to부정사

- Minji wanted **to go** home quickly. 민지는 집에 빨리 가기를 원했다.
- I want **to travel** around the world. 나는 전 세계를 여행하고 싶다.

- to부정사는 「to+동사원형」의 형태로, '~하기, ~하는 것'을 의미한다.
- to부정사를 목적어로 취하는 동사는 want, need, hope, plan, love 등이며, 미래의 희망이나 계획, 결심 등을 나타낸다.
  love의 경우에는 to부정사와 동명사를 모두 목적어로 쓸 수 있다.

More to Learn ❦

▶ 목적어로 쓰이는 to부정사

I want **to eat** out instead of cooking tonight. 나는 오늘 밤 요리하는 대신 외식하고 싶다.

I need **to clean** my room. 나는 내 방을 청소해야 한다.

I hope **to become** a doctor. 나는 의사가 되고 싶다.

I plan **to learn** Spanish this year. 나는 올해 스페인어를 배울 계획이다.

I love **to watch[watching]** movies alone. 나는 혼자 영화 보는 것을 아주 좋아한다.

▶ 주어와 보어로 쓰이는 to부정사

to부정사는 문장 안에서 주어 역할과 보어 역할도 할 수 있다. 주어 역할을 하는 to부정사는
'It ~ to부정사 ...' 형태의 가주어·진주어 구문으로도 쓸 수 있다.

To ride a horse is fun. 〈주어〉 말을 타는 것은 재미있다.

(= **It** is fun **to ride** a horse.)

My dream is **to become** a soccer player. 〈보어〉 내 꿈은 축구선수가 되는 것이다.

Grammar in Sentences ❦

교과서 속 문법

- I want **to eat** popcorn. 나는 팝콘을 먹고 싶다.
- I love **to watch** movies. 나는 영화 보는 것을 아주 좋아한다.
- We need **to buy** tickets. 우리는 티켓을 살 필요가 있다.
- We need **to know** about common accidents. 우리는 흔한 사고들에 대해 알 필요가 있다.

교과서✛

- Mike loves **to read** books in his free time. 마이크는 여가 시간에 책 읽는 것을 아주 좋아한다.
- I need **to finish** my homework before dinner. 나는 저녁 식사 전에 숙제를 끝내야 한다.
- They plan **to study** for the final test. 그들은 기말 시험에 대비해 공부할 계획이다.
- I hope **to visit** my uncle next month. 나는 다음 달에 삼촌을 방문하기를 바란다.
- He wanted **to go** to the park last weekend. 그는 지난 주말에 공원에 가고 싶었다.

Check-Up 🌱

A 다음 밑줄 친 부분이 목적어 역할을 하는 문장에 ○표 하시오.

01 We need <u>to buy</u> a big tent. (   )   02 <u>To swim</u> here is very dangerous. (   )

03 She wants <u>to be</u> a fashion model. (   )   04 We hope <u>to travel</u> around the world. (   )

05 My job is <u>to teach</u> English at a middle school. (   )

B 우리말과 일치하도록 <u>보기</u>에서 동사를 골라 알맞은 형태로 바꿔 빈칸에 쓰시오.

> **보기** learn   buy   get   go   listen

01 I hope _____ a good grade on my exam. 나는 시험에서 좋은 점수를 받기를 바란다.

02 I want _____ how to play the guitar. 나는 기타 치는 법을 배우고 싶다.

03 I need _____ groceries for the week. 나는 이번 주 식료품을 사야 한다.

04 I love _____ to music on rainy days. 나는 비 오는 날에 음악 듣는 것을 아주 좋아한다.

05 I plan _____ camping with my friends. 나는 친구들과 캠핑을 갈 계획이다.

C 다음 문장에서 틀린 부분을 찾아 바르게 고쳐 쓰시오.

01 We wanted watched movies last Saturday. 우리는 지난 토요일에 영화를 보고 싶었다.

02 I plan reading a book this weekend. 나는 이번 주말에 책을 읽을 계획이다.

03 You need wash your hands before meals. 너는 식사 전에 손을 씻어야 한다.

04 She hopes cooks for her family. 그녀는 가족을 위해 요리하기를 바란다.

05 They want visiting Paris next summer. 그들은 내년 여름에 파리를 방문하고 싶어 한다.

D 우리말과 일치하도록 괄호 안에 주어진 단어들을 바르게 배열하시오.

01 그녀는 새로 생긴 식당에 가보고 싶어 한다. (to / she / visit / wants / the new restaurant)
➡ _____

02 우리는 산에 하이킹을 갈 계획이다. (we / hiking / to / plan / go / in the mountains)
➡ _____

03 나는 내일 파티에서 너를 보기를 바란다. (I / to / see / tomorrow / you / hope / at the party)
➡ _____

04 쿠키를 만드는 것은 쉽다. (cookies / to / is / make / easy / it)
➡ _____

POINT 2) 조동사 should, will

- You **should** keep them! 너는 그것들을 꼭 지켜야 한다!
- I **will** warm up before I play sports. 나는 운동을 하기 전에 준비 운동을 할 것이다.

◆ 조동사는 문장의 본동사의 의미를 보조하는 동사로, 뒤에 반드시 동사원형을 쓴다.
◆ 조동사 should는 '~해야 한다'라는 의미로 제안이나 당부를 나타낸다.
  will은 '~할 것이다'라는 의미로 미래나 주어의 의지를 나타낸다.

More to Learn ❧

▶ 조동사의 부정문
조동사의 부정문은 조동사 뒤에 not을 붙여 나타낸다. should의 부정형은 should not 또는 shouldn't이고, will의 부정형은 will not 또는 won't이다.

You **should not** skip breakfast. 너는 아침을 걸러서는 안 된다.
You **shouldn't** play games all night. 너는 밤새 게임을 해서는 안 된다.
I **will not** eat broccoli. 나는 브로콜리를 먹지 않을 것이다.
He **won't** be late for the meeting. 그는 회의에 늦지 않을 것이다.

Grammar in Sentences ❧

교과서 속 문법

- We **should** bring food. 우리는 음식을 가져와야 한다.
- We **should** go back home. 우리는 집으로 돌아가야 한다.
- We **shouldn't** stay here. 우리는 여기에 머물러서는 안 된다.
- I **will** look around carefully when I am holding hot soup.
  나는 뜨거운 국을 잡고 있을 때 주의 깊게 주변을 살펴볼 것이다.
- I **will not** run on the stairs. 나는 계단에서 뛰지 않을 것이다.
- I **will not** use my smartphone when I walk. 나는 걸을 때 스마트폰을 사용하지 않을 것이다.
- It **won't** stop. 그것은 멈추지 않을 것이다.

교과서 ✛

- You **should** exercise regularly to stay healthy. 건강을 유지하기 위해 규칙적으로 운동해야 한다.
- They **should not [shouldn't]** forget to bring their books.
  그들은 책을 가져오는 것을 잊어서는 안 된다.
- I **will** help you with your homework. 내가 너의 숙제를 도와줄 것이다.
- She **will** call you later. 그녀가 나중에 너에게 전화할 것이다.
- They **will** go to the park tomorrow. 그들은 내일 공원에 갈 것이다.
- We **will not[won't]** go outside if it's raining. 우리는 비가 오면 밖에 나가지 않을 것이다.

Check-Up ✿

A 괄호 안에서 어법상 알맞은 것을 고르시오.

01 The weather (will be / will is) sunny this weekend.

02 I (will not / willn't) eat ice cream late at night.

03 You (should eat not / should not eat) too much candy.

04 He should (remembers / remember) the password.

B 다음 주 일기예보를 보고, 괄호 안에서 알맞은 것을 고르시오.

Monday	Tuesday	Wednesday	Thursday	Friday

01 It (will / won't) be cloudy on Monday.

02 It (will / won't) rain on Tuesday.

03 You (should / shouldn't) forget to take your umbrella on Thursday.

04 You (should / shouldn't) go on a picnic on Friday.

C 다음 문장을 부정문으로 바꿔 쓰시오. (단, 빈칸에 한 단어씩 쓸 것)

01 We will watch that movie again.
➜ We _____ _____ that movie again.

02 You should run in the hallway.
➜ You _____ _____ _____ in the hallway.

03 He will come to my birthday party.
➜ He _____ _____ _____ to my birthday party.

04 They should talk loudly in the library.
➜ They _____ _____ loudly in the library.

D 우리말과 일치하도록 빈칸에 알맞은 말을 쓰시오.

01 I _____ _____ _____ junk food anymore. 나는 더 이상 정크 푸드를 먹지 않을 것이다.

02 You _____ _____ _____ to turn off the lights. 너는 불을 끄는 것을 잊지 말아야 한다.

03 She _____ _____ to the gym today. 그녀는 오늘 체육관에 오지 않을 것이다.

04 You _____ _____ pictures in the library. 도서관에서는 사진을 찍지 말아야 한다.

Lesson 04 Be Safe Everywhere **69**

교과서 문법 익히기

[01-02] 다음 중 빈칸에 들어갈 말로 알맞은 것을 고르시오.

01

> Tom is interested in cooking. He plans _____ new dishes.

① create   ② creates
③ creating   ④ created
⑤ to create

02

> Becky often goes to the library. She wants _____ many books.

① read   ② to read
③ reading   ④ reads
⑤ will read

03 다음 빈칸에 들어갈 말로 자연스럽지 <u>않은</u> 것은?

> Hailey likes to travel. _____

① She wants to start a travel blog.
② She plans to visit London this summer.
③ She hopes to become a tour guide.
④ She wants to be an English teacher.
⑤ She wants to learn foreign languages.

04 다음 중 빈칸에 들어갈 말로 알맞지 <u>않은</u> 것은?

> My brother _____ be late for school tomorrow.

① will   ② won't   ③ willn't
④ shouldn't   ⑤ should not

[05-06] 다음 중 밑줄 친 부분이 틀린 문장을 고르시오.

05 ① She <u>won't cook</u> dinner tonight.
② They <u>will travel</u> to Japan next year.
③ He <u>wills buy</u> a new car this month.
④ I <u>will not eat</u> dessert before dinner.
⑤ We <u>will visit</u> the museum this weekend.

06 ① They <u>should take</u> a break and relax.
② You <u>should drink</u> some more water.
③ We <u>shouldn't go</u> on a picnic on Monday.
④ You <u>should not answer</u> the phone here.
⑤ He <u>should not takes</u> pictures here.

07 다음 표지판과 어울리는 문장은?

① You should cross the street here!
② You should be careful of kangaroos!
③ You should feed the kangaroos!
④ You should look for the kangaroos!
⑤ You shouldn't be careful of kangaroos!

08 다음 빈칸에 들어갈 말을 주어진 철자로 시작하여 쓰시오.

> A: Look at this safety sign.
>   You (1) s_____ watch your head.
> B: Okay, I (2) w_____.

[09-10] 다음 문장의 빈칸에 들어갈 말로 알맞지 <u>않은</u> 것을 고르시오.

09
> I _____ to make spaghetti for dinner.

① want   ② plan   ③ enjoy
④ hope   ⑤ need

10
> We _____ practice speaking English every day.

① can   ② want   ③ will
④ must   ⑤ should

[11-12] 다음 상황에 대한 안전 수칙이 되도록 할 때 빈칸에 알맞은 것을 고르시오.

11
> **Situation**: Minji ran down the stairs and slipped.
> **Safety rule**: Students _____ run on the stairs.

① will   ② won't   ③ should
④ will not   ⑤ should not

12
> **Situation**: Jinho played basketball and injured his ankle.
> **Safety rule**: Students _____ warm up before he plays sports.

① will   ② won't   ③ will not
④ should   ⑤ should not

13 다음 중 밑줄 친 부분의 쓰임이 다른 하나는?

① We want <u>to go</u> to the beach this weekend.
② They like <u>to play</u> soccer after school.
③ I love <u>to read</u> books in my free time.
④ You need <u>to buy</u> some meat for dinner.
⑤ My hobby is <u>to collect</u> foreign coins.

14 우리말과 일치하도록 빈칸에 알맞은 말이 순서대로 바르게 짝지어진 것은?

> • You should _____ more fruits and vegetables.
>   (너는 과일과 채소를 더 많이 먹어야 한다.)
> • Daniel wants _____ how to swim.
>   (다니엘은 수영하는 법을 배우고 싶어 한다.)

① eat – learn   ② eat – to learn
③ eating – learn   ④ eating – to learn
⑤ to eat – to learn

15 괄호 안에 주어진 동사를 알맞은 형태로 바꿔 빈칸에 쓰시오.

> Mina wants _____ the sunset at the beach. (watch)
> (미나는 해변에서 일몰을 보고 싶어 한다.)

16 우리말과 일치하도록 주어진 단어들을 바르게 배열하시오.

> 너는 영화를 보는 동안 이야기하지 말아야 한다.
> (talk / you / not / during / should / the movie)

➡ _____

교과서 본문 분석

❶ Many students have fun at school.
즐거운 시간을 보내다 (장소) ~에서

그러나 <접속사>
❷ But sometimes, dangerous accidents happen.
때때로 <빈도부사>

❸ So we need to know about common accidents.
동사의 목적어로 쓰인 to부정사(명사적 용법)

❹ Let's learn!
Let's+동사원형: ~하자

❺ **Time** Many school accidents happen in PE classes (44%),
(시간) ~에

at lunchtime (17%), or during break (10%).
(시간) ~에   (기간) ~동안

injury의 복수형   = students
❻ **Causes** Students get injuries when they play soccer (19%),
부상을 입다   ~할 때 <접속사>

basketball (15%), or dodgeball (9%).

❼ Accidents also happen when students are walking (12%)!
또한   ~할 때 <접속사>   현재 진행형(be+v-ing)

❽ **Injuries** Students injure their fingers (23%), ankles (22%),
they의 소유격

and knees (6%).

❾ Now we know about common school accidents.
~에 대해 안다

❿ But how do they happen?
= common school accidents

⓫ (10:00 a.m., PE class) Jinho played basketball.

동사 1   동사 2
⓬ He jumped but landed the wrong way.
= Jinho 접속사

he의 소유격
⓭ He injured his ankle!
injure의 과거형

⓮ (12:30 p.m., Lunchtime) Sora picked up a bowl of hot soup.
~ 한 그릇

학교에서 안전하게 지내세요.

❶ 많은 학생들이 학교에서 즐거운 시간을 보내.

❷ 하지만 때때로 위험한 사고가 발생하지.

❸ 그래서 우리는 흔한 사고들에 대해 알 필요가 있어.

❹ 배워보도록 하자!

Q1 학교에서 사고를 예방하기 위해 우리가 할 일은?

❺ **시간** 많은 학교 사고들이 체육 시간(44%), 점심시간(17%), 또는 쉬는 시간(10%) 동안 발생해.

❻ **원인** 학생들은 그들이 축구(19%), 농구(15%), 또는 피구(9%)를 할 때 부상을 입어.

❼ 학생들이 걸을 때(12%)에도 사고가 발생해!

❽ **부상** 학생들은 그들의 손가락(23%), 발목(22%), 무릎(6%)에 부상을 입어.

❾ 이제 우리는 흔한 학교 사고들에 대해 알아.

❿ 하지만 어떻게 그것들이 발생할까?

Q2 학교에서 사고가 가장 많이 발생하는 때는 언제인가요?

⓫ (오전 10시, 체육 수업) 진호가 농구를 했어.

⓬ 그는 점프를 했는데 잘못된 방향으로 착지했어.

⓭ 그는 발목에 부상을 입었어!

⓮ (오후 12:30, 점심시간) 소라는 뜨거운 국 한 그릇을 집었어.

정답 및 해설 p. 16

⑮ Oops! She bumped into Jaemin!
= Sora
이런 〈감탄사〉 ~와(에) 부딪치다

⑯ Sora spilled the hot soup on her arm.
~(위)에 she의 소유격

⑰ (2:00 p.m., Break) Homin walked down the hallway.

⑱ He looked at his smartphone.
= Homin
look at: ~을 보다

⑲ Be careful, Homin!
조심해

⑳ Ouch! He bumped into the wall.
아야! 〈감탄사〉

㉑ (3:10 p.m., After class) The school day ended.

㉒ Minji wanted to go home quickly.
동사의 목적어로 쓰인 to부정사(명사적 용법)
빨리

㉓ She ran down the stairs and slipped!
동사 1   = Minji   접속사   동사 2

㉔ We looked at some examples of accidents at school.
살펴보다

㉕ Now write the safety promises below.
명령문(동사원형으로 시작)   아래에 〈부사〉

㉖ You should keep them!
~해야 한다 〈조동사〉 = the safety promises

㉗ My Safety Promises

㉘ ONE: I will warm up before I play sports.
~할 것이다 〈조동사〉   ~ 전에 〈접속사〉

㉙ TWO: I will look around carefully when I am holding hot soup.
(주위를) 둘러보다   주의 깊게

㉚ THREE: I will not use my smartphone when I walk.
~하지 않을 것이다 (will의 부정형)

㉛ FOUR: I will not run on the stairs.
~하지 않을 것이다 (will의 부정형)

⑮ 이런! 그녀는 재민이와 부딪쳤어!

⑯ 소라는 그녀의 팔에 뜨거운 국을 쏟았어.

Q3 소라는 점심 시간에 어떤 사고를 당했나요?

⑰ (오후 2:00, 쉬는 시간) 호민이는 복도를 걸어갔어.

⑱ 그는 그의 스마트폰을 보고 있었지.

⑲ 조심해, 호민아!

⑳ 아야! 그는 벽에 부딪쳤어.

㉑ (오후 3:10, 방과 후) 학교 수업이 끝났어.

㉒ 민지는 집에 빨리 가기를 원했어.

㉓ 그녀는 계단을 뛰어 내려갔고 미끄러졌어!

Q4 호민이는 어떤 사고를 당했나요?

㉔ 우리는 학교에서 발생하는 사고의 몇 가지 예시들을 살펴봤어.

㉕ 이제 안전 약속들을 아래에 적어봐.

㉖ 그것들을 꼭 지켜야 해!

㉗ 나의 안전 약속들

㉘ 하나: 나는 운동을 하기 전에 준비 운동을 할 것이다.

㉙ 둘: 나는 내가 뜨거운 국을 잡고 있을 때 주의 깊게 주변을 살펴볼 것이다.

㉚ 셋: 나는 걸을 때 스마트폰을 사용하지 않을 것이다.

㉛ 넷: 나는 계단에서 뛰지 않을 것이다.

Q5 네 가지 약속 중 스포츠와 관련 있는 것은?

❤ 본문과 일치하도록 둘 중에서 알맞은 말을 골라 문장을 완성하시오.

01 Many students have / has fun at school.

많은 학생들이 학교에서 즐거운 시간을 보내.

02 But sometime / sometimes , dangerous accidents happen.

하지만 때때로 위험한 사고가 발생하지.

03 So we need know / to know about common accidents.

그래서 우리는 흔한 사고들에 대해 알 필요가 있어.

04 Let's learn / to learn !

배워보도록 하자!

05 **Time** Many school accidents happen in PE classes (44%), at lunchtime (17%), or for / during break (10%).

시간 많은 학교 사고들이 체육 시간 (44%), 점심시간(17%), 또는 쉬는 시간 (10%) 동안 발생해.

06 **Causes** Students get injuries when / and they play soccer (19%), basketball (15%), or dodgeball (9%).

원인 학생들은 그들이 축구(19%), 농구 (15%), 또는 피구(9%)를 할 때 부상을 입어.

07 Accidents also happen when students are walk / walking (12%)!

학생들이 걸을 때(12%)에도 사고가 발생해!

08 **Injuries** Students injure / injuries their fingers (23%), ankles (22%), and knees (6%).

부상 학생들은 그들의 손가락(23%), 발목(22%), 무릎(6%)에 부상을 입어.

09 Now we know about / of common school accidents.

이제 우리는 흔한 학교 사고들에 대해 알아.

10 But why / how do they happen?

하지만 어떻게 그것들이 발생할까?

11 (10:00 a.m., PE class) Jinho played basketball / the basketball .

(오전 10:00, 체육 수업) 진호가 농구를 했어.

12 He jumped but lands / landed the wrong way.

그는 점프를 했는데 잘못된 방향으로 착지했어.

13 He injured his / her ankle!

그는 발목에 부상을 입었어!

14 (12:30 p.m., Lunchtime) Sora picked up a cup / bowl of hot soup.

(오후 12:30, 점심시간) 소라는 뜨거운 국 그릇을 집었어.

15 Oops! She bump / bumped into Jaemin!

이런! 그녀는 재민이와 부딪쳤어!

16 Sora spilled the hot soup to / on her arm.

소라는 그녀의 팔에 뜨거운 국을 쏟았어.

17 **(2:00 p.m., Break)** Homin walked down / up the hallway.

(오후 2:00, 쉬는 시간) 호민이는 복도를 걸어갔어.

18 He looked at / for his smartphone.

그는 그의 스마트폰을 보고 있었지.

19 Is / Be careful, Homin!

조심해, 호민아!

20 Ouch! He bumped into / to the wall.

아야! 그는 벽에 부딪쳤어.

21 **(3:10 p.m., After class)** The school day ends / ended .

(오후 3:10, 방과 후) 학교 수업이 끝났어.

22 Minji wanted to go home quickly / quick .

민지는 집에 빨리 가기를 원했어.

23 She ran down the stairs and slips / slipped !

그녀는 계단을 뛰어 내려갔고 미끄러졌어!

24 We looked at some example / examples of accidents at school.

우리는 학교에서 발생하는 사고의 몇 가지 예시들을 살펴봤어.

25 Now write the safety promises below / above .

이제 안전 약속들을 아래에 적어봐.

26 You should / can keep them!

그것들을 꼭 지켜야 해!

27 My Safe / Safety Promises

나의 안전 약속들

28 ONE: I will warm up before / after I play sports.

하나: 나는 운동을 하기 전에 준비 운동을 할 것이다.

29 TWO: I will look at / around carefully when I am holding hot soup.

둘: 나는 내가 뜨거운 국을 잡고 있을 때 주의 깊게 주변을 살펴볼 것이다.

30 THREE: I will not use my smartphone when / before I walk.

셋: 나는 걸을 때 스마트폰을 사용하지 않을 것이다.

31 FOUR: I will / can not run on the stairs.

넷: 나는 계단에서 뛰지 않을 것이다.

❦ 우리말을 보고 주어진 표현을 바르게 배열하여 본문 문장을 완성하시오.

01 많은 학생들이 학교에서 즐거운 시간을 보내. [students / many / have / at school / fun]

02 하지만 때때로 위험한 사고가 발생하지. [sometimes / dangerous / but / happen / accidents]

03 그래서 우리는 흔한 사고들에 대해 알 필요가 있어. 배워보도록 하자!
[need / know about / we / so / to / common accidents] [learn / let's]

04 많은 학교 사고들이 체육 시간, 점심시간, 또는 쉬는 시간 동안 발생해.
[happen / school accidents / many / at lunchtime / or / in PE classes / during break]

05 학생들은 그들이 축구, 농구, 또는 피구를 할 때 부상을 입어.
[they / basketball / play / soccer / students / injuries / get / when / or / dodgeball]

06 학생들이 걸을 때에도 사고가 발생해! [happen / are / walking / accidents / also / students / when]

07 학생들은 그들의 손가락, 발목, 무릎에 부상을 입어.
[their / ankles / injure / students / fingers / and / knees]

08 이제 우리는 흔한 학교 사고들에 대해 알아. [we / know about / now / school / common / accidents]

09 하지만 어떻게 그것들이 발생할까? [how / do / but / happen / they]

10 진호가 농구를 했어. [Jinho / basketball / played]

11 그는 점프를 했는데 잘못된 방향으로 착지했어. [he / but / landed / jumped / the wrong way]

12 그는 발목에 부상을 입었어! [his / injured / he / ankle]

13 소라는 뜨거운 국 그릇을 집었어. [picked up / Sora / hot soup / a bowl of]

14 이런! 그녀는 재민이와 부딪쳤어! [Oops / bumped into / she / Jaemin]

15 소라는 그녀의 팔에 뜨거운 국을 쏟았어. [Sora / on / spilled / the hot soup / her arm]

16 호민이는 복도를 걸어갔어. [walked / Homin / the hallway / down]

17 그는 그의 스마트폰을 보고 있었지. [looked / he / at / his smartphone]

18 조심해, 호민아! 아야! 그는 벽에 부딪쳤어. [Homin / be / careful] [Ouch / the wall / he / into / bumped]

19 학교 수업이 끝났어. [the / day / school / ended]

20 민지는 집에 빨리 가기를 원했어. [Minji / to go / quickly / home / wanted]

21 그녀는 계단을 뛰어 내려갔고 미끄러졌어! [she / slipped / and / the stairs / ran down]

22 우리는 학교에서 발생하는 사고의 몇 가지 예시들을 살펴봤어.
[we / of accidents / some examples / looked at / at school]

23 이제 안전 약속들을 아래에 적어봐. [write / the safety / now / promises / below]

24 그것들을 꼭 지켜야 해! [you / keep / should / them]

25 나의 안전 약속들 [Safety / My / Promises]

26 나는 운동을 하기 전에 준비 운동을 할 것이다. [I / will / I / sports / play / warm up / before]

27 나는 내가 뜨거운 국을 잡고 있을 때 주의 깊게 주변을 살펴볼 것이다.
[I / will / carefully / when / hot soup / I am / holding / look around]

28 나는 걸을 때 스마트폰을 사용하지 않을 것이다. [I / use / will / when / I / my smartphone / not / walk]

29 나는 계단에서 뛰지 않을 것이다. [I / run / will / on / not / the stairs]

교과서 본문 외 지문 분석

Real-Life Communication_Presentation Time!

교과서 65쪽

This is our poster.

Remember these earthquake safety tips.
명령문   this의 복수형

First, you should drop to the ground.
~해야 한다 (조동사+동사원형)

Next, you should cover your head.

Then, you should hold on to something.
~을 붙잡다

» 이것은 우리의 포스터예요.
이 지진 안전 수칙들을 기억하세요.
첫째, 바닥에 엎드리세요.
다음으로, 머리를 보호하세요.
그런 다음, 무언가를 잡고 있어야 해요.

After You Read_C

교과서 71쪽

During break, many school accidents happen on the stairs.
~ 동안 〈전치사〉   계단에서

You should watch your step when you go up or down the stairs.
~해야 한다   ~할 때 〈접속사〉 오르내리다

Also, you should not play with your friends on the stairs.
~해서는 안 된다

» 쉬는 시간 동안, 많은 학교 사고가 계단에서 발생해. 너는 계단을 오르내릴 때 조심해서 걸어야 해. 또한, 너는 계단에서 친구들과 장난 치면 안 돼.

Think & Write_Step 1

교과서 73쪽

During this summer vacation, I am planning to go camping.
~ 동안 〈전치사〉   ~할 계획이다   캠핑을 가다(go v-ing)

I should follow these three tips for my safety.
~해야 한다   안전

First, I should check the weather report.

Second, I should be careful of wild animals.
~을 주의하다   야생 동물들

Third, I should not make a fire in the tent.
불을 피우다

I will follow these tips for a safe summer vacation!
안전한

» 이번 여름 방학 동안, 나는 캠핑을 갈 계획이다. 나는 나의 안전을 위해 이러한 세 가지 규칙을 따라야 한다.
첫 번째, 나는 일기 예보를 확인해야 한다.
두 번째, 나는 야생 동물에 주의해야 한다.
세 번째, 나는 텐트 안에서 불을 피우지 말아야 한다.
나는 안전한 여름 방학을 위해 이 규칙을 따를 것이다!

❀ 우리말을 참고하여 빈칸에 알맞은 말을 쓰시오.

Real-Life Communication_Presentation Time!

This is our poster.

❶_____ these earthquake safety tips.

First, you ❷_____ drop to the ground.

Next, you should cover your head.

Then, you should ❸_____ _____ _____ something.

《 이것은 우리의 포스터예요.
이 지진 안전 수칙들을 기억하세요.
첫째, 바닥에 엎드리세요.
다음으로, 머리를 보호하세요.
그런 다음, 무언가를 잡고 있어야 해요.

After You Read_C

❹_____ _____, many school accidents ❺_____ on the stairs. You should watch your step when you ❻_____ _____ _____ _____ the stairs. Also, you ❼_____ _____ _____ _____ your friends on the stairs.

《 쉬는 시간 동안, 많은 학교 사고가 계단에서 발생해. 너는 계단을 오르내릴 때 조심해서 걸어야 해. 또한, 너는 계단에서 친구들과 장난 치면 안 돼.

Think & Write_Step 1

During this summer vacation, I ❽_____ _____ _____ go camping. I should follow these three tips ❾_____ _____ _____.

First, I should check the ❿_____ _____.

Second, I should ⓫_____ _____ _____ wild animals.

Third, I should not ⓬_____ _____ in the tent.

I will follow these tips for a ⓭_____ _____ _____!

《 이번 여름 방학 동안, 나는 캠핑을 갈 계획이다. 나는 나의 안전을 위해 이러한 세 가지 규칙을 따라야 한다.
첫 번째, 나는 일기 예보를 확인해야 한다.
두 번째, 나는 야생 동물에 주의해야 한다.
세 번째, 나는 텐트 안에서 불을 피우지 말아야 한다.
나는 안전한 여름 방학을 위해 이 규칙을 따를 것이다!

❦ Vocabulary

01 다음 중 반의어 관계로 짝지어지지 <u>않은</u> 것은?

① wet – dry
② outside – inside
③ safe – dangerous
④ learn – watch
⑤ remember – forget

[02-03] 다음 영영풀이가 설명하는 말을 고르시오.

02
> to hurt yourself or someone else

① slip　　② injure　　③ bump
④ hold　　⑤ happen

03
> a short rest from work or play

① break　　② tip　　③ stair
④ safety　　⑤ matter

04 다음 중 빈칸에 들어갈 말로 알맞은 것은?

> Bike _____ Tips
> You should put on a helmet.
> You should watch out for cars.
> You should ride your bike in the bike lane.

① Way　　② Sign　　③ Example
④ Promise　　⑤ Safety

서술형

05 우리말과 일치하도록 빈칸에 알맞은 말을 쓰시오.

> _____ _____ the pole while the bus is moving.
> (버스가 움직이는 동안에는 기둥을 잡으세요.)

❦ Communication

06 다음 밑줄 친 말과 바꿔 쓸 수 있는 것은?

> A: <u>Be careful!</u> A car is coming.
> B: Oh, thank you.

① Stay here!　　② Don't worry!
③ Watch out!　　④ Calm down!
⑤ Look at me!

07 다음 중 짝지어진 대화가 <u>어색한</u> 것은?

① A: You should walk carefully.
　 B: Okay, I will.
② A: Watch out! It's really hot.
　 B: Oh, thanks. I'll be careful.
③ A: What's the matter?
　 B: You are driving too fast.
④ A: Be careful! It's a red light.
　 B: Oh, thank you.
⑤ A: You should not run near the pool.
　 B: Okay, I will.

[08-09] 다음 중 응답으로 가장 알맞은 것을 고르시오.

08
> A: We will make a poster about earthquake safety.
> B: Yes. _____

① I don't like making posters.
② Let's watch a movie instead.
③ Do I have to finish my homework?
④ What are some earthquake safety tips?
⑤ I'm not good at making posters.

09

A: Oh, look at that sign. There is a bike lane over there.
B: Yes, I see it. We should _____.

① take a break now
② stop and take a picture
③ ride our bikes on the street
④ put on our helmets
⑤ ride our bikes in the bike lane

[10-11] 다음 대화를 읽고, 물음에 답하시오.

W: Jim, be careful!
M: 무슨 문제야?
W: You are driving too fast. We are in a school zone. You should _____.
M: Oh, you are right. There are many children around here. Thank you.

10 위 대화의 빈칸에 들어갈 말로 알맞은 것은?

① speed up   ② slow down
③ turn up   ④ turn down
⑤ put on

(서술형)

11 위 대화의 밑줄 친 우리말과 일치하도록 조건에 맞게 알맞은 문장을 쓰시오.

조건
1. matter를 반드시 이용할 것
2. 축약형으로 쓸 것

_____

(서술형)

12 자연스러운 대화가 되도록 빈칸에 알맞은 말을 쓰시오.

A: The sidewalk is slippery. There's water on it. You should walk carefully.
B: Okay, _____ _____.

13 다음 대화의 밑줄 친 ①~⑤ 중, 뜻풀이가 바르지 않은 것은?

G: Hi, Lucas.
B: Hi, Amy. Are you ready to go?
G: Sure! But you should ①put on a helmet first.
B: Okay, I will.
G: And be careful. A car is coming. You should ②watch out for cars.
B: Thank you. Oh, ③look at that sign. There is a bike lane ④over there.
G: Yes, I see it. We should ride our bikes in the ⑤bike lane.
B: Okay. Let's go.

① ~을 쓰다   ② ~을 조심하다
③ ~을 주의하다   ④ 저쪽에
⑤ 자전거 전용도로

😈 **Grammar**

14 다음 빈칸에 들어갈 동사의 형태로 알맞은 것은?

I like to travel. I hope _____ a tour guide.

① become   ② becomes
③ becoming   ④ to become
⑤ became

(서술형)

15 다음 괄호 안의 동사를 알맞은 형태로 바꿔 문장을 완성하시오.

• We plan _____ the museum this weekend. (visit)
• She hopes _____ a new job soon. (find)

16 다음 문장의 빈칸에 들어갈 말이 바르게 짝지어진 것은?

> • It _____ snow on Monday.
> (월요일에 눈이 올 것이다.)
> • You _____ finish the project by tomorrow.
> (너는 내일까지 그 프로젝트를 끝내야 한다.)

① will – can　　② will – may
③ will – should　　④ should – will
⑤ should – can

고난도

17 다음 중 문장에서 목적어 역할을 하는 to부정사를 <u>모두</u> 고른 것은?

> ⓐ It is so exciting to play soccer.
> ⓑ I want to have spaghetti and soda for lunch.
> ⓒ My hobby is to take pictures.
> ⓓ I love to watch animated movies.

① ⓐ, ⓑ　　　　② ⓐ, ⓒ
③ ⓑ, ⓒ　　　　④ ⓑ, ⓓ
⑤ ⓑ, ⓒ, ⓓ

서술형

[18-19] 우리말과 일치하도록 주어진 단어들을 바르게 배열하시오.

18
> 나는 올해 더 많은 책을 읽고 싶다.
> (I / to / more books / want / this year / read)

➡ _____

19
> 너는 안전 규칙을 따라야 한다.
> (should / you / the safety rules / follow)

➡ _____

🍎 **Reading**

서술형

20 괄호 안의 동사를 알맞은 형태로 바꿔 쓰시오.

> Many students have fun at school. But sometimes, dangerous accidents happen. So we need _____ (know) about common accidents. Let's learn!

_____

[21-22] 다음 글을 읽고, 물음에 답하시오.

> _____(A)_____ Many school accidents happen in PE classes (44%), at lunchtime (17%), or during break (10%).
> _____(B)_____ Students get injuries when they play soccer (19%), basketball (15%), or dodgeball (9%). Accidents also happen when students are walking (12%)!
> _____(C)_____ Students injure their fingers (23%), ankles (22%), and knees (6%).

21 윗글의 빈칸 (A), (B), (C)에 들어갈 말이 바르게 짝지어진 것은?

	(A)	(B)	(C)
①	Time	– Injuries	– Causes
②	Time	– Causes	– Injuries
③	Causes	– Time	– Injuries
④	Causes	– Injuries	– Time
⑤	Injuries	– Time	– Causes

서술형

22 다음 영영풀이가 설명하는 단어를 윗글에서 찾아 쓰시오.

> something bad that happens by chance

➡ _____

[23-24] 다음 글을 읽고, 물음에 답하시오.

Now we know about ⓐcommon school accidents. ___(A)___ how do they happen?
(10:00 a.m., PE class) Jinho played basketball. He jumped ___(B)___ landed the ⓑwrong way. He injured his ⓒankle!
(12:30 p.m., Lunchtime) Sora picked up a ⓓpiece of hot soup. Oops! She bumped into Jaemin! Sora ⓔspilled the hot soup on her arm.

23 윗글의 밑줄 친 ⓐ~ⓔ 중, 문맥상 어색한 것은?

① ⓐ 　② ⓑ 　③ ⓒ 　④ ⓓ 　⑤ ⓔ

24 윗글의 빈칸 (A)와 (B)에 공통으로 들어갈 접속사로 알맞은 것은?

① And[and] 　② But[but]
③ So[so] 　④ When[when]
⑤ If[if]

[25-26] 다음 글을 읽고, 물음에 답하시오.

(2:00 p.m., Break) Homin ⓐwalked down the hallway. He looked at his smartphone. Be careful, Homin! Ouch! He ⓑbumped into the wall.
(3:10 p.m., After class) The school day ended. Minji ⓒwanted to go home quickly. She ran down the stairs and ⓓslipped!
We ⓔlooked at some examples of accidents at school. Now write the safety promises below. You should keep them!

25 윗글의 밑줄 친 ⓐ~ⓔ 중, ed의 발음이 다른 하나는?

① ⓐ 　② ⓑ 　③ ⓒ 　④ ⓓ 　⑤ ⓔ

〔서술형〕

26 윗글의 밑줄 친 them이 가리키는 것을 영어로 쓰시오.

them ➡ _____

[27-28] 다음 글을 읽고, 물음에 답하시오.

My Safety Promises
ONE: 나는 운동을 하기 전에 준비 운동을 할 것이다.
TWO: I will look around carefully when I am holding hot soup.
THREE: I will not use my smartphone when I walk.
FOUR: I will not run on the stairs.

〔서술형〕

27 윗글의 밑줄 친 우리말과 일치하도록 주어진 단어들을 바르게 배열하시오.

I / before / play / will / I / warm up / sports

➡ _____

〔서술형〕

28 윗글의 밑줄 친 will not을 줄여서 문장을 다시 쓰시오.

_____

❦ Vocabulary

01 다음 중 빈칸에 들어갈 말로 알맞은 것은?

> You should _____ a helmet.
> (너는 헬멧을 써야 해.)

① pick up   ② warm up   ③ slow down
④ take off   ⑤ put on

[02-03] 다음 영영풀이가 설명하는 말을 고르시오.

02
> a path next to the road for people to walk on

① stair   ② bike lane   ③ sidewalk
④ crosswalk   ⑤ traffic light

03
> to keep something in your mind

① bump   ② remember   ③ cross
④ forget   ⑤ happen

04 다음 빈칸에 들어갈 말이 순서대로 바르게 짝지어진 것은?

> • Be _____. It's a red light.
> • My mother always drives _____.

① careful – careful
② carefully – carefully
③ care – carefully
④ carefully – careful
⑤ careful – carefully

서술형

05 괄호 안의 단어를 알맞은 형태로 바꿔 빈칸에 쓰시오.

> The road is very _____ because of the rain. (slip)

❦ Communication

06 다음 중 짝지어진 대화가 <u>어색한</u> 것은?

① A: Be careful! It's a red light.
   B: Oh, thank you.
② A: You should wait for the green light.
   B: Okay. Let's go.
③ A: What's the matter?
   B: You are driving too fast.
④ A: Be careful! The floor is wet.
   B: Oh, is it? Thanks for telling me.
⑤ A: You should not run near the pool.
   B: Okay, I won't.

07 다음 대화의 빈칸에 들어갈 말로 알맞은 것은?

> A: Be careful! A car is coming!
> B: Oh, thank you.
> A: You should _____.
> B: Okay, I won't.

① not drive here
② watch your step
③ not play near the road
④ watch your head
⑤ wait for the red light

서술형

[08-09] 다음 대화의 빈칸에 알맞은 말을 보기에서 골라 쓰시오.

> 보기   will   should   can   must

08
> A: Look at this safety sign.
>   You _____ watch your head.
> B: Oh, I didn't see that. Thanks for telling me.

09

A: Be careful! There's a hole. You should watch your step.

B: Okay, I _____.

[10-12] 다음 대화를 읽고, 물음에 답하시오.

B: I learned about _____ today.

G: Oh! Please tell me about it. (①)

B: Sure. When you see a fire, you should call 119 and shout "fire" loudly. (②)

G: Okay. What should I do next? (③)

B: You should cover your nose and mouth with a wet cloth. (④)

G: I understand. (⑤)

B: Also, you should use the stairs.

G: Okay. I'll remember those tips and be careful during a fire.

10 위 대화의 빈칸에 들어갈 말로 알맞은 것은?

① traffic rules
② fire safety
③ first aid techniques
④ weather forecasting
⑤ pandemic response

11 주어진 문장이 들어갈 위치로 가장 알맞은 곳은?

Then you should get outside quickly.

① ② ③ ④ ⑤

12 위 대화에서 화재 시 할 일로 언급되지 <u>않은</u> 것은?

① 119에 전화해야 한다.
② "불이야"라고 크게 외쳐야 한다.
③ 코와 입을 젖은 천으로 가려야 한다.
④ 엘리베이터를 이용해야 한다.
⑤ 신속하게 밖으로 나가야 한다.

서술형

13 자연스러운 대화가 되도록 (A)~(D)를 바르게 배열하시오.

(A) Be careful, Minji.
(B) The sidewalk is slippery. There's water on it. You should walk carefully.
(C) Okay, I will.
(D) Why?

( ) – ( ) – ( ) – ( )

Grammar

14 다음 중 빈칸에 들어갈 말로 알맞은 것은?

I am planning to go to the zoo. I want _____ a lot of animals there.

① see   ② saw
③ seeing   ④ to seeing
⑤ to see

15 우리말과 일치하도록 빈칸에 들어갈 말로 알맞은 것은?

The movie starts soon. We need _____ tickets.
(영화가 곧 시작된다. 우리는 표를 살 필요가 있다.)

① buy   ② buying   ③ to buy
④ bought   ⑤ to buying

서술형

16 괄호 안의 동사를 알맞은 형태로 바꿔 빈칸에 써서 문장을 완성하시오.

· She wants _____ to France next year. (travel)
· I plan _____ my homework before dinner. (finish)

17 다음 문장의 빈칸에 들어갈 말이 바르게 짝지어진 것은?

> · It _____ be cloudy on Saturday.
> (토요일에 흐리지 않을 것이다.)
> · You _____ eat or drink in the museum.
> (너는 박물관에서 먹거나 마시면 안 된다.)

① will – should
② will not – should
③ won't – shouldn't
④ won't – should
⑤ willn't – shouldn't

고난도

18 다음 중 어법상 옳은 문장의 개수는?

> ⓐ You should not be late for school.
> ⓑ I love to play the drums.
> ⓒ My dream is to become a scientist.
> ⓓ They will arrive at the airport soon.
> ⓔ I want eating out at a fancy restaurant.

① 1개   ② 2개   ③ 3개
④ 4개   ⑤ 5개

서술형

[19-20] 다음 문장을 부정문으로 고쳐 쓰시오.

19
> I will play video games before I finish my homework.

➡ _____

_____

20
> You should eat too much junk food.

➡ _____

♥ Reading

서술형

21 다음 글을 읽고, 틀린 부분이 포함된 문장을 찾아 문장을 다시 쓰시오.

> Many students have fun at school. But sometimes, dangerous accidents happen. So we need know about common accidents. Let's learn!

_____

[22-23] 다음 글을 읽고, 물음에 답하시오.

> **Time** Many school accidents happen ⓐin PE classes (44%), ⓑat lunchtime (17%), or ⓒfor break (10%).
> **Causes** Students get injuries when they play soccer (19%), basketball (15%), ⓓor dodgeball (9%). Accidents also happen when students are walking (12%)!
> **Injuries** Students injure their fingers (23%), ankles (22%), ⓔand knees (6%).

22 윗글의 밑줄 친 ⓐ~ⓔ 중, 어법상 어색한 것은?

① ⓐ   ② ⓑ   ③ ⓒ   ④ ⓓ   ⑤ ⓔ

23 윗글의 내용과 일치하지 않는 것은?

① 학교 사고는 체육 시간에 가장 많이 발생한다.
② 쉬는 시간에는 사고가 전혀 발생하지 않는다.
③ 축구를 할 때 가장 부상을 많이 당한다.
④ 걸을 때에도 사고가 발생한다.
⑤ 부상 중에는 손가락 부상이 가장 많다.

Now we know about common school accidents. But how do they happen?
(10:00 a.m., PE class) Jinho played basketball. He jumped but ⓐlanded the wrong way. He ⓑinjured his ankle!
(12:30 p.m., Lunchtime) Sora ⓒpicked up _____ hot soup(뜨거운 국 한 그릇). Oops! She ⓓbumped into Jaemin! Sora ⓔslipped the hot soup on her arm.

24 윗글의 밑줄 친 ⓐ~ⓔ 중, 문맥상 어색한 것은?

① ⓐ   ② ⓑ   ③ ⓒ   ④ ⓓ   ⑤ ⓔ

25 윗글의 빈칸에 들어갈 말로 알맞은 것은?

① a piece of   ② a bowl of
③ a cup of   ④ a glass of
⑤ a bottle of

[26-27] 다음 글을 읽고, 물음에 답하시오.

(2:00 p.m., Break) Homin walked down the hallway. He looked at his smartphone. Be careful, Homin! Ouch! He bumped into the wall.
(3:10 p.m., After class) The school day ended. 민지는 빨리 집에 가기를 원했다. She ran down the stairs and slipped!

We looked at some examples of accidents at school. Now write the safety promises below. You should keep them!

26 윗글의 다음에 이어질 내용으로 알맞은 것은?

① 스마트폰 사용 방법
② 안전 약속들
③ 복도에서의 주의 사항
④ 안전한 계단 이용 방법
⑤ 등교 중 사고 예방 방법

서술형

27 윗글의 밑줄 친 우리말과 일치하도록 조건에 맞게 문장을 완성하시오.

조건
• want와 go를 반드시 사용할 것
• 필요시 동사의 형태를 바꿀 것

Minji _____ home quickly.

[28-29] 다음 글을 읽고, 물음에 답하시오.

My Safety Promises
ONE: I ___(A)___ warm up ⓐbefore I play sports.
TWO: I ___(A)___ look around ⓑcareful when I am ⓒholding hot soup.
THREE: I ___(B)___ use my smartphone ⓓwhen I walk.
FOUR: I ___(B)___ run ⓔon the stairs.

28 윗글의 빈칸 (A), (B)에 알맞은 말이 바르게 짝지어진 것은?

① can – can't   ② will – should
③ will – will not   ④ should – will
⑤ must – should

29 윗글의 밑줄 친 ⓐ~ⓔ 중, 어법상 어색한 것은?

① ⓐ   ② ⓑ   ③ ⓒ   ④ ⓓ   ⑤ ⓔ

01 다음 중 빈칸에 들어갈 말로 알맞은 것은?

> Mike _____ the hot water on the table.
> (마이크는 탁자 위에 뜨거운 물을 엎질렀다.)

① held ② slipped ③ spilled
④ broke ⑤ watched

02 다음 중 밑줄 친 부분의 의미가 잘못 쓰인 것은?

① She put on her glasses when she read books.
~을 착용했다

② Slow down when you drive in the rain.
속도를 늦추다

③ Warm up before you start running.
준비 운동을 하다

④ I need to pick up the trash on the floor.
집어 들다

⑤ Hold on to the rope so you don't fall.
끌어당기다

[03-04] 다음 영영풀이에 해당하는 단어로 알맞은 것을 고르시오.

03

> to hit something by accident

① spill ② slip ③ bump
④ watch ⑤ happen

04

> happening often or found frequently in many places

① safe ② common ③ excited
④ careful ⑤ dangerous

05 다음 중 의미가 다른 문장 하나는?

① Be careful! ② Be quiet!
③ Caution! ④ Look out!
⑤ Watch out!

06 다음 그림 속 여자아이가 지킨 안전 수칙을 모두 고르면?

① You should put on a helmet.
② You should watch out for cars.
③ You should wait for the green light.
④ You should watch your head.
⑤ You should ride your bike in the bike lane.

07 다음 대화의 빈칸에 들어갈 말로 알맞은 것은?

> A: Be careful. It's a red light.
> B: Oh, thank you.
> A: _____

① You should hurry up.
② You should watch your step.
③ You should not play near the pool.
④ You should wait for the green light.
⑤ You should not run on the stairs.

서술형

08 자연스러운 대화가 되도록 (A)~(D)를 바르게 배열하시오.

> (A) What's the matter, Kihoon?
> (B) Look at this safety sign. You should watch your head.
> (C) Okay, I will.
> (D) Hey, Yuri. Be careful.

( ) – ( ) – ( ) – ( )

09 다음 대화의 빈칸 (A), (B)에 careful을 알맞은 형태로 바꿔 쓰시오.

> B : Be _____(A)_____, Minji.
> G : Why?
> B : The sidewalk is slippery. There's water on it. You should walk _____(B)_____.
> G : Okay, I will.

(A) _____ (B) _____

10 다음 표지판의 내용에 맞도록 할 때 빈칸에 알맞은 것은?

> A : Hey, Yuri. Be careful.
> B : What's the matter, Kihoon?
> A : Look at this safety sign.
> _____
> B : Okay, I will.

① You should not run on the stairs.
② You should watch your step.
③ You should put on a helmet.
④ You should watch your head.
⑤ You should not play near the road.

11 다음 밑줄 친 ①~⑤ 중, 대화의 흐름상 어색한 문장은?

> G : David, be careful! ①It's a red light.
> B : Oh, is it? ②Thanks for telling me.
> G : ③You should not use your smartphone when you walk. ④It's safe.
> B : ⑤Okay, I won't.

12 다음 빈칸에 들어갈 수 없는 것을 모두 고르면?

> We _____ to visit our grandparents next month.

① plan   ② should   ③ want
④ need   ⑤ will

13 우리말을 참고하여 빈칸에 들어갈 말이 순서대로 바르게 짝지어진 것은?

> • You _____ keep the safety promises.
>   (~해야 해)
> • I _____ warm up before I play sports.
>   (~할 거야)

① will – should   ② should – will
③ can – will   ④ should – can
⑤ will – can

14 다음 중 보기의 밑줄 친 부분과 쓰임이 같은 것끼리 짝지어진 것은?

> 보기 They want <u>to eat</u> steak for dinner.

> ⓐ They need <u>to wake</u> up early tomorrow.
> ⓑ We hope <u>to visit</u> the zoo this weekend.
> ⓒ His job is <u>to teach</u> math to students.
> ⓓ She plans <u>to study</u> English every day.

① ⓐ, ⓑ   ② ⓐ, ⓒ
③ ⓐ, ⓑ, ⓓ   ④ ⓑ, ⓒ
⑤ ⓑ, ⓒ, ⓓ

[15-17] 다음 대화를 읽고, 물음에 답하시오.

G: Hi, Lucas.

B: Hi, Amy. Are you ready to go? (①)

G: Sure! But you should put on a helmet first. (②)

B: Okay, I (A)will.

G: And be careful. A car is coming. You should watch out for cars. (③)

B: Thank you. Oh, look at that (B)sign. (④)

G: Yes, I see it. We should ride our bikes in the bike lane. (⑤)

B: Okay. Let's go.

15 위 대화의 흐름으로 보아, 주어진 문장이 들어갈 위치로 알맞은 것은?

There is a bike lane over there.

①   ②   ③   ④   ⑤

서술형

16 위 대화의 밑줄 친 (A) 뒤에 생략된 말을 쓰시오.

Okay, I will _____.

고난도

17 위 대화의 밑줄 친 (B)와 쓰임이 같은 것을 모두 고르면?

① I saw a stop sign on the road.

② A smile is a sign of happiness.

③ Please sign your name here.

④ There is a "Wet Floor" sign in the hallway.

⑤ He pointed at the door as a sign to leave.

18 다음 글의 밑줄 친 ⓐ~ⓔ 중, 흐름상 어색한 것은?

ⓐMany students have ⓑfun at school. But ⓒsometimes, dangerous accidents happen. So we need ⓓknowing about common accidents. Let's ⓔlearn!

① ⓐ   ② ⓑ   ③ ⓒ   ④ ⓓ   ⑤ ⓔ

[19-20] 다음 글을 읽고, 물음에 답하시오.

Time Many school accidents happen in PE classes (44%), at lunchtime (17%), or during break (10%).

Causes Students get injuries __(A)__ they play soccer (19%), basketball (15%), or dodgeball (9%). Accidents also happen __(B)__ students are walking (12%)!

Injuries Students injure their fingers (23%), ankles (22%), and knees (6%).

서술형

19 다음 영영풀이가 설명하는 단어를 윗글에서 찾아 쓰시오.

a short rest from work or play

➡ _____

20 윗글의 빈칸 (A), (B)에 공통으로 들어갈 말로 알맞은 것은?

① and   ② but   ③ when

④ after   ⑤ before

Now we know about common school accidents. But how do they happen?
(10:00 a.m., PE class) Jinho played basketball. He jumped but landed the wrong way. He injured his ankle!
(12:30 p.m., Lunchtime) 소라는 뜨거운 국 한 그릇을 집어 들었다. Oops! She bumped ___(A)___ Jaemin! Sora spilled the hot soup ___(B)___ her arm.

서술형

21 윗글의 밑줄 친 우리말과 일치하도록 주어진 말을 사용하여 문장을 완성하시오.

> Sora _____ .
> (pick up, bowl, hot soup)

22 윗글의 빈칸 (A), (B)에 알맞은 말이 순서대로 바르게 짝지어진 것은?

① to – on ② into – in ③ into – on
④ on – into ⑤ on – at

23 윗글의 내용과 일치하지 않는 것은?

① 진호는 체육 시간에 농구를 했다.
② 진호는 농구를 하다가 점프를 했다.
③ 진호는 발을 헛디뎌 무릎을 다쳤다.
④ 소라는 재민과 부딪쳤다.
⑤ 소라는 뜨거운 국을 자신의 팔에 엎질렀다.

24 다음 글의 빈칸에 들어갈 말로 알맞은 것은?

This is our poster.
Remember these _____ safety tips.
First, you should drop to the ground.
Next, you should cover your head.
Then, you should hold on to something.

① rain ② fire ③ snow
④ storm ⑤ earthquake

[25-26] 다음 글을 읽고, 물음에 답하시오.

(2:00 p.m., Break) Homin ⓐwalked down the hallway. He looked at his smartphone. Be careful, Homin! Ouch! He ⓑbumped into the wall.
(3:10 p.m., After class) The school day ⓒended. 민지는 집에 빨리 가기를 원했다. She ⓓrunned down the stairs and ⓔslipped!
We looked at some examples of accidents at school. Now write the safety promises below. You should keep them!

25 윗글의 밑줄 친 ⓐ~ⓔ 중, 어법상 어색한 것은?

① ⓐ ② ⓑ ③ ⓒ ④ ⓓ ⑤ ⓔ

서술형

26 윗글의 밑줄 친 우리말과 일치하도록 주어진 단어를 바르게 배열하시오.

(Minji / to / home / wanted / go / quickly)

_____

[27-28] 다음 글을 읽고, 물음에 답하시오.

My Safety Promises
ONE: I will warm up before I play sports.
TWO: I will look around carefully when I
　　　am holding hot soup.
THREE: 나는 걸을 때 스마트폰을 사용하지 않을 것
　　　이다.
FOUR: I will not run on the _____s.

서술형

27 다음 영영풀이에 해당하는 단어를 빈칸에 쓰시오.

a step that helps you go up or down

➡ _____

고난도

28 윗글의 밑줄 친 우리말과 일치하도록 조건 에 맞게 영어
로 쓰시오.

조건
1. when, use, walk, smartphone을 사용할 것
2. when으로 문장을 시작하지 말 것
3. 축약형을 사용하지 말 것

➡ _____

[29-30] 다음 글을 읽고, 물음에 답하시오.

During break, many school accidents
happen on the stairs. You should watch your
step when you go up or down the stairs.
Also, you should not play with your friends
on the stairs.

29 윗글의 내용으로 보아, 다음 질문에 대한 대답으로 알맞
은 것은?

Q: What is a common place for school
accidents to happen during break?

① on the playground
② in the classroom
③ on the stairs
④ in the cafeteria
⑤ in the library

30 윗글의 밑줄 친 경고의 말을 할 수 있는 상황으로 알맞은
것은?

① The floor is slippery.
② It's a red light.
③ A car is coming.
④ The weather is cold.
⑤ The music is too loud.

01 다음 중 영영풀이가 바르게 연결되지 <u>않은</u> 것은?

① break: a short rest from work or play
② matter: a situation or subject that you must think about, discuss, or deal with
③ injure: to hit something by accident
④ accident: something bad that happens by chance
⑤ slippery: wet and smooth, making it easy to fall

02 다음 중 학교 시설과 관련 있는 표현이 <u>아닌</u> 것은?

① classroom   ② cafeteria   ③ library
④ square   ⑤ science lab

03 다음 지진 안전 수칙의 빈칸에 공통으로 알맞은 것은?

> • First, you _____ drop to the ground.
> • Next, you _____ cover your head.
> • Then, you _____ hold on to something.

① will   ② can   ③ need
④ want   ⑤ should

04 다음 안전 수칙 중, 빈칸에 들어갈 말이 나머지와 <u>다른</u> 하나는?

① You _____ walk carefully.
② You _____ put on a helmet.
③ You _____ watch out for cars.
④ You _____ drive too fast.
⑤ You _____ wait for the green light.

05 다음 위험 상황에 대한 경고의 말로 알맞은 것은?

> Look! There is a hole.

① Watch your step.
② Wait for the green light.
③ Watch out for cars.
④ Watch your head.
⑤ Put on a helmet.

[서술형]

06 다음 밑줄 친 부분을 축약형으로 쓰시오.

(1) It <u>will not</u> be cloudy on Wednesday.
  ➡ _____
(2) You <u>should not</u> forget an umbrella on Tuesday.
  ➡ _____

[서술형]

07 자연스러운 대화가 되도록 (A)~(D)를 바르게 배열하시오.

> (A) Oh, is it? Thanks for telling me.
> (B) You should not use your smartphone when you walk. It's dangerous.
> (C) David, be careful! It's a red light.
> (D) Okay, I won't.

(　) – (　) – (　) – (　)

08 다음 대화의 주제로 알맞은 것은?

> A: You should walk carefully.
> B: Okay, I will.

① 요청하고 수락하기   ② 칭찬하고 답하기
③ 요청하고 거절하기   ④ 감사하고 답하기
⑤ 충고하고 답하기

09 다음 대화의 ①~⑤ 중, 흐름상 어색한 문장은?

> A : ①Be careful! ②It's a red light.
> B : ③Oh, thank you.
> A : ④You should wait for the green light.
> B : ⑤Okay, I won't.

①   ②   ③   ④   ⑤

[10–11] 다음 대화를 읽고, 물음에 답하시오.

> W: Jim, be careful!
> M: What's the matter?
> W: You are driving too fast. We are in a school zone. You should slow down.
> M: Oh, you are right. There are many children around here. Thank you.

10 위 대화의 밑줄 친 too와 쓰임이 다른 것은?

① This chicken soup is too hot.
② The book is too difficult for me.
③ I want to go to the movies too.
④ My brother speaks too loudly.
⑤ The movie was too long.

고난도

11 위 대화의 내용과 일치하지 <u>않는</u> 것은?

① Jim and Lisa are in a school zone.
② Jim is driving slowly.
③ Jim is driving too fast.
④ Many children are around the school.
⑤ Jim thanks Lisa for the warning.

[12–14] 다음 대화를 읽고, 물음에 답하시오.

> B : I learned about fire safety today.
> G: Oh! Please tell me about it.
> B : Sure. When you see a fire, you should call 119 and shout "fire" ___(A)___ .
> G: Okay. What should I do next?
> B : You should cover your nose and mouth with a wet cloth. Then you should get outside ___(B)___ .
> G: I understand.
> B : Also, you should use the stairs.
> G: Okay. I'll remember those tips and be careful during a fire.

12 위 대화의 빈칸 (A), (B)에 들어갈 말이 바르게 짝지어진 것은?

① loud – quick   ② loud – quickly
③ loudly – quick   ④ loudly – quickly
⑤ quietly – slowly

13 위 대화에서 화재 발견 시 가장 먼저 할 일로 언급된 것은?

① Wait for someone to help.
② Call 119 and shout "fire" loudly.
③ Use the stairs.
④ Get outside quickly.
⑤ Cover your nose and mouth with a wet cloth.

서술형

14 위 대화의 내용과 일치하도록 빈칸에 알맞은 말을 넣어 문장을 완성하시오.

> To protect yourself from smoke, you should _____
> _____ .

15 다음 중 어법상 옳은 문장을 <u>모두</u> 고르면?

> ⓐ I want to eat ice cream for dessert.
> ⓑ We hope going on vacation next month.
> ⓒ They need to buy some potatoes at the grocery store.
> ⓓ He loves to play the guitar in front of people.
> ⓔ She plans attending a cooking class.

① ⓐ, ⓑ   ② ⓐ, ⓒ   ③ ⓐ, ⓒ, ⓓ
④ ⓑ, ⓒ, ⓓ   ⑤ ⓒ, ⓓ, ⓔ

[16-17] 다음 대화를 읽고, 물음에 답하시오.

> A : We will make a poster about earthquake safety.
> B : Yes. What are some earthquake safety tips?
> A : You should ___(A)___ to the ground. Then you should ___(B)___ your head.
> B : Exactly. Also, you should ___(C)___ on to something.
> A : Great. Let's remember those tips.

16 위 대화의 빈칸 (A)~(C)에 들어갈 말이 바르게 짝지어 진 것은?

	(A)	(B)	(C)
①	drop	– hold	– cover
②	drop	– cover	– hold
③	cover	– drop	– hold
④	cover	– hold	– drop
⑤	hold	– drop	– cover

17 다음 영영풀이에 해당하는 단어를 위 대화에서 찾아 쓰시오.

> to keep something in your mind

➡ _____

[18-20] 다음 대화를 읽고, 물음에 답하시오.

> B : Let's go swimming in the pool!
> G : That's a good idea. But before we go, we should talk about swimming safety tips.
> B : Sure. What are <u>some safety tips</u> for swimming pools?
> G : First, you should warm up <u>before</u> swimming.
> B : That's important. What else should I remember?
> G : You should not run near the pool. It's slippery.
> B : Okay, I won't.
> G : Great! We should always _____ careful around swimming pools.

18 위 대화의 밑줄 친 some safety tips에 해당하는 것 두 가지를 우리말로 쓰시오.

(1) _____

(2) _____

19 위 대화의 밑줄 친 before와 쓰임이 <u>다른</u> 것은?

① I brush my teeth before bedtime.
② I do my homework before playing games.
③ I eat breakfast before I go to school.
④ She reads a book before sleeping.
⑤ You should wash your hands before eating.

20 위 대화의 빈칸에 들어갈 동사의 형태로 알맞은 것은?

① is   ② are   ③ be
④ to be   ⑤ being

21 다음 글의 밑줄 친 (A)와 (B)를 어법에 맞게 고쳐 쓰시오.

> Many students have (A) <u>funny</u> at school. But (B) <u>sometime</u>, dangerous accidents happen. So we need to know about common accidents. Let's learn!

(A) funny ➡ _____

(B) sometime ➡ _____

[22-23] 다음 글을 읽고, 물음에 답하시오.

> **Time** Many school accidents happen in PE classes (44%), at lunchtime (17%), or during break (10%).
>
> **Causes** Students get injuries when they play soccer (19%), basketball (15%), or dodgeball (9%). Accidents also happen when students are walking (12%)!
>
> **Injuries** Students _____ their fingers (23%), ankles (22%), and knees (6%).

22 윗글의 빈칸에 들어갈 말로 알맞은 것은?

① spill　　② bump　　③ slip

④ cross　　⑤ injure

23 윗글의 내용과 일치하지 <u>않는</u> 것은?

① 많은 학교 사고가 체육시간에 일어난다.

② 축구를 할 때 사고가 가장 많이 발생한다.

③ 걸을 때는 사고가 전혀 일어나지 않는다.

④ 학생들은 손가락 부상이 가장 많다.

⑤ 쉬는 시간에도 사고가 발생한다.

[24-26] 다음 글을 읽고, 물음에 답하시오.

> Now we know about common school accidents. But how do they happen?
>
> **(10:00 a.m., PE class)** Jinho ⓐ<u>played</u> basketball. He jumped but landed the wrong way. He ⓑ<u>injured</u> his ankle!
>
> **(12:30 p.m., Lunchtime)** Sora picked up _____ hot soup. Oops! She ⓒ<u>bumped</u> into Jaemin! Sora spilled the hot soup on her arm.
>
> **(2:00 p.m., Break)** Homin walked down the hallway. He looked at his smartphone. Be careful, Homin! Ouch! He bumped into the wall.
>
> **(3:10 p.m., After class)** The school day ⓓ<u>started</u>. Minji wanted to go home quickly. She ran down the stairs and ⓔ<u>slipped</u>!
>
> We looked at some examples of accidents at school. Now write the safety promises below. You should keep them!

24 윗글의 ⓐ~ⓔ 중, 문맥상 자연스럽지 <u>않은</u> 것은?

① ⓐ　② ⓑ　③ ⓒ　④ ⓓ　⑤ ⓔ

25 윗글의 빈칸에 들어갈 말로 알맞은 것은?

① a plate of　　② a glass of

③ a bottle of　　④ a bowl of

⑤ a piece of

26 윗글의 내용과 일치하지 <u>않는</u> 것은?

① 진호는 체육 시간에 부상을 입었다.

② 소라는 점심 시간에 재민이와 부딪쳤다.

③ 호민이는 스마트폰을 보며 복도를 걸었다.

④ 호민이는 집에 뛰어 가다가 벽에 부딪혔다.

⑤ 민지는 계단을 뛰어 내려가다가 미끄러졌다.

My Safety Promises

ONE: I will warm up _____(A)_____ I play sports.

TWO: I will look around carefully _____(B)_____ I am holding hot soup.

THREE: I will use my smartphone when I walk.

FOUR: I will not run on the stairs.

27 윗글의 빈칸 (A), (B)에 들어갈 말로 알맞은 것은?

① after – when
② when – after
③ before – when
④ when – before
⑤ before – after

During this summer vacation, I am planning to go camping. I should follow these three tips for my _____.

First, I should check the weather report.

Second, I should be careful of wild animals.

Third, I should not make a fire in the tent.

I will follow these tips for a safe summer vacation!

29 윗글에서 캠핑 안전 수칙으로 언급되지 <u>않은</u> 것을 <u>모두</u> 고르면?

① 일기 예보를 확인하세요.
② 야생 동물을 조심하세요.
③ 구급 상자를 가져오세요.
④ 텐트 안에서 불을 피우지 마세요.
⑤ 충분한 음식과 물을 챙기세요.

[서술형]

28 윗글에 언급된 네 가지 안전 약속 중, <u>어색한</u> 문장을 찾아 바르게 고쳐 쓰시오.

➡ _____

[서술형]

30 윗글의 빈칸에 safe를 알맞은 형태로 바꿔 쓰시오.

_____

01 다음 표지판에 알맞은 경고의 말을 완성하시오.

조건

1. 조동사 should를 사용하여 7단어로 쓸 것
2. run, stairs를 사용할 것

➡ _____

02 다음 영영풀이가 설명하는 단어를 주어진 철자로 시작하여 쓰시오.

something bad that happens by chance

➡ a_____

03 보기 에서 알맞은 단어를 골라 빈칸에 쓰시오.

보기 spill   injure   slip   bump

(1) Please don't _____ the juice on the carpet.
(2) Be careful. You may _____ into other people.
(3) Did you _____ your knee in PE class?
(4) I often _____ on the wet floor of the bathroom.

04 우리말과 일치하도록 괄호 안의 단어를 사용하여 문장을 완성하시오.

우리는 세계 여행을 하고 싶다. (want, travel)
➡ We _____ _____ _____
around the world.

05 다음 문장의 밑줄 친 to부정사의 역할을 고르고 문장을 해석하시오.

(1) His dream is to travel to South America.
역할: 주어 / 목적어 / 보어
해석: _____

(2) It is important to eat healthy food.
역할: 주어 / 목적어 / 보어
해석: _____

(3) I want to take a piano lesson after school.
역할: 주어 / 목적어 / 보어
해석: _____

06 다음 대화의 밑줄 친 우리말과 일치하도록 빈칸에 알맞은 말을 넣어 문장을 완성하시오.

B: (1)조심해!
G: Why?
B: The sidewalk is slippery. There's water on it. (2)너는 조심스럽게 걸어야 해.
G: Okay, I will.

(1) _____ _____!
(2) _____ _____ walk carefully.

07 우리말과 일치하도록 빈칸에 알맞은 말을 쓰시오.

G: David, be careful! It's a red light.
B: Oh, is it? Thanks for telling me.
G: (1) _____ _____ _____
use your smartphone when you walk.
(너는 걸을 때 스마트폰을 사용해서는 안 돼.)
It's dangerous.
B: Okay, (2) _____ _____.
(알았어, 그러지 않을게.)

08 다음 중 어법상 어색한 문장을 두 개 찾아 기호를 쓰고 바르게 고쳐 쓰시오.

> ⓐ I want to be a movie director.
> ⓑ You need study hard for the test.
> ⓒ He will comes to my birthday party.
> ⓓ They should not run in the hallway.

(1) _____ : _____ ➡ _____
(2) _____ : _____ ➡ _____

09 자연스러운 대화가 되도록 바르게 배열하시오.

> (A) You are driving too fast. We are in a school zone. You should slow down.
> (B) Jim, be careful!
> (C) Oh, you are right. There are many children around here. Thank you.
> (D) What's the matter?

(   ) – (   ) – (   ) – (   )

10 보기 의 문장을 주어진 지시대로 바꿔 쓰시오.

> 보기 She crosses the road at a green light.

(1) 조동사 will을 사용한 긍정문
➡ _____

(2) 조동사 should를 사용한 긍정문
➡ _____

11 보기 의 문장을 주어진 지시대로 바꿔 쓰시오.

> 보기 She crosses the road at a red light.

(1) 조동사 will을 사용한 부정문
➡ _____

(2) 조동사 should를 사용한 부정문
➡ _____

12 보기 에서 알맞은 말을 골라 넣어 대화를 완성하시오.

> G: Hi, Lucas.
> B: Hi, Amy. Are you ready to go?
> G: Sure! But you should ____(A)____.
> B: Okay, I will.
> G: And be careful. A car is coming. You should ____(B)____.
> B: Thank you. Oh, look at that sign. There is a bike lane over there.
> G: Yes, I see it. We should ____(C)____.
> B: Okay. Let's go.

> 보기   watch out for cars
>   put on a helmet first
>   ride our bikes in the bike lane

(A) _____
(B) _____
(C) _____

13 다음 대화를 읽고, 화재 시 안전 수칙 세 가지를 우리말로 쓰시오.

> B: I learned about fire safety today.
> G: Oh! Please tell me about it.
> B: Sure. When you see a fire, you should call 119 and shout "fire" loudly.
> G: Okay. What should I do next?
> B: You should cover your nose and mouth with a wet cloth. Then you should get outside quickly.
> G: I understand.
> B: Also, you should use the stairs.
> G: Okay. I'll remember those tips and be careful during a fire.

(1) _____
(2) _____
(3) _____

14 다음 글의 내용과 일치하도록 빈칸에 알맞은 말을 쓰시오.

> **Time** Many school accidents happen in PE classes (44%), at lunchtime (17%), or during break (10%).
> **Causes** Students get injuries when they play soccer (19%), basketball (15%), or dodgeball (9%). Accidents also happen when students are walking (12%)!
> **Injuries** Students injure their fingers (23%), ankles (22%), and knees (6%).

↓

> 44% of school accidents happen in (1)_____. 19% of accidents happen when students play (2)_____. Finger, (3)_____, and knee injuries are common among students.

15 다음 빈칸에 알맞은 말을 넣어 요약문을 완성하시오.

> During this summer vacation, I am planning to go camping. I should follow these three tips for my safety.
> First, I should check the weather report.
> Second, I should be careful of wild animals.
> Third, I should not make a fire in the tent.
> I will follow these tips for a safe summer vacation!

↓

> For my _____, I should check the _____, be careful of _____, and not _____ in the tent.

16 다음 상황에서 할 수 있는 상대방에 대한 충고의 말과 나의 의지를 표현하는 말을 조건에 맞게 완성하시오.

> There are no traffic lights.

조건
1. 조동사 will과 should를 한 번씩 사용할 것
2. 접속사 when과 before를 한 번씩 사용할 것
3. stop, cross, look, both ways를 사용할 것

(1) You _____ you cross the road. (너는 멈춰서 도로를 건너기 전에 양쪽을 살펴보아야 해.)

(2) I _____ there aren't any cars. (나는 차가 없을 때 건널 거야.)

17 다음 글을 읽고, 빈칸에 알맞은 말을 넣어 문장을 완성하시오.

> **(10:00 a.m., PE class)** Jinho played basketball. He jumped but landed the wrong way. He injured his ankle!
> **(12:30 p.m., Lunchtime)** Sora picked up a bowl of hot soup. Oops! She bumped into Jaemin! Sora spilled the hot soup on her arm.
> **(2:00 p.m., Break)** Homin walked down the hallway. He looked at his smartphone. Be careful, Homin! Ouch! He bumped into the wall.
> **(3:10 p.m., After class)** The school day ended. Minji wanted to go home quickly. She ran down the stairs and slipped!

(1) Jinho _____ his ankle while playing basketball.

(2) Sora _____ the hot soup on her arm after bumping into Jaemin.

(3) Homin _____ into a wall while looking at his smartphone.

(4) Minji _____ while running down the stairs after class.

LESSON ♥

03

—

My Bright Future

의사소통 표현

▶ 관심사 표현하기

I'm interested in basketball.

▶ 장래 희망 묻고 답하기

A: **What do you want to be in the future?**

B: **I want to be** a singer.

언어 형식

▶ 동사의 과거형

She **loved** taking pictures.

▶ 접속사 when

He feels happy **when** he understands the dogs.

교과서 어휘 연습하기

A 영어는 우리말로, 우리말은 영어로 쓰시오.

01	person	_____	26	일, 직업	_____
02	space	_____	27	포스터, 벽보	_____
03	in front of	_____	28	사진 촬영	_____
04	manners	_____	29	알아내다	_____
05	translate	_____	30	환상적인	_____
06	bright	_____	31	역할 모델, 롤 모델	_____
07	ago	_____	32	우주 비행사	_____
08	special	_____	33	연기	_____
09	be famous for	_____	34	미래	_____
10	photographer	_____	35	동창회	_____
11	faraway	_____	36	여행하다	_____
12	classmate	_____	37	장차, 미래에	_____
13	create	_____	38	꿈	_____
14	exciting	_____	39	기타 연주자	_____
15	Mars	_____	40	떠나다	_____
16	cool	_____	41	정확히 포착하다	_____
17	band	_____	42	순간	_____
18	movie director	_____	43	언어	_____
19	in fact	_____	44	사진을 찍다	_____
20	understand	_____	45	안내인	_____
21	tour	_____	46	가능한	_____
22	useful	_____	47	기자	_____
23	information	_____	48	바닥	_____
24	break	_____	49	혼자	_____
25	be interested in	_____	50	~을 돌보다	_____

B 빈칸에 알맞은 말을 아래 상자에서 골라 쓰시오.

01 Today is a _____ day.　　오늘은 특별한 날이다.

02 We are having our middle school _____!　　중학교 동창회가 있기 때문이다!

03 Now everyday has _____ jobs.　　지금은 모두가 놀랄만한 직업을 가지고 있다.

04 Now she is a drone _____.　　지금 그녀는 드론 사진작가이다.

05 That sounds _____!　　그건 흥미롭게 들린다!

06 How is that _____?　　어떻게 그것이 가능할까?

07 She _____ great moments.　　그녀는 멋진 순간들을 포착한다.

08 It _____ dog sounds into human language.　　그것은 개의 소리를 사람의 언어로 번역한다.

09 He feels happy when he _____ the dogs.　　그는 그가 개의 말을 알아들을 때 행복을 느낀다.

10 She _____ all around the world.　　그녀는 전 세계를 여행한다.

11 He takes care of them and teaches _____ to them.　　그는 개를 돌보고 그들에게 예절을 가르친다.

12 Now she does the same thing with her _____.　　지금 그녀는 관광객에게 같은 것을 한다.

13 She also takes them to _____ and dangerous places.　　그녀는 그들을 멀고 위험한 장소에도 데려간다.

14 She can _____ pictures from high up in the sky.　　그녀는 높은 하늘에서 사진을 찍을 수 있다.

15 When he talks with the dogs, he uses a special _____.　　그가 개들과 대화할 때, 그는 특별한 애플리케이션(응용 프로그램)을 사용한다.

16 Eunji was in the _____ club when we were in middle school.　　은지는 우리가 중학교에 다닐 때 사진 동호회에 있었다.

travels	exciting	understands	photographer
special	reunion	amazing	captures
take	possible	photography	tourists
manners	faraway	translates	application

교과서 대화문 연습하기 ❶

A Listen and Check

교과서 46쪽

1 B : Arin, _____ _____ in the future?

G : I _____ _____ _____ a singer. I'm interested in singing.

B : Are you _____ _____ dancing too?

G : Not really.

《 B: 아린, 너는 미래에 무엇이 되고 싶어?
G: 나는 가수가 되고 싶어. 나는 노래하는 것에 관심이 있어.
B: 춤에도 관심이 있어?
G: 별로 없어.

2 B : Haeun, _____ _____ _____ _____ drawing?

G : Yes, I am. I _____ _____ _____ an artist.

B : That's cool.

G : What about you, Tony? _____ _____ _____ _____ _____ in the future?

B : I _____ _____ _____ a designer. _____ _____ _____ drawing too.

《 B: 하은, 너는 그림 그리기에 관심이 있어?
G: 응, 있어. 나는 예술가가 되고 싶어.
B: 멋지네.
G: 너는 어때, 토니? 너는 미래에 무엇이 되고 싶어?
B: 나는 디자이너가 되고 싶어. 나도 그림 그리기에 관심이 있어.

3 G : Woojin, _____ _____ _____ _____ sports?

B : Yes, _____ _____ _____ basketball. _____ _____ _____ a basketball player.

G : That's cool!

《 G: 우진, 너는 스포츠에 관심이 있어?
B: 응, 나는 농구에 관심이 있어. 나는 농구 선수가 되고 싶어.
G: 멋지다!

B Look and Talk

교과서 46쪽

A : _____ _____ _____ _____ science?

B : Yes, I am.

A : _____ _____ _____ _____ to be in the future?

B : _____ _____ _____ a scientist.

A : That's cool!

《 A: 너는 과학에 관심이 있어?
B: 응, 있어.
A: 너는 미래에 무엇이 되고 싶어?
B: 나는 과학자가 되고 싶어.
A: 멋지다!

C Listen Up

교과서 47쪽

G : Hey, Ben! What are you doing?

B : Hi, Taeyeon. I'm looking at these school club posters.

G : Oh, I see. Look! There is a drama club.

B : Yes. _____ _____ _____ acting. I can join that club.

G : _____ _____ _____ _____ _____ _____ in the future? An actor?

B : Yes, I want to be an actor. What about you?

G : I'm interested in taking pictures. So _____ _____ _____ _____ a photographer.

B : Wow, cool! You can join the photography club, then.

《 G: 안녕, 벤! 뭐 하고 있어?
B: 안녕, 태연. 나는 이 학교 동아리 포스터들을 보고 있어.
G: 아, 그렇구나. 봐! 드라마 동아리가 있어.
B: 응. 나는 연기에 관심이 있어. 나는 그 동아리에 가입할 수 있어.
G: 너는 미래에 무엇이 되고 싶어? 배우?
B: 응, 나는 배우가 되고 싶어. 너는 어때?
G: 나는 사진 찍는 것에 관심이 있어. 그래서 나는 사진작가가 되고 싶어.
B: 와, 멋지다! 그럼 너는 사진 동아리에 가입할 수 있어.

D Talk Together
교과서 47쪽

A: Suho, _____?
B: _____ cooking.
A: I see. _____ in the future?
B: I want to be a cook. What about you, Haerin?
A: I'm interested in dancing. So I _____ a dancer.
B: That's great. You can do it!

A: 수호야, 너는 무엇에 관심이 있니?
B: 나는 요리에 관심이 있어.
A: 그렇구나. 너는 미래에 무엇이 되고 싶어?
B: 나는 요리사가 되고 싶어. 너는 어때, 해린아?
A: 나는 춤에 관심이 있어. 그래서 나는 댄서가 되고 싶어.
B: 멋지다. 넌 할 수 있어!

· TOPIC 2 · Real-Life Communication

My Role Model
교과서 48쪽

B: This movie is really exciting.
G: Yeah. Tom Stewart's acting is fantastic.
B: I agree. In fact, he is my role model. _____ _____ a great actor like him.
G: That's cool. Actually, _____ movies too.
B: Oh, really?
G: Yes, _____ a movie director. Julie Lee is my role model.
B: Maybe we can work together someday!
G: That sounds great!

B: 이 영화는 정말 흥미진진해.
G: 맞아. 톰 스튜어트의 연기는 환상적이야.
B: 동의해. 사실, 그는 내 역할 모델이야. 나는 그처럼 훌륭한 배우가 되고 싶어.
G: 멋지다. 사실, 나도 영화에 관심이 있어.
B: 오, 정말?
G: 응, 나는 영화 감독이 되고 싶어. 줄리 리는 내 역할 모델이야.
B: 아마 우리는 언젠가 함께 일할 수 있을 거야!
G: 그거 참 좋겠다!

Step 2
교과서 49쪽

A: Hey, Minjun. Can you guess my role model?
B: Sure, Yumi. _____ _____ _____?
A: _____ _____ space.
B: What is your role model's job?
A: He was an astronaut.
B: What is he famous for?
A: He was the first person on the moon.
B: I got it. Your role model is Neil Armstrong.
A: Correct! I want to be a great astronaut like him.

A: 안녕, 민준. 내 역할 모델이 누구인지 맞춰볼래?
B: 물론이야, 유미. 너는 무엇에 관심이 있어?
A: 나는 우주에 관심이 있어.
B: 너의 역할 모델의 직업은 뭐야?
A: 그는 우주 비행사였어.
B: 그는 무엇으로 유명해?
A: 그는 달에 처음으로 간 사람이었어.
B: 알겠어. 너의 역할 모델은 닐 암스트롱이구나.
A: 맞아! 나는 그처럼 훌륭한 우주 비행사가 되고 싶어.

· Lesson Review · A
교과서 58쪽

B: Lily, _____ _____ _____?
G: I'm interested in playing the guitar. I want to be a guitarist.
B: Oh, I love music too!
G: Really? _____ _____ _____ in the future, Henry?
B: _____ _____ a singer.
G: That's cool! We can play in a band together someday.
B: That sounds amazing!

B: 릴리, 너는 무엇에 관심이 있어?
G: 나는 기타 치는 것에 관심이 있어. 나는 기타리스트가 되고 싶어.
B: 오, 나도 음악을 좋아해!
G: 정말? 헨리, 너는 미래에 무엇이 되고 싶어?
B: 나는 가수가 되고 싶어.
G: 멋지다! 언젠가 우리 함께 밴드에서 연주할 수 있을 거야.
B: 그거 정말 멋지다!

교과서 대화문 연습하기 ②

A Listen and Check
교과서 46쪽

1 B : Arin, what do you want to be _____?
G : I want to be _____. I'm interested in singing.
B : Are you _____ too?
G : _____.

≪ B: 아린, 너는 미래에 무엇이 되고 싶어?
G: 나는 가수가 되고 싶어. 나는 노래하는 것에 관심이 있어.
B: 춤에도 관심이 있어?
G: 별로 없어.

2 B : Haeun, are you interested in drawing?
G : Yes, I am. I want to be _____.
B : That's cool.
G : _____, Tony? What do you want to be in the future?
B : I want to be _____. I'm interested in drawing too.

≪ B: 하은, 너는 그림 그리기에 관심이 있어?
G: 응, 있어. 나는 예술가가 되고 싶어.
B: 멋지네.
G: 너는 어때, 토니? 너는 미래에 무엇이 되고 싶어?
B: 나는 디자이너가 되고 싶어. 나도 그림 그리기에 관심이 있어.

3 G : Woojin, are you interested in _____?
B : Yes, I'm interested in basketball. I want to be _____.
G : _____!

≪ G: 우진, 너는 스포츠에 관심이 있어?
B: 응, 나는 농구에 관심이 있어. 나는 농구 선수가 되고 싶어.
G: 멋지다!

B Look and Talk
교과서 46쪽

A : Are you _____?
B : Yes, I am.
A : What do you want to be in the future?
B : I want to be _____.
A : That's cool!

≪ A: 너는 과학에 관심이 있어?
B: 응, 있어.
A: 너는 미래에 무엇이 되고 싶어?
B: 나는 과학자가 되고 싶어.
A: 멋지다!

C Listen Up
교과서 47쪽

G : Hey, Ben! _____?
B : Hi, Taeyeon. I'm _____ these school club posters.
G : Oh, I see. Look! There is a drama club.
B : Yes. I'm interested in acting. I can _____.
G : What do you want to be in the future? An actor?
B : Yes, I want to be an actor. _____?
G : I'm interested in _____. So I want to be _____.
B : Wow, cool! You can join the _____, then.

≪ G: 안녕, 벤! 뭐 하고 있어?
B: 안녕, 태연. 나는 이 학교 동아리 포스터들을 보고 있어.
G: 아, 그렇구나. 봐! 드라마 동아리가 있어.
B: 응. 나는 연기에 관심이 있어. 나는 그 동아리에 가입할 수 있어.
G: 너는 미래에 무엇이 되고 싶어? 배우?
B: 응, 나는 배우가 되고 싶어. 너는 어때?
G: 나는 사진 찍는 것에 관심이 있어. 그래서 나는 사진작가가 되고 싶어.
B: 와, 멋지다! 그럼 너는 사진 동아리에 가입할 수 있어.

D Talk Together

교과서 47쪽

A : Suho, what are you interested in?
B : I'm _____.
A : I see. What do you want to be in the future?
B : I want to be _____. What about you, Haerin?
A : I'm interested in dancing. So I want to be a dancer.
B : That's great. _____!

◀◀ A: 수호야, 너는 무엇에 관심이 있니?
B: 나는 요리에 관심이 있어.
A: 그렇구나. 너는 미래에 무엇이 되고 싶어?
B: 나는 요리사가 되고 싶어. 너는 어때, 해린아?
A: 나는 춤에 관심이 있어. 그래서 나는 댄서가 되고 싶어.
B: 멋지다. 넌 할 수 있어!

·TOPIC 2· Real-Life Communication

My Role Model

교과서 48쪽

B : This movie is _____.
G : Yeah. Tom Stewart's acting is fantastic.
B : _____. In fact, he is _____.
   I want to be a great actor _____.
G : That's cool. Actually, I'm interested in movies too.
B : Oh, really?
G : Yes, I want to be a movie director. Julie Lee is my role model.
B : Maybe we can _____ someday!
G : That _____!

◀◀ B: 이 영화는 정말 흥미진진해.
G: 맞아. 톰 스튜어트의 연기는 환상적이야.
B: 동의해. 사실, 그는 내 역할 모델이야. 나는 그처럼 훌륭한 배우가 되고 싶어.
G: 멋지다. 사실, 나도 영화에 관심이 있어.
B: 오, 정말?
G: 응, 나는 영화 감독이 되고 싶어. 줄리 리는 내 역할 모델이야.
B: 아마 우리는 언젠가 함께 일할 수 있을 거야!
G: 그거 참 좋겠다!

Step 2

교과서 49쪽

A : Hey, Minjun. _____ my role model?
B : Sure, Yumi. What are you interested in?
A : I'm interested in space.
B : What is your role model's job?
A : He was _____.
B : What is he _____?
A : He was _____ on the moon.
B : _____. Your role model is Neil Armstrong.
A : Correct! I want to be a great astronaut like him.

◀◀ A: 안녕, 민준. 내 역할 모델이 누구인지 맞춰볼래?
B: 물론이야, 유미. 너는 무엇에 관심이 있어?
A: 나는 우주에 관심이 있어.
B: 너의 역할 모델의 직업은 뭐야?
A: 그는 우주 비행사였어.
B: 그는 무엇으로 유명해?
A: 그는 달에 처음으로 간 사람이었어.
B: 알겠어. 너의 역할 모델은 닐 암스트롱이구나.
A: 맞아! 나는 그처럼 훌륭한 우주 비행사가 되고 싶어.

·Lesson Review· A

교과서 58쪽

B : Lily, what are you interested in?
G : I'm interested in _____. I want to be a guitarist.
B : Oh, I _____ too!
G : Really? What do you want to be in the future, Henry?
B : I want to be a singer.
G : That's cool! We can _____ together someday.
B : That _____!

◀◀ B: 릴리, 너는 무엇에 관심이 있어?
G: 나는 기타 치는 것에 관심이 있어. 나는 기타리스트가 되고 싶어.
B: 오, 나도 음악을 좋아해!
G: 정말? 헨리, 너는 미래에 무엇이 되고 싶어?
B: 나는 가수가 되고 싶어.
G: 멋지다! 언젠가 우리 함께 밴드에서 연주할 수 있을 거야.
B: 그거 정말 멋지다!

교과서 대화문 연습하기 ❸

· TOPIC 1 · Listen & Talk

A Listen and Check

교과서 46쪽

1 B : Arin, _____ ?

　　G: _____

　　B : _____

　　G: _____

≪ B: 아린, 너는 미래에 무엇이 되고 싶어?

　　G: 나는 가수가 되고 싶어. 나는 노래하는 것에 관심이 있어.

　　B: 춤에도 관심이 있어?

　　G: 별로 없어.

2 B : Haeun, _____ ?

　　G: Yes, I am. _____

　　B : _____

　　G: _____, Tony? _____

　　B : _____

≪ B: 하은, 너는 그림 그리기에 관심이 있어?

　　G: 응, 있어. 나는 예술가가 되고 싶어.

　　B: 멋지네.

　　G: 너는 어때, 토니? 너는 미래에 무엇이 되고 싶어?

　　B: 나는 디자이너가 되고 싶어. 나도 그림 그리기에 관심이 있어.

3 G: Woojin, _____ ?

　　B : _____

　　G: _____

≪ G: 우진, 너는 스포츠에 관심이 있어?

　　B: 응, 나는 농구에 관심이 있어. 나는 농구 선수가 되고 싶어.

　　G: 멋지다!

B Look and Talk

교과서 46쪽

A: _____

B : _____

A: _____

B : _____

A: _____

≪ A: 너는 과학에 관심이 있어?

　　B: 응, 있어.

　　A: 너는 미래에 무엇이 되고 싶어?

　　B: 나는 과학자가 되고 싶어.

　　A: 멋지다!

C Listen Up

교과서 47쪽

G: Hey, Ben! _____

B : Hi, Taeyeon. _____

G: _____ Look! _____

B : Yes. _____

G: _____ An actor?

B : Yes, _____

G: _____

B : Wow, cool! _____

≪ G: 안녕, 벤! 뭐 하고 있어?

　　B: 안녕, 태연. 나는 이 학교 동아리 포스터들을 보고 있어.

　　G: 아, 그렇구나. 봐! 드라마 동아리가 있어.

　　B: 응. 나는 연기에 관심이 있어. 나는 그 동아리에 가입할 수 있어.

　　G: 너는 미래에 무엇이 되고 싶어? 배우?

　　B: 응, 나는 배우가 되고 싶어. 너는 어때?

　　G: 나는 사진 찍는 것에 관심이 있어. 그래서 나는 사진작가가 되고 싶어.

　　B: 와, 멋지다! 그럼 너는 사진 동아리에 가입할 수 있어.

D   Talk Together

교과서 47쪽

A: Suho, _____

B: _____

A: I see.

B: _____, Haerin?

A: _____

B: _____

《 A: 수호야, 너는 무엇에 관심이 있니?
　 B: 나는 요리에 관심이 있어.
　 A: 그렇구나. 너는 미래에 무엇이 되고 싶어?
　 B: 나는 요리사가 되고 싶어. 너는 어때, 해린아?
　 A: 나는 춤에 관심이 있어. 그래서 나는 댄서가 되고 싶어.
　 B: 멋지다. 넌 할 수 있어!

· TOPIC 2 ·   Real-Life Communication

My Role Model

교과서 48쪽

B: _____

G: Yeah. Tom Stewart's _____.

B: _____

G: _____ Actually, _____.

B: Oh, really?

G: Yes, _____ Julie Lee is my role model.

B: _____

G: _____

《 B: 이 영화는 정말 흥미진진해.
　 G: 맞아. 톰 스튜어트의 연기는 환상적이야.
　 B: 동의해. 사실, 그는 내 역할 모델이야. 나는 그처럼 훌륭한 배우가 되고 싶어.
　 G: 멋지다. 사실, 나도 영화에 관심이 있어.
　 B: 오, 정말?
　 G: 응, 나는 영화 감독이 되고 싶어. 줄리 리는 내 역할 모델이야.
　 B: 아마 우리는 언젠가 함께 일할 수 있을 거야!
　 G: 그거 참 좋겠다!

Step 2

교과서 49쪽

A: Hey, Minjun. _____

B: Sure, Yumi. _____

A: _____

B: _____

A: _____

B: _____

A: _____

B: _____ Neil Armstrong.

A: _____

《 A: 안녕, 민준. 내 역할 모델이 누구인지 맞춰볼래?
　 B: 물론이야, 유미. 너는 무엇에 관심이 있어?
　 A: 나는 우주에 관심이 있어.
　 B: 너의 롤모델의 직업은 뭐야?
　 A: 그는 우주 비행사였어.
　 B: 그는 무엇으로 유명해?
　 A: 그는 달에 처음으로 간 사람이었어.
　 B: 알겠어. 너의 역할 모델은 닐 암스트롱이구나.
　 A: 맞아! 나는 그처럼 훌륭한 우주 비행사가 되고 싶어.

· Lesson Review ·   A

교과서 58쪽

B: Lily, _____?

G: _____

B: Oh, _____!

G: Really? _____, Henry?

B: _____

G: _____

B: _____

《 B: 릴리, 너는 무엇에 관심이 있어?
　 G: 나는 기타 치는 것에 관심이 있어. 나는 기타리스트가 되고 싶어.
　 B: 오, 나도 음악을 좋아해!
　 G: 정말? 헨리, 너는 미래에 무엇이 되고 싶어?
　 B: 나는 가수가 되고 싶어.
　 G: 멋지다! 언젠가 우리 함께 밴드에서 연주할 수 있을 거야.
　 B: 그거 정말 멋지다!

교과서 문법 연습하기

POINT 1 **동사의 과거형**

🍎 **교과서 속 문법**

01 We _____ in the same class 20 years ago.
우리는 20년 전에 같은 반이었다.

02 Eunji _____ in the photography club when we _____ in middle school.
은지는 우리가 중학교에 다닐 때 사진 동호회에 있었다.

03 She _____ taking pictures.
그녀는 사진 찍는 것을 정말 좋아했다.

04 He _____ a dog lover and _____ three dogs.
그는 개를 정말 좋아하는 사람이었고 세 마리의 개를 키웠다.

05 When Sohee _____ in middle school, she _____ telling us about interesting places.
소희가 중학교에 다닐 때, 그녀는 흥미로운 장소에 대해 우리에게 말하는 것을 좋아했다.

🐰 **교과서+**

06 I _____ at the park with my friends yesterday.
나는 어제 친구들과 공원에 있었다.

07 She _____ very excited about the school festival.
그녀는 학교 축제에 대해 매우 신이 났다.

08 We _____ in the library after school yesterday.
우리는 어제 방과 후에 도서관에 있었다.

09 The dog _____ barking loudly all night.
그 개는 밤새 시끄럽게 짖고 있었다.

10 They _____ happy to see their old middle school teacher again.
그들은 옛 중학교 선생님을 다시 만나서 기뻤다.

11 Amy _____ her grandparents last weekend.
에이미는 지난 주말에 조부모님을 방문했다.

12 They _____ soccer on the playground yesterday.
그들은 어제 운동장에서 축구를 했다.

13 I _____ my homework before dinner.
나는 저녁 먹기 전에 숙제를 끝냈다.

14 We _____ a movie together last night.
우리는 어젯밤에 함께 영화를 보았다.

15 Matthew _____ for the math test all day.
매튜는 하루 종일 수학 시험에 대비해 공부했다.

16 She _____ to the park to meet her friend.
그녀는 친구를 만나기 위해 공원에 갔다.

17 They _____ to France during the summer vacation.
그들은 여름 방학 동안 프랑스를 여행했다.

18 Peter _____ a new book at the bookstore.
피터는 서점에서 새 책을 샀다.

19 My family _____ in Busan three years ago.
나의 가족은 3년 전에 부산에 살았다.

20 I _____ my room last night.
나는 어젯밤에 내 방을 청소하지 않았다.

POINT 2 접속사 when

🌱 교과서 속 문법

01 Eunji was in the photography club _____ we were in middle school.
은지는 우리가 중학교에 다닐 때 사진 동호회에 있었다.

02 _____ he talks with the dogs, he uses a special application.
그가 개들과 대화할 때, 그는 특별한 애플리케이션(응용 프로그램)을 사용한다.

03 He feels happy _____ he understands the dogs.
그는 그가 개의 말을 알아들을 때 행복을 느낀다.

04 _____ Sohee was in middle school, she liked telling us about interesting places.
소희가 중학교에 다닐 때, 그녀는 흥미로운 장소에 대해 우리에게 말하는 것을 좋아했다.

🌱 교과서＋

05 I was reading a book _____ the phone rang.
전화벨이 울렸을 때 나는 책을 읽고 있었다.

06 I write in a diary _____ I go to bed.
나는 잠자리에 들기 전에 일기를 쓴다.

07 Julia took a shower _____ she played tennis.
줄리아는 테니스를 친 후에 샤워를 했다.

08 I went for a walk _____ I finished my homework.
나는 숙제를 끝낸 후에 산책을 하러 갔다.

09 We cleaned the house _____ our guests arrived.
우리는 손님들이 도착하기 전에 집을 청소했다.

10 My sister was walking to school _____ it started to rain.
비가 오기 시작했을 때 내 여동생은 학교에 가고 있었다.

11 Lucy called her friend _____ she left the house.
루시는 집을 떠나기 전에 친구에게 전화를 했다.

12 Tony was studying _____ his friends arrived.
토니는 친구들이 도착했을 때 공부하고 있었다.

13 We were watching TV _____ the lights went out.
정전이 되었을 때 우리는 TV를 보고 있었다.

14 They always eat breakfast _____ they go to school.
그들은 학교에 가기 전에 항상 아침을 먹는다.

15 She was cooking dinner _____ her brother came home.
그녀는 오빠가 집에 왔을 때 저녁을 요리하고 있었다.

16 _____ I was ten, my family moved to Seoul.
내가 열 살 때, 나의 가족은 서울로 이사했다.

17 She was reading a book _____ I visited her.
내가 그녀를 방문했을 때 그녀는 책을 읽고 있었다.

18 _____ he was young, he wanted to be an actor.
그가 어렸을 때, 그는 배우가 되고 싶어 했다.

19 We were playing outside _____ we heard the thunder.
천둥소리를 들었을 때 우리는 밖에서 놀고 있었다.

20 She feeds her dog _____ she goes to school.
그녀는 학교에 가기 전에 그녀의 강아지에게 먹이를 준다.

교과서 본문 연습하기 ❶

🏅 본문 문장을 읽고 우리말 해석을 쓰시오.

01 Today is a special day.
오늘은 특별한 날이다.

02 We are having our middle school reunion!

03 We were in the same class 20 years ago.

04 Now everybody has amazing jobs.

05 Let's find out about them!

06 Eunji was in the photography club when we were in middle school.

07 She loved taking pictures.

08 Now she is a drone photographer.

09 Drones can go almost anywhere.

10 So she can take pictures from high up in the sky.

11 She captures great moments.

12 Her pictures are amazing!

13 How about Jimin?

14 He was a dog lover and had three dogs.

15 He is a teacher now.

16 But he doesn't teach children.

17 He teaches dogs!

18 He takes care of them and teaches manners to them.

19 When he talks with the dogs, he uses a special application.

20 It translates dog sounds into human language.

21 He feels happy when he understands the dogs.

22 Sohee works as a tour guide.

23 She travels all around the world.

24 But she doesn't leave Korea.

25 How is that possible?

26 She guides tourists in a VR world!

27 When Sohee was in middle school, she liked telling us about interesting places.

28 Now she does the same thing with her tourists.

29 She also takes them to faraway and dangerous places.

30 She even travels to Mars. That sounds exciting!

교과서 본문 연습하기 ❷

🏅 다음 밑줄 친 부분이 바르면 O, 틀리면 X에 표시하고 바르게 고쳐 쓰시오.

01 Today is <u>a special day</u>. O | X

02 We are <u>haveing</u> our middle school reunion! O | X

03 We <u>was</u> in the same class 20 years ago. O | X

04 Now everybody <u>have</u> amazing jobs. O | X

05 Let's <u>find out</u> about them! O | X

06 Eunji was in the photography club <u>when</u> we were in middle school. O | X

07 She loved <u>take</u> pictures. O | X

08 Now she <u>is</u> a drone photographer. O | X

09 Drones <u>can go</u> almost anywhere. O | X

10 So she can <u>takes</u> pictures from high up in the sky. O | X

11 She <u>captures</u> great moments. O | X

12 <u>She</u> pictures are amazing! O | X

13 <u>Why</u> about Jimin? O | X

14 He was a dog lover and <u>has</u> three dogs. O | X

15 He is a teacher <u>now</u>. O | X

16 But he <u>don't teach</u> children. O | X

17 He teachs dogs! O | X

18 He takes care of them and teaches manner to them. O | X

19 When he talks with the dogs, he uses a special application. O | X

20 It translates dog sounds to human language. O | X

21 He feels happily when he understands the dogs. O | X

22 Sohee works like a tour guide. O | X

23 She travels all around the world. O | X

24 But she doesn't leave Korea. O | X

25 How is that possible? O | X

26 She guides tourist in a VR world! O | X

27 When Sohee was in middle school, she liked tell us about interesting places. O | X

28 Now she does same thing with her tourists. O | X

29 She also takes they to faraway and dangerous places. O | X

30 She even travels from Mars. O | X

31 That sounds exciting! O | X

교과서 본문 연습하기 ❸

👑 본문과 일치하도록 빈칸에 알맞은 말을 넣어 문장을 완성하시오.

01 Today _____ a special day.
오늘은 특별한 날이다.

02 We _____ _____ our middle school reunion!
중학교 동창회가 있기 때문이다!

03 We _____ in the same class 20 years ago.
우리는 20년 전에 같은 반이었다.

04 Now everybody _____ amazing jobs.
지금은 모두가 놀랄 만한 직업을 가지고 있다.

05 Let's _____ _____ about them!
그것들에 대해 알아보자!

06 Eunji _____ in the photography club _____ _____ were in middle school.
은지는 우리가 중학교에 다닐 때 사진 동호회에 있었다.

07 She _____ _____ pictures.
그녀는 사진 찍는 것을 정말 좋아했다.

08 _____ she is a drone photographer.
지금 그녀는 드론 사진작가이다.

09 Drones _____ _____ almost anywhere.
드론은 거의 어디든 갈 수 있다.

10 So she _____ _____ _____ from high up in the sky.
그래서 그녀는 높은 하늘에서 사진을 찍을 수 있다.

11 She _____ great moments.
그녀는 멋진 순간들을 포착한다.

12 Her pictures _____ _____ !
그녀의 사진들은 놀랍다!

13 _____ _____ Jimin?
지민이는 어떨까?

14 He _____ a dog lover and _____ three dogs.
그는 개를 정말 좋아하는 사람이었고 세 마리의 개를 키웠다.

15 He _____ a teacher _____ .
그는 지금 선생님이다.

16 But he _____ _____ children.
그러나 그는 아이들을 가르치지 않는다.

116

17 He _____ dogs!

그는 개를 가르친다!

18 He _____ _____ _____ them and _____ manners to them.

그는 개를 돌보고 그들에게 예절을 가르친다.

19 _____ he talks with the dogs, he uses a special application.

그가 개들과 대화할 때, 그는 특별한 애플리케이션(응용 프로그램)을 사용한다.

20 It _____ dog sounds _____ human language.

그것은 개의 소리를 사람의 언어로 번역한다.

21 He _____ happy _____ he _____ the dogs.

그는 그가 개의 말을 알아들을 때 행복을 느낀다.

22 Sohee guides _____ _____ a tour guide.

소희는 관광 가이드로 일한다.

23 She _____ all around the world.

그녀는 전 세계를 여행한다.

24 But she _____ _____ Korea.

그러나 그녀는 한국을 떠나지 않는다.

25 _____ _____ that possible?

어떻게 그것이 가능할까?

26 She guides _____ in a VR world!

그녀는 VR 세계에서 관광객들을 안내한다!

27 _____ Sohee _____ in middle school, she _____ telling us about interesting places.

소희가 중학교에 다닐 때, 그녀는 흥미로운 장소에 대해 우리에게 말하는 것을 좋아했다.

28 Now she _____ the same thing with her tourists.

지금 그녀는 관광객에게 같은 것을 한다.

29 She also _____ them _____ faraway and dangerous places.

그녀는 그들을 멀고 위험한 장소에도 데려간다.

30 She even _____ _____ Mars.

그녀는 심지어 화성으로 여행을 간다.

31 That _____ exciting!

그건 흥미롭게 들린다!

🏅 본문과 일치하도록 빈칸에 알맞은 말을 넣어 문장을 완성하시오.

01 Today is a _____ _____.
오늘은 특별한 날이다.

02 We are having our _____ _____ _____!
중학교 동창회가 있기 때문이다!

03 We were _____ _____ _____ _____ 20 years ago.
우리는 20년 전에 같은 반이었다.

04 Now everybody has _____ _____.
지금은 모두가 놀랄 만한 직업을 가지고 있다.

05 Let's find out _____ _____!
그것들에 대해 알아보자!

06 Eunji was in the _____ _____ when we were in middle school.
은지는 우리가 중학교에 다닐 때 사진 동호회에 있었다.

07 She loved _____ _____.
그녀는 사진 찍는 것을 정말 좋아했다.

08 Now she is a _____ _____.
지금 그녀는 드론 사진작가이다.

09 Drones can go _____ _____.
드론은 거의 어디든 갈 수 있다.

10 So she can take pictures _____ _____ _____
_____ _____.
그래서 그녀는 높은 하늘에서 사진을 찍을 수 있다.

11 She captures _____ _____.
그녀는 멋진 순간들을 포착한다.

12 _____ _____ are amazing!
그녀의 사진들은 놀랍다!

13 _____ _____ Jimin?
지민이는 어떨까?

14 He was a dog lover and _____ _____ _____.
그는 개를 정말 좋아하는 사람이었고 세 마리의 개를 키웠다.

15 He is _____ _____ _____.
그는 지금 선생님이다.

16 But he _____ _____ _____.
그러나 그는 아이들을 가르치지 않는다.

17 He _____ _____!

그는 개를 가르친다!

18 He takes care of them and _____ _____ _____ _____.

그는 개를 돌보고 그들에게 예절을 가르친다.

19 When he _____ _____ the dogs, he uses a special application.

그가 개들과 대화할 때, 그는 특별한 애플리케이션(응용 프로그램)을 사용한다.

20 It _____ _____ _____ _____ human language.

그것은 개의 소리를 사람의 언어로 번역한다.

21 He _____ _____ when he _____ the dogs.

그는 그가 개의 말을 알아들을 때 행복을 느낀다.

22 Sohee works _____ _____ _____ _____.

소희는 관광 가이드로 일한다.

23 She travels _____ _____ _____.

그녀는 전 세계를 여행한다.

24 But she _____ _____ _____.

그러나 그녀는 한국을 떠나지 않는다.

25 How is _____ _____?

어떻게 그것이 가능할까?

26 She guides tourists _____ _____ _____ _____!

그녀는 VR 세계에서 관광객들을 안내한다!

27 When Sohee was in middle school, she liked telling _____ _____ _____ _____.

소희가 중학교에 다닐 때, 그녀는 흥미로운 장소에 대해 우리에게 말하는 것을 좋아했다.

28 Now she _____ _____ _____ _____ with her tourists.

지금 그녀는 관광객에게 같은 것을 한다.

29 She _____ _____ _____ faraway and dangerous places.

그녀는 그들을 멀고 위험한 장소에도 데려간다.

30 She _____ _____ _____ Mars.

그녀는 심지어 화성으로 여행을 간다.

31 That _____ _____!

그건 흥미롭게 들린다!

교과서 본문 연습하기 ❺

❖ 우리말과 일치하도록 본문 문장을 완성하여 쓰시오.

01 오늘은 특별한 날이다.

----

02 중학교 동창회가 있기 때문이다!

----

03 우리는 20년 전에 같은 반이었다.

----

04 지금은 모두가 놀랄 만한 직업을 가지고 있다.

----

05 그것들에 대해 알아보자!

----

06 은지는 우리가 중학교에 다닐 때 사진 동호회에 있었다.

----

07 그녀는 사진 찍는 것을 정말 좋아했다.

----

08 지금 그녀는 드론 사진작가이다.

----

09 드론은 거의 어디든 갈 수 있다.

----

10 그래서 그녀는 높은 하늘에서 사진을 찍을 수 있다.

----

11 그녀는 멋진 순간들을 포착한다.

----

12 그녀의 사진들은 놀랍다!

----

13 지민이는 어떨까?

----

14 그는 개를 정말 좋아하는 사람이었고 세 마리의 개를 키웠다.

----

15 그는 지금 선생님이다.

----

16 그러나 그는 아이들을 가르치지 않는다.

17 그는 개를 가르친다!

18 그는 개를 돌보고 그들에게 예절을 가르친다.

19 그가 개들과 대화할 때, 그는 특별한 애플리케이션(응용 프로그램)을 사용한다.

20 그것은 개의 소리를 사람의 언어로 번역한다.

21 그는 그가 개의 말을 알아들을 때 행복을 느낀다.

22 소희는 관광 가이드로 일한다.

23 그녀는 전 세계를 여행한다.

24 그러나 그녀는 한국을 떠나지 않는다.

25 어떻게 그것이 가능할까?

26 그녀는 VR 세계에서 관광객들을 안내한다!

27 소희가 중학교에 다닐 때, 그녀는 흥미로운 장소에 대해 우리에게 말하는 것을 좋아했다.

28 지금 그녀는 관광객에게 같은 것을 한다.

29 그녀는 그들을 멀고 위험한 장소에도 데려간다.

30 그녀는 심지어 화성으로 여행을 간다. 그건 흥미롭게 들린다!

교과서 본문 "나만의" 분석 노트

🏅 본문을 읽으며 나만의 분석 노트를 완성하시오.

· Meeting Friends Again after 20 Years ·

❶ Today is a special day.

❷ We <u>are having</u> our middle school reunion!
현재진행형

❸ We were in the same class 20 years ago.

❹ Now everybody has amazing jobs.

❺ Let's find out about them!

❻ Eunji was in the photography club when we were in middle school.

❼ She loved <u>taking</u> pictures.
동명사 목적어

❽ Now she is a drone photographer.

❾ Drones can go almost anywhere.

❿ So she can take pictures from high up in the sky.

⓫ She captures great moments.

⓬ Her pictures are amazing!

⓭ How about Jimin?

⓮ He was a dog lover and had three dogs.

⓯ He is a teacher now.

⓰ But he doesn't teach children.

20년 후에 친구들 다시 만나기

❶ 오늘은 특별한 날이다.

❷ 중학교 동창회가 있기 때문이다!

❸ 우리는 20년 전에 같은 반이었다.

❹ 지금은 모두가 놀랄 만한 직업을 가지고 있다.

❺ 그것들에 대해 알아보자!

❻ 은지는 우리가 중학교에 다닐 때 사진 동호회에 있었다.

❼ 그녀는 사진 찍는 것을 정말 좋아했다.

❽ 지금 그녀는 드론 사진작가이다.

❾ 드론은 거의 어디든 갈 수 있다.

❿ 그래서 그녀는 높은 하늘에서 사진을 찍을 수 있다.

⓫ 그녀는 멋진 순간들을 포착한다.

⓬ 그녀의 사진들은 놀랍다!

⓭ 지민이는 어떨까?

⓮ 그는 개를 정말 좋아하는 사람이었고 세 마리의 개를 키웠다.

⓯ 그는 지금 선생님이다.

⓰ 그러나 그는 아이들을 가르치지 않는다.

17 He teaches dogs!

18 He takes care of them and teaches manners to them.

19 When he talks with the dogs, he uses a special application.

20 It translates dog sounds into human language.

21 He feels happy <u>when</u> he understands the dogs.
~할 때 〈접속사〉

22 Sohee works as a tour guide.

23 She travels all around the world.

24 But she doesn't leave Korea.

25 How is that possible?

26 She guides tourists in a VR world!

27 When Sohee <u>was</u> in middle school, she <u>liked</u> telling us about
be동사의 과거형   like의 과거형
interesting places.

28 Now she does the same thing with her tourists.

29 She also takes them to faraway and dangerous places.

30 She even travels to Mars.

31 That sounds exciting!

17 그는 개를 가르친다!

18 그는 개를 돌보고 그들에게 예절을 가르친다.

19 그가 개들과 대화할 때, 그는 특별한 애플리케이션(응용 프로그램)을 사용한다.

20 그것은 개의 소리를 사람의 언어로 번역한다.

21 그는 그가 개의 말을 알아들을 때 행복을 느낀다.

22 소희는 관광 가이드로 일한다.

23 그녀는 전 세계를 여행한다.

24 그러나 그녀는 한국을 떠나지 않는다.

25 어떻게 그것이 가능할까?

26 그녀는 VR 세계에서 관광객들을 안내한다!

27 소희가 중학교에 다닐 때, 그녀는 흥미로운 장소에 대해 우리에게 말하는 것을 좋아했다.

28 지금 그녀는 관광객에게 같은 것을 한다.

29 그녀는 그들을 멀고 위험한 장소에도 데려간다.

30 그녀는 심지어 화성으로 여행을 간다.

31 그건 흥미롭게 들린다!

꼭! 외워야 할 교과서 문장

- [ ] What do you want to be in the future?
- [ ] I want to be a singer.
- [ ] Are you interested in sports?
- [ ] I can join that club.
- [ ] I'm interested in taking pictures.
- [ ] We are having our middle school reunion!
- [ ] We were in the same class 20 years ago.
- [ ] Eunji was in the photography club when we were in middle school.
- [ ] She loved taking pictures.
- [ ] He was a dog lover and had three dogs.
- [ ] He takes care of them and teaches manners to them.
- [ ] When he talks with the dogs, he uses a special application.
- [ ] It translates dog sounds into human language.
- [ ] He feels happy when he understands the dogs.
- [ ] Sohee works as a tour guide.
- [ ] She travels all around the world.
- [ ] When Sohee was in middle school, she liked telling us about interesting places.
- [ ] She also takes them to faraway and dangerous places.

LESSON ♥

04
—
Be Safe Everywhere

의사소통 표현

▶ 경고하기
Be careful!

▶ 충고하고 답하기
A: **You should** walk carefully.
B: **Okay, I will.**

언어 형식

▶ 동사의 목적어로 쓰이는 to부정사
Minji wanted **to go** home quickly.

▶ 조동사 should, will
You **should** keep them! / I **will** warm up before I play sports.

교과서 어휘 연습하기

A 영어는 우리말로, 우리말은 영어로 쓰시오.

01	sidewalk	_____	26	정보, 조언	_____
02	during	_____	27	젖은	_____
03	sign	_____	28	주의하다	_____
04	earthquake	_____	29	발생하다	_____
05	outside	_____	30	천	_____
06	safety	_____	31	미끄러운	_____
07	bump	_____	32	외치다	_____
08	bike lane	_____	33	계단	_____
09	injure	_____	34	흔한	_____
10	ground	_____	35	방식, 방법	_____
11	learn	_____	36	착지하다	_____
12	ankle	_____	37	쉬는 시간	_____
13	cover	_____	38	기억하다	_____
14	slip	_____	39	문제	_____
15	promise	_____	40	신이 난	_____
16	spill	_____	41	큰 목소리로	_____
17	accident	_____	42	~에 따르다	_____
18	example	_____	43	어린이보호구역	_____
19	hold	_____	44	맞아, 바로 그거야	_____
20	weather report	_____	45	~을 집다, ~을 들어 올리다	_____
21	crosswalk	_____	46	양쪽의, 둘 다	_____
22	slow down	_____	47	흐린, 구름이 낀	_____
23	put on	_____	48	신호등	_____
24	warm up	_____	49	(가로질러) 건너다, 횡단하다	_____
25	make a fire	_____	50	~을 계속 잡고 있다	_____

B 빈칸에 알맞은 말을 아래 상자에서 골라 쓰시오.

01 But sometimes, dangerous accidents _____.
하지만 때때로 위험한 사고가 발생하지.

02 So we need to know about _____ accidents.
그래서 우리는 흔한 사고들에 대해 알 필요가 있어.

03 Many school accidents happen in PE classes, at lunchtime, or during _____.
많은 학교 사고들이 체육 시간, 점심시간, 또는 쉬는 시간 동안 발생해.

04 Students get _____ when they play soccer, basketball, or dodgeball.
학생들은 그들이 축구, 농구, 또는 피구를 할 때 부상을 입어.

05 Students injure their fingers, _____, and knees.
학생들은 그들의 손가락, 발목, 무릎에 부상을 입어.

06 He jumped but _____ the wrong way.
그는 점프를 했는데 잘못된 방향으로 착지했어.

07 He _____ his ankle!
그는 발목에 부상을 입었어!

08 Sora _____ _____ a bowl of hot soup.
소라는 뜨거운 국 그릇을 집었어.

09 She _____ _____ Jaemin!
그녀는 재민이와 부딪쳤어!

10 Sora _____ the hot soup on her arm.
소라는 그녀의 팔에 뜨거운 국을 쏟았어.

11 Homin _____ _____ the hallway.
호민이는 복도를 걸어갔어.

12 She ran down the _____ and slipped!
그녀는 계단을 뛰어 내려갔고 미끄러졌어!

13 We looked at some _____ of accidents at school.
우리는 학교에서 발생하는 사고의 몇 가지 예시들을 살펴봤어.

14 Now write the _____ promises below.
이제 안전 약속들을 아래에 적어봐.

15 I will _____ _____ before I play sports.
나는 운동을 하기 전에 준비 운동을 할 것이다.

16 I will look around carefully when I am _____ hot soup.
나는 내가 뜨거운 국을 잡고 있을 때 주의 깊게 주변을 살펴볼 것이다.

ankles	happen	stairs	bumped into
walked down	spilled	common	examples
picked up	holding	break	safety
injuries	warm up	landed	injured

교과서 대화문 연습하기 ①

TOPIC 1   Listen & Talk

A Listen and Number
교과서 62쪽

1 B : _____ _____, Minji.
G : Why?
B : The sidewalk is slippery. There's water on it. _____ _____ _____ carefully.
G : _____, _____ _____.

B: 조심해, 민지.
G: 왜?
B: 인도가 미끄러워. 물이 있어. 조심해서 걸어야 해.
G: 알겠어, 조심할게.

2 G : David, _____ _____! It's a red light.
B : Oh, is it? Thanks for telling me.
G : _____ _____ _____ _____ your smartphone when you walk. It's dangerous.
B : _____, _____ _____.

G: 데이비드, 조심해! 빨간 불이야.
B: 오, 그래? 말해줘서 고마워.
G: 걸을 때 스마트폰을 사용하면 안 돼. 위험해.
B: 알겠어, 사용하지 않을게.

3 W : Jim, _____ _____!
M : What's the matter?
W : You are driving too fast. We are in a school zone. _____ _____ _____ _____.
M : Oh, you are right. There are many children around here. Thank you.

W: 짐, 조심해!
M: 무슨 문제야?
W: 너무 빠르게 운전하고 있어. 우리는 어린이보호구역에 있어. 속도를 줄여야 해.
M: 오, 맞아. 이 근처에 아이들이 많이 있어. 고마워.

B Look and Talk
교과서 62쪽

A : _____ _____! It's a red light.
B : Oh, thank you.
A : _____ _____ _____ _____ the green light.
B : Okay, I will. / Okay, I won't.

A: 조심해! 빨간 불이야.
B: 오, 고마워.
A: 녹색불이 될 때까지 기다려야 해.
B: 알겠어, 기다릴게. / 알겠어. 기다리지 않을게.

C Listen Up
교과서 63쪽

G : Hi, Lucas.
B : Hi, Amy. Are you ready to go?
G : Sure! But _____ _____ _____ _____ a helmet first.
B : Okay, I will.
G : And _____ _____. A car is coming. _____ _____ _____ for cars.
B : Thank you. Oh, look at that sign. There is a bike lane over there.
G : Yes, I see it. _____ _____ _____ our bikes in the bike lane.
B : Okay. Let's go.

G: 안녕, 루카스.
B: 안녕, 에이미. 갈 준비 됐어?
G: 물론이지! 하지만 먼저 헬멧을 써야 해.
B: 알겠어, 쓸게.
G: 그리고 조심해. 차가 오고 있어. 차를 조심해야 해.
B: 고마워. 오, 저 표지판을 봐. 저쪽에 자전거 전용도로가 있어.
G: 응, 보이네. 우리는 자전거 전용도로에서 자전거를 타야 해.
B: 알겠어. 가자.

128

D Talk Together

교과서 63쪽

A: Hey, Yuri. _____ _____.
B: What's the matter, Kihoon?
A: Look at this safety sign. _____ _____ _____ your head.
B: Okay, I will. / Okay, I won't.

A: 이봐, 유리야. 조심해.
B: 무슨 일인데, 기훈?
A: 이 안전 표지판을 봐. 머리를 조심해야 해.
B: 알겠어, 조심할게. / 알겠어, 조심하지 않을게.

· TOPIC 2 · Real-Life Communication

Safety Campaign

교과서 64쪽

B: I learned about fire safety today.
G: Oh! Please tell me about it.
B: Sure. When you see a fire, _____ _____ _____ 119 and shout "fire" loudly.
G: Okay. What should I do next?
B: _____ _____ _____ your nose and mouth with a wet cloth. Then _____ _____ _____ _____ _____ quickly.
G: I understand.
B: Also, _____ _____ _____ the stairs.
G: Okay. I'll remember those tips and _____ _____ during a fire.

B: 나는 오늘 화재 안전에 대해 배웠어.
G: 오! 그것에 대해 내게 말해줘.
B: 물론이지. 만약 네가 불을 보게 된다면, 너는 119에 전화하고 큰 소리로 '불이야'라고 외쳐야 해.
G: 알겠어. 그다음에 내가 무엇을 해야 해?
B: 너는 젖은 천으로 네 코와 입을 가려야 해. 그러고 나서 너는 빨리 밖으로 나가야 돼.
G: 이해했어.
B: 또한, 너는 계단을 이용해야 해.
G: 알겠어. 내가 그 수칙들을 기억해서 화재 시 주의할게.

Step 2

교과서 65쪽

A: We will make a poster about earthquake safety.
B: Yes. What are some earthquake safety tips?
A: _____ _____ _____ to the ground. Then _____ _____ _____ your head.
B: Exactly. Also, _____ _____ _____ on to something.
A: Great. Let's remember those tips.

A: 우리는 지진 안전에 관한 포스터를 만들 거야.
B: 그래. 지진 안전 수칙에는 어떤 것들이 있어?
A: 바닥에 엎드려야 해. 그러고 나서 머리를 보호해야 해.
B: 맞아. 또한, 무언가를 붙잡아야 해.
A: 좋아. 그 수칙들을 기억하자.

· Lesson Review · A

교과서 76쪽

B: Let's go swimming in the pool!
G: That's a good idea. But before we go, _____ _____ _____ about swimming safety tips.
B: Sure. What are some safety tips for swimming pools?
G: First, _____ _____ _____ _____ _____ before swimming.
B: That's important. What else should I remember?
G: _____ _____ _____ _____ _____ near the pool. It's slippery.
B: Okay, I won't.
G: Great! _____ _____ _____ _____ _____ around swimming pools.

B: 수영장에 수영하러 가자!
G: 좋은 생각이야. 하지만 가기 전에 수영 안전 수칙에 대해 이야기해야 해.
B: 알겠어. 수영장 안전 수칙에는 어떤 게 있어?
G: 먼저, 수영하기 전에 몸을 풀어야 해.
B: 그거 중요하네. 그밖에 무엇을 기억해야 해?
G: 수영장 근처에서는 뛰지 말아야 해. 미끄럽거든.
B: 알겠어, 뛰지 않을게.
G: 좋아! 우리는 항상 수영장 주변에서 조심해야 해.

교과서 대화문 연습하기 ❷

· TOPIC 1 · Listen & Talk

A Listen and Number

교과서 62쪽

1 B : Be careful, Minji.
   G : Why?
   B : _____. There's water on it.
   You should walk carefully.
   G : Okay, I will.

≪ B: 조심해, 민지.
   G: 왜?
   B: 인도가 미끄러워. 물이 있어. 조심해서 걸어야 해.
   G: 알겠어, 조심할게.

2 G : David, be careful! It's _____.
   B : Oh, is it? _____.
   G : You should not use your smartphone _____.
   It's _____.
   B : Okay, I won't.

≪ G: 데이비드, 조심해! 빨간 불이야.
   B: 오, 그래? 말해줘서 고마워.
   G: 걸을 때 스마트폰을 사용하면 안 돼. 위험해.
   B: 알겠어, 사용하지 않을게.

3 W : Jim, be careful!
   M : _____?
   W : You are _____. We are in a
   _____. You should _____.
   M : Oh, you are right. There are _____.
   Thank you.

≪ W: 짐, 조심해!
   M: 무슨 문제야?
   W: 너무 빠르게 운전하고 있어. 우리는 어린이보호구역에 있어. 속도를 줄여야 해.
   M: 오, 맞아. 이 근처에 아이들이 많이 있어. 고마워.

B Look and Talk

교과서 62쪽

A : Be careful! It's a _____.
B : Oh, thank you.
A : You should _____.
B : Okay, I will. / Okay, I won't.

≪ A: 조심해! 빨간 불이야.
   B: 오, 고마워.
   A: 녹색불이 될 때까지 기다려야 해.
   B: 알겠어, 기다릴게. / 알겠어, 기다리지 않을게.

C Listen Up

교과서 63쪽

G : Hi, Lucas.
B : Hi, Amy. Are you _____?
G : Sure! But you should _____ first.
B : Okay, I will.
G : And be careful. _____. You should
   _____.
B : Thank you. Oh, _____. There is a
   _____.
G : Yes, I see it. We should ride our bikes in the bike lane.
B : Okay. Let's go.

≪ G: 안녕, 루카스.
   B: 안녕, 에이미. 갈 준비 됐어?
   G: 물론이지! 하지만 먼저 헬멧을 써야 해.
   B: 알겠어, 쓸게.
   G: 그리고 조심해. 차가 오고 있어. 차를 조심해야 해.
   B: 고마워. 오, 저 표지판을 봐. 저쪽에 자전거 전용도로가 있어.
   G: 응, 보이네. 우리는 자전거 전용도로에서 자전거를 타야 해.
   B: 알겠어, 가자.

D   Talk Together
교과서 63쪽

A: Hey, Yuri. Be careful.
B: What's the matter, Kihoon?
A: _____. You should _____.
B: Okay, I will. / Okay, I won't.

《 A: 헤이, 유리. 조심해.
B: 무슨 일인데, 기훈?
A: 이 안전 표지판을 봐. 머리를 조심해야 해.
B: 알겠어, 조심할게. / 알겠어, 조심하지 않을게.

· TOPIC 2 ·   Real-Life Communication

Safety Campaign
교과서 64쪽

B: I _____ today.
G: Oh! Please tell me about it.
B: Sure. When you _____, you should call 119 and shout "fire" loudly.
G: Okay. _____?
B: You should _____ your nose and mouth _____ a wet cloth. Then you should _____.
G: I understand.
B: Also, you should use the stairs.
G: Okay. I'll _____ and be careful _____.

《 B: 나는 오늘 화재 안전에 대해 배웠어.
G: 오! 그것에 대해 내게 말해줘.
B: 물론이지. 만약 네가 불을 보게 된다면, 너는 119에 전화하고 큰 소리로 '불이야'라고 외쳐야 해.
G: 알겠어. 그다음에 내가 무엇을 해야 해?
B: 너는 젖은 천으로 네 코와 입을 가려야 해. 그러고 나서 너는 빨리 밖으로 나가야 돼.
G: 이해했어.
B: 또한, 너는 계단을 이용해야 해.
G: 알겠어. 내가 그 수칙들을 기억해서 화재 시 주의할게.

Step 2
교과서 65쪽

A: We will _____ about earthquake safety.
B: Yes. What are some _____ tips?
A: You should _____. Then you should cover your head.
B: Exactly. Also, you should _____.
A: Great. Let's remember those tips.

《 A: 우리는 지진 안전에 관한 포스터를 만들 거야.
B: 그래. 지진 안전 수칙에는 어떤 것들이 있어?
A: 바닥에 엎드려야 해. 그러고 나서 머리를 보호해야 해.
B: 맞아. 또한, 무언가를 붙잡아야 해.
A: 좋아. 그 수칙들을 기억하자.

· Lesson Review ·   A
교과서 76쪽

B: _____ in the pool!
G: That's a good idea. But _____, we should talk about swimming safety tips.
B: Sure. What are some safety tips for _____?
G: First, you should _____ before swimming.
B: _____. What else should I remember?
G: You should not _____. It's slippery.
B: Okay, I won't.
G: Great! We should always be careful around swimming pools.

《 B: 수영장에 수영하러 가자!
G: 좋은 생각이야. 하지만 가기 전에 수영 안전 수칙에 대해 이야기해야 해.
B: 알겠어. 수영장 안전 수칙에는 어떤 게 있어?
G: 먼저, 수영하기 전에 몸을 풀어야 해.
B: 그거 중요하네. 그밖에 무엇을 기억해야 해?
G: 수영장 근처에서는 뛰지 말아야 해. 미끄럽거든.
B: 알겠어, 뛰지 않을게.
G: 좋아! 우리는 항상 수영장 주변에서 조심해야 해.

교과서 대화문 연습하기 ③

A Listen and Number
교과서 62쪽

1 B : _____, Minji.
　 G : Why?
　 B : _____
　　 _____
　 G : _____

≪ B: 조심해, 민지.
　 G: 왜?
　 B: 인도가 미끄러워. 물이 있어. 조심해서 걸어야 해.
　 G: 알겠어, 조심할게.

2 G : David, _____
　 B : Oh, is it? _____
　 G : _____
　　 _____
　 B : _____

≪ G: 데이비드, 조심해! 빨간 불이야.
　 B: 오, 그래? 말해줘서 고마워.
　 G: 걸을 때 스마트폰을 사용하면 안 돼. 위험해.
　 B: 알겠어, 사용하지 않을게.

3 W : Jim, _____!
　 M : _____
　 W : _____
　　 _____
　 M : _____

≪ W: 짐, 조심해!
　 M: 무슨 문제야?
　 W: 너무 빠르게 운전하고 있어. 우리는 어린이보호구역에 있어. 속도를 줄여야 해.
　 M: 오, 맞아. 이 근처에 아이들이 많이 있어. 고마워.

B Look and Talk
교과서 62쪽

A : _____
B : Oh, thank you.
A : _____
B : Okay, I will. / Okay, I won't.

≪ A: 조심해! 빨간 불이야.
　 B: 오, 고마워.
　 A: 녹색불이 될 때까지 기다려야 해.
　 B: 알겠어, 기다릴게. / 알겠어. 기다리지 않을게.

C Listen Up
교과서 63쪽

G : Hi, Lucas.
B : Hi, Amy. _____
G : Sure! _____
B : Okay, I will.
G : _____
B : _____
G : _____
B : _____

≪ G: 안녕, 루카스.
　 B: 안녕, 에이미. 갈 준비 됐어?
　 G: 물론이지! 하지만 먼저 헬멧을 써야 해.
　 B: 알겠어, 쓸게.
　 G: 그리고 조심해. 차가 오고 있어. 차를 조심해야 해.
　 B: 고마워. 오, 저 표지판을 봐. 저쪽에 자전거 전용도로가 있어.
　 G: 응, 보이네. 우리는 자전거 전용도로에서 자전거를 타야 해.
　 B: 알겠어. 가자.

D Talk Together

교과서 63쪽

A: Hey, Yuri. _____
B: _____, Kihoon?
A: _____
B: Okay, I will. / Okay, I won't.

> A: 이봐, 유리야. 조심해.
> B: 무슨 일인데, 기훈?
> A: 이 안전 표지판을 봐. 머리를 조심해야 해.
> B: 알겠어, 조심할게. / 알겠어, 조심하지 않을게.

Safety Campaign

교과서 64쪽

B: _____
G: Oh! _____
B: Sure. _____
G: Okay. _____
B: _____
_____
G: _____
B: _____
G: Okay. _____

> B: 나는 오늘 화재 안전에 대해 배웠어.
> G: 오! 그것에 대해 내게 말해줘.
> B: 물론이지. 만약 네가 불을 보게 된다면, 너는 119에 전화하고 큰 소리로 '불이야'라고 외쳐야 해.
> G: 알겠어. 그다음에 내가 무엇을 해야 해?
> B: 너는 젖은 천으로 네 코와 입을 가려야 해. 그리고 나서 너는 빨리 밖으로 나가야 돼.
> G: 이해했어.
> B: 또한, 너는 계단을 이용해야 해.
> G: 알겠어. 내가 그 수칙들을 기억해서 화재 시 주의할게.

Step 2

교과서 65쪽

A: _____
B: Yes. _____
A: _____
B: _____
A: _____

> A: 우리는 지진 안전에 관한 포스터를 만들 거야.
> B: 그래. 지진 안전 수칙에는 어떤 것들이 있어?
> A: 바닥에 엎드려야 해. 그리고 나서 머리를 보호해야 해.
> B: 맞아. 또한, 무언가를 붙잡아야 해.
> A: 좋아. 그 수칙들을 기억하자.

· Lesson Review · A

교과서 76쪽

B: _____
G: _____
_____
B: Sure. _____
G: _____
B: _____
G: _____
B: _____
G: _____

> B: 수영장에 수영하러 가자!
> G: 좋은 생각이야. 하지만 가기 전에 수영 안전 수칙에 대해 이야기해야 해.
> B: 알겠어. 수영장 안전 수칙에는 어떤 게 있어?
> G: 먼저, 수영하기 전에 몸을 풀어야 해.
> B: 그거 중요하네. 그밖에 무엇을 기억해야 해?
> G: 수영장 근처에서는 뛰지 말아야 해. 미끄럽거든.
> B: 알겠어, 뛰지 않을게.
> G: 좋아! 우리는 항상 수영장 주변에서 조심해야 해.

교과서 문법 연습하기

POINT 1 동사의 목적어로 쓰이는 to부정사

교과서 속 문법

01 So we need _____ _____ about common accidents.
그래서 우리는 흔한 사고들에 대해 알 필요가 있어.

02 Minji wanted _____ _____ home quickly.
민지는 집에 빨리 가기를 원했어.

교과서+

03 Mike plans _____ _____ a novel someday.
마이크는 언젠가 소설을 쓸 계획이다.

04 I love _____ _____ movies on weekends.
나는 주말에 영화를 보는 것을 좋아한다.

05 We _____ _____ _____ the museum this afternoon.
우리는 오늘 오후에 박물관에 가기를 원한다.

06 I want _____ _____ a new language.
나는 새로운 언어를 배우고 싶다.

07 She _____ _____ _____ her homework by tomorrow.
그녀는 내일까지 숙제를 끝내야 한다.

08 They hope _____ _____ to Europe next year.
그들은 내년에 유럽을 여행하기를 바란다.

09 Kate loves _____ _____ the piano in her free time.
케이트는 여가 시간에 피아노 치는 것을 좋아한다.

10 I want _____ _____ a present for my brother.
나는 남동생에게 줄 선물을 사고 싶다.

11 You need _____ _____ a doctor if you're not feeling well.
네가 몸이 안 좋다면 의사의 진찰을 받아야 한다.

12 We _____ _____ _____ to a new city soon.
우리는 곧 새로운 도시로 이사할 계획이다.

13 Kevin loves _____ _____ books before going to bed.
케빈은 자기 전에 책 읽는 것을 좋아한다.

14 My sister _____ _____ _____ her favorite singer someday.
내 여동생은 언젠가 좋아하는 가수를 만나기를 바란다.

15 We plan _____ _____ our grandparents next weekend.
우리는 다음 주말에 조부모님을 방문할 계획이다.

16 He loves _____ _____ Italian food for his friends.
그는 친구들을 위해 이탈리아 음식을 요리하는 것을 좋아한다.

17 Daniel _____ _____ _____ around the world.
다니엘은 세계 일주를 계획하고 있다.

18 You _____ _____ _____ for the final exam.
너는 기말 시험에 대비해 공부해야 한다.

19 I like _____ _____ walks in the park.
나는 공원에서 산책하는 것을 좋아한다.

20 They _____ _____ _____ a difference in the world.
그들은 세상에 변화를 가져오기를 희망한다.

POINT 2) 조동사 should, will

교과서 속 문법

01 You _____ keep them!
너는 그것들을 꼭 지켜야 해!

02 I _____ warm up before I play sports.
나는 운동을 하기 전에 준비 운동을 할 것이다.

03 I _____ look around carefully when I am holding hot soup.
나는 내가 뜨거운 국을 잡고 있을 때 주의 깊게 주변을 살펴볼 것이다.

04 I _____ _____ use my smartphone when I walk.
나는 걸을 때 스마트폰을 사용하지 않을 것이다.

05 I _____ _____ run on the stairs.
나는 계단에서 뛰지 않을 것이다.

교과서+

06 You _____ see a dentist if you have a toothache.
이가 아프면 치과에 가야 한다.

07 He _____ go on vacation in July.
그는 7월에 휴가를 갈 것이다.

08 You _____ _____ eat too much junk food.
너무 많은 정크푸드를 먹어서는 안 된다.

09 I _____ _____ you when I arrive.
내가 도착하면 너에게 전화할 것이다.

10 I _____ _____ attend the meeting today.
나는 오늘 회의에 참석하지 않을 것이다.

11 We _____ _____ the project by Friday.
우리는 금요일까지 그 프로젝트를 끝내야 한다.

12 She _____ call her parents more often.
그녀는 부모님에게 더 자주 전화를 해야 한다.

13 We _____ _____ _____ late for the meeting.
우리는 회의에 늦어서는 안 된다.

14 She _____ _____ her report by tomorrow.
그녀는 내일까지 보고서를 끝낼 것이다.

15 You _____ _____ forget to turn off the lights.
불을 끄는 것을 잊지 말아야 한다.

16 We _____ _____ give up easily.
우리는 쉽게 포기하지 않을 것이다.

17 He _____ say sorry for being late.
그는 늦은 것에 대해 사과해야 한다.

18 She _____ _____ be happy with the results.
그녀는 결과에 만족하지 않을 것이다.

19 They _____ _____ a break after working so hard.
그들은 매우 열심히 일한 후에 휴식을 취해야 한다.

20 You _____ _____ _____ so fast in the rain.
비가 올 때 그렇게 빨리 운전해서는 안 된다.

교과서 본문 연습하기 ①

🎗 본문 문장을 읽고 우리말 해석을 쓰시오.

01 Many students have fun at school.
많은 학생들이 학교에서 즐거운 시간을 보내.

02 But sometimes, dangerous accidents happen.

03 So we need to know about common accidents.

04 Let's learn!

05 Many school accidents happen in PE classes, at lunchtime, or during break.

06 Students get injuries when they play soccer, basketball, or dodgeball.

07 Accidents also happen when students are walking!

08 Students injure their fingers, ankles, and knees.

09 Now we know about common school accidents.

10 But how do they happen?

11 Jinho played basketball.

12 He jumped but landed the wrong way.

13 He injured his ankle!

14 Sora picked up a bowl of hot soup.

15 Oops! She bumped into Jaemin!

16 Sora spilled the hot soup on her arm.

17 Homin walked down the hallway.

18 He looked at his smartphone.

19 Be careful, Homin!

20 Ouch! He bumped into the wall.

21 The school day ended.

22 Minji wanted to go home quickly.

23 She ran down the stairs and slipped!

24 We looked at some examples of accidents at school.

25 Now write the safety promises below.

26 You should keep them!

27 I will warm up before I play sports.

28 I will look around carefully when I am holding hot soup.

29 I will not use my smartphone when I walk.

30 I will not run on the stairs.

교과서 본문 연습하기 ❷

🎗 다음 밑줄 친 부분이 바르면 O, 틀리면 X에 표시하고 바르게 고쳐 쓰시오.

01 Many students <u>have fun</u> at school.　　　　　O | X

02 But <u>sometime</u>, dangerous accidents happen.　　　O | X

03 So we need <u>know</u> about common accidents.　　　O | X

04 Let's <u>learn</u>!　　　　　O | X

05 Many school accidents happen in PE classes, at lunchtime, or <u>for</u> break.　　　O | X

06 Students get injuries <u>and</u> they play soccer, basketball, or dodgeball.　　　O | X

07 Accidents also happen when students are <u>to walk</u>!　　　O | X

08 Students <u>injury</u> their fingers, ankles, and knees.　　　O | X

09 Now we <u>know about</u> common school accidents.　　　O | X

10 But how do they <u>happen</u>?　　　　　O | X

11 Jinho played <u>the basketball</u>.　　　　　O | X

12 He jumped <u>and</u> landed the wrong way.　　　O | X

13 He injured <u>his ankle</u>!　　　　　O | X

14 Sora picked up <u>a piece of</u> hot soup.　　　O | X

15 Oops! She <u>bumped into</u> Jaemin!　　　O | X

16 Sora spilled the hot soup <u>to</u> her arm.　　　　　O | X

17 Homin <u>walked down</u> the hallway.　　　　　O | X

18 He <u>looked for</u> his smartphone.　　　　　O | X

19 Are careful, Homin!　　　　　O | X

20 Ouch! He <u>bumped to</u> the wall.　　　　　O | X

21 The school day <u>ended</u>.　　　　　O | X

22 Minji <u>wanted going</u> home quickly.　　　　　O | X

23 She ran down the stairs and <u>slipped</u>!　　　　　O | X

24 We <u>looked</u> at some examples of accidents at school.　　　　　O | X

25 Now write the <u>safe promises</u> below.　　　　　O | X

26 You <u>should keep</u> them!　　　　　O | X

27 I will warm up <u>after</u> I play sports.　　　　　O | X

28 I will <u>look around careful</u> when I am holding hot soup.　　　　　O | X

29 I <u>will not use</u> my smartphone when I walk.　　　　　O | X

30 I will not <u>run on</u> the stairs.　　　　　O | X

교과서 본문 연습하기 ❸

🏅 본문과 일치하도록 빈칸에 알맞은 말을 넣어 문장을 완성하시오.

01 _____ _____ _____ fun at school.
많은 학생들이 학교에서 즐거운 시간을 보내.

02 But sometimes, dangerous accidents _____.
하지만 때때로 위험한 사고가 발생하지.

03 So we _____ _____ _____ about common accidents.
그래서 우리는 흔한 사고들에 대해 알 필요가 있어.

04 Let's _____!
배워보도록 하자!

05 Many _____ _____ happen in PE classes, at lunchtime, or during break.
많은 학교 사고들이 체육 시간, 점심시간, 또는 쉬는 시간 동안 발생해.

06 Students _____ _____ when they play soccer, basketball, or dodgeball.
학생들은 그들이 축구, 농구, 또는 피구를 할 때 부상을 입어.

07 Accidents also happen when students _____ _____!
학생들이 걸을 때에도 사고가 발생해!

08 Students _____ their fingers, ankles, and knees.
학생들은 그들의 손가락, 발목, 무릎에 부상을 입어.

09 Now we _____ _____ common school accidents.
이제 우리는 흔한 학교 사고들에 대해 알아.

10 But _____ _____ they happen?
하지만 어떻게 그것들이 발생할까?

11 Jinho _____ basketball.
진호가 농구를 했어.

12 He _____ but _____ the wrong way.
그는 점프를 했는데 잘못된 방향으로 착지했어.

13 He _____ his ankle!
그는 발목에 부상을 입었어!

14 Sora _____ _____ a bowl of hot soup.
소라는 뜨거운 국 그릇을 집었어.

15 Oops! She _____ _____ Jaemin!
이런! 그녀는 재민이와 부딪쳤어!

16 Sora _____ the hot soup _____ her arm.

소라는 그녀의 팔에 뜨거운 국을 쏟았어.

17 Homin _____ _____ the hallway.

호민이는 복도를 걸어갔어.

18 He _____ _____ his smartphone.

그는 그의 스마트폰을 보고 있었지.

19 _____ careful, Homin!

조심해, 호민아!

20 Ouch! He _____ _____ the wall.

아야! 그는 벽에 부딪쳤어.

21 The school day _____.

학교 수업이 끝났어.

22 Minji wanted _____ _____ home quickly.

민지는 집에 빨리 가기를 원했어.

23 She _____ _____ the stairs and _____!

그녀는 계단을 뛰어 내려갔고 미끄러졌어!

24 We _____ _____ some examples of accidents at school.

우리는 학교에서 발생하는 사고의 몇 가지 예시들을 살펴봤어.

25 Now write the _____ _____ below.

이제 안전 약속들을 아래에 적어봐.

26 You _____ _____ them!

그것들을 꼭 지켜야 해!

27 I _____ _____ _____ before I play sports.

나는 운동을 하기 전에 준비 운동을 할 것이다.

28 I _____ _____ _____ carefully when I am holding hot soup.

나는 내가 뜨거운 국을 잡고 있을 때 주의 깊게 주변을 살펴볼 것이다.

29 I _____ _____ my smartphone when I walk.

나는 걸을 때 스마트폰을 사용하지 않을 것이다.

30 I _____ _____ _____ on the stairs.

나는 계단에서 뛰지 않을 것이다.

교과서 본문 연습하기 ❹ ━━━━━━━━━━━━━━━━

🎖 본문과 일치하도록 빈칸에 알맞은 말을 넣어 문장을 완성하시오.

01 Many students _____ _____ _____ _____ .

많은 학생들이 학교에서 즐거운 시간을 보내.

02 But sometimes, _____ _____ happen.

하지만 때때로 위험한 사고가 발생하지.

03 So we need to _____ _____ _____ _____ .

그래서 우리는 흔한 사고들에 대해 알 필요가 있어.

04 _____ _____ !

배워보도록 하자!

05 Many school accidents happen _____ PE classes, _____ lunchtime, or

_____ _____ .

많은 학교 사고들이 체육 시간, 점심시간, 또는 쉬는 시간 동안 발생해.

06 Students _____ _____ when they play soccer, basketball, or dodgeball.

학생들은 그들이 축구, 농구, 또는 피구를 할 때 부상을 입어.

07 Accidents _____ _____ _____ students are walking!

학생들이 걸을 때에도 사고가 발생해!

08 Students _____ _____ _____ , ankles, and knees.

학생들은 그들의 손가락, 발목, 무릎에 부상을 입어.

09 Now we know about _____ _____ _____ .

이제 우리는 흔한 학교 사고들에 대해 알아.

10 But how _____ _____ _____ ?

하지만 어떻게 그것들이 발생할까?

11 Jinho _____ _____ .

진호가 농구를 했어.

12 He jumped but _____ _____ _____ _____ .

그는 점프를 했는데 잘못된 방향으로 착지했어.

13 He _____ _____ _____ !

그는 발목에 부상을 입었어!

14 Sora picked up _____ _____ _____ _____ .

소라는 뜨거운 국 그릇을 집었어.

15 Oops! She _____ _____ Jaemin!

이런! 그녀는 재민이와 부딪쳤어!

142

16 Sora _____ on her arm.

소라는 그녀의 팔에 뜨거운 국을 쏟았어.

17 Homin _____.

호민이는 복도를 걸어갔어.

18 He _____.

그는 그의 스마트폰을 보고 있었지.

19 _____ _____, Homin!

조심해, 호민아!

20 Ouch! He _____.

아야! 그는 벽에 부딪쳤어.

21 The _____ ended.

학교 수업이 끝났어.

22 Minji wanted _____.

민지는 집에 빨리 가기를 원했어.

23 She _____ and slipped!

그녀는 계단을 뛰어 내려갔고 미끄러졌어!

24 We looked at _____ at school.

우리는 학교에서 발생하는 사고의 몇 가지 예시들을 살펴봤어.

25 Now write the _____.

이제 안전 약속들을 아래에 적어봐.

26 You _____!

그것들을 꼭 지켜야 해!

27 I will warm up _____.

나는 운동을 하기 전에 준비 운동을 할 것이다.

28 I will look around carefully when _____

_____ _____.

나는 내가 뜨거운 국을 잡고 있을 때 주의 깊게 주변을 살펴볼 것이다.

29 I will not use my smartphone _____ _____.

나는 걸을 때 스마트폰을 사용하지 않을 것이다.

30 I will not _____.

나는 계단에서 뛰지 않을 것이다.

교과서 본문 연습하기 ⑤

❤ 우리말과 일치하도록 본문 문장을 완성하여 쓰시오.

01 많은 학생들이 학교에서 즐거운 시간을 보내.

_____

02 하지만 때때로 위험한 사고가 발생하지.

_____

03 그래서 우리는 흔한 사고들에 대해 알 필요가 있어.

_____

04 배워보도록 하자!

_____

05 많은 학교 사고들이 체육 시간, 점심시간, 또는 쉬는 시간 동안 발생해.

_____

06 학생들은 그들이 축구, 농구, 또는 피구를 할 때 부상을 입어.

_____

07 학생들이 걸을 때에도 사고가 발생해!

_____

08 학생들은 그들의 손가락, 발목, 무릎에 부상을 입어.

_____

09 이제 우리는 흔한 학교 사고들에 대해 알아.

_____

10 하지만 어떻게 그것들이 발생할까?

_____

11 진호가 농구를 했어.

_____

12 그는 점프를 했는데 잘못된 방향으로 착지했어.

_____

13 그는 발목에 부상을 입었어!

_____

14 소라는 뜨거운 국 그릇을 집었어.

_____

15 이런! 그녀는 재민이와 부딪쳤어!

_____

16 소라는 그녀의 팔에 뜨거운 국을 쏟았어.

----

17 호민이는 복도를 걸어갔어.

----

18 그는 그의 스마트폰을 보고 있었지.

----

19 조심해, 호민아!

----

20 아야! 그는 벽에 부딪쳤어.

----

21 학교 수업이 끝났어.

----

22 민지는 집에 빨리 가기를 원했어.

----

23 그녀는 계단을 뛰어 내려갔고 미끄러졌어!

----

24 우리는 학교에서 발생하는 사고의 몇 가지 예시들을 살펴봤어.

----

25 이제 안전 약속들을 아래에 적어봐.

----

26 그것들을 꼭 지켜야 해!

----

27 나는 운동을 하기 전에 준비 운동을 할 것이다.

----

28 나는 내가 뜨거운 국을 잡고 있을 때 주의 깊게 주변을 살펴볼 것이다.

----

29 나는 걸을 때 스마트폰을 사용하지 않을 것이다.

----

30 나는 계단에서 뛰지 않을 것이다.

교과서 본문 "나만의" 분석 노트

🏅 본문을 읽으며 나만의 분석 노트를 완성하시오.

· Stay Safe at School ·

❶ Many students have fun at school.

❷ But sometimes, dangerous accidents happen.

❸ So we need to know about common accidents.

<u>need+to부정사</u>

❹ Let's learn!

❺ Many school accidents happen in PE classes, at lunchtime, or during break.

❻ Students get injuries when they play soccer, basketball, or dodgeball.

❼ Accidents also happen when students are walking!

❽ Students injure their fingers, ankles, and knees.

❾ Now we know about common school accidents.

❿ But how do they happen?

⓫ Jinho played basketball.

⓬ He jumped but landed the wrong way.

⓭ He injured his ankle!

⓮ Sora picked up a bowl of hot soup.

⓯ Oops! She bumped into Jaemin!

학교에서 안전하게 지내세요.

❶ 많은 학생들이 학교에서 즐거운 시간을 보내.

❷ 하지만 때때로 위험한 사고가 발생하지.

❸ 그래서 우리는 흔한 사고들에 대해 알 필요가 있어.

❹ 배워보도록 하자!

❺ 많은 학교 사고들이 체육 시간, 점심시간, 또는 쉬는 시간 동안 발생해.

❻ 학생들은 그들이 축구, 농구, 또는 피구를 할 때 부상을 입어.

❼ 학생들이 걸을 때에도 사고가 발생해!

❽ 학생들은 그들의 손가락, 발목, 무릎에 부상을 입어.

❾ 이제 우리는 흔한 학교 사고들에 대해 알아.

❿ 하지만 어떻게 그것들이 발생할까?

⓫ 진호가 농구를 했어.

⓬ 그는 점프를 했는데 잘못된 방향으로 착지했어.

⓭ 그는 발목에 부상을 입었어!

⓮ 소라는 뜨거운 국 그릇을 집었어.

⓯ 이런! 그녀는 재민이와 부딪쳤어!

16 Sora spilled the hot soup on her arm.

17 Homin walked down the hallway.

18 He looked at his smartphone.

19 Be careful, Homin!

20 Ouch! He bumped into the wall.

21 The school day ended.

22 Minji wanted to go home quickly.

23 She ran down the stairs and slipped!

24 We looked at some examples of accidents at school.

25 Now write the safety promises below.

26 You should keep them!
~해야 한다 〈조동사〉

27 I will warm up before I play sports.

28 I will look around carefully when I am holding hot soup.
~할 것이다 〈조동사〉

29 I will not use my smartphone when I walk.

30 I will not run on the stairs.
~하지 않을 것이다

16 소라는 그녀의 팔에 뜨거운 국을 쏟았어.

17 호민이는 복도를 걸어갔어.

18 그는 그의 스마트폰을 보고 있었지.

19 조심해, 호민아!.

20 아야! 그는 벽에 부딪쳤어.

21 학교 수업이 끝났어.

22 민지는 집에 빨리 가기를 원했어.

23 그녀는 계단을 뛰어 내려갔고 미끄러졌어!

24 우리는 학교에서 발생하는 사고의 몇 가지 예시들을 살펴봤어.

25 이제 안전 약속들을 아래에 적어 봐.

26 그것들을 꼭 지켜야 해!

27 나는 운동을 하기 전에 준비 운동을 할 것이다.

28 나는 내가 뜨거운 국을 잡고 있을 때 주의 깊게 주변을 살펴볼 것이다.

29 나는 걸을 때 스마트폰을 사용하지 않을 것이다.

30 나는 계단에서 뛰지 않을 것이다.

꼭! 외워야 할 교과서 문장

- [ ] Be careful.

- [ ] You should walk carefully.

- [ ] Okay, I will.

- [ ] Okay, I won't.

- [ ] So we need to know about common accidents.

- [ ] Students get injuries when they play soccer, basketball, or dodgeball.

- [ ] Accidents also happen when students are walking!

- [ ] Students injure their fingers, ankles, and knees.

- [ ] He jumped but landed the wrong way.

- [ ] Sora picked up a bowl of hot soup.

- [ ] Sora spilled the hot soup on her arm.

- [ ] Homin walked down the hallway.

- [ ] He bumped into the wall.

- [ ] Minji wanted to go home quickly.

- [ ] She ran down the stairs and slipped!

- [ ] You should keep them!

- [ ] I will warm up before I play sports.

- [ ] I will not run on the stairs.

시작부터 깊이 있는
중학 수능 독해

시리즈 구성

- LEVEL 1
- LEVEL 2
- LEVEL 3

1 **단계별 정독 과정 제시**

읽기 전, 중, 후 활동 및 문제를 통해 단계별 정독과정을
경험함으로써 지문의 중심 내용과 세부 내용을 짚어가고,
다의어 및 고난도 어휘의 문맥상 의미를 파악하는 독해 가능

2 **다양한 수능 유형 적용**

지문 하나 당 두 개의 수능형 문제를 수록하여,
다양한 수능 유형에 익숙해질 수 있는 경험을 제공

3 **풍부한 내용의 워크북 제공**

지문별 상세한 워크북을 통해
어휘, 직독직해, 서술형 문제의 반복 훈련 가능

BOOK LIST

도/서/목/록

중등

문법

GRAMMAR Inside

많은 양의 문제로 체계적으로
학습하는 중학 영문법
Starter | Level 1 | Level 2 | Level 3
🔗 Reading Inside

문제로 마스터하는 중학영문법

많은 문제로 확실히 끝내는 중학 영문법
Level 1 | Level 2 | Level 3
🔗 문제로 마스터하는 고등 영문법

1316 GRAMMAR

기초부터 내신까지 중학 영문법 완성
Level 1 | Level 2 | Level 3
🔗 1316 Reading | 1316 Listening

GRAMMAR ZONE

대한민국 영문법 교재의 표준
입문 | 기초 | 기본 1 | 기본 2 | 종합
(각 Workbook 별매)

중학영문법 총정리 모의고사

내신 상위권을 위한
학교 문법 통합형 모의고사
Level 1 | Level 2 | Level 3

구문·서술형

중학 천문장

구문이 독해로 연결되는 해석 공식
Level 1 | Level 2 | Level 3
🔗 천문장

정말 기특한 구문독해

독해가 쉬워지는 중등 구문 독해서
입문 | 기본 | 완성

쓰기로 마스터하는 중학서술형

최신 중간·기말고사 빈출 서술형 마스터
1학년 | 2학년 | 3학년

어휘

주니어 능률 VOCA

대한민국 중등 어휘 교재의 표준
Starter 1 | Starter 2 |
입문 | 기본 | 실력 | 숙어

능률VOCA

대한민국 어휘서의 표준
어원편 Lite | 어원편 | 고교기본 |
고교필수 2000 | 수능완성 2200 | 숙어 | 고난도

🔗 해당 교재와 연계되는 시리즈

내신백신
백신

NE 능률

정답 및 해설

중등 기출문제집
1학기 기말고사
English 1

김기택

내신
백신

정답 및 해설

중등 기출문제집

1학기 기말고사
English 1

김기택

LESSON 03 | My Bright Future

교과서 어휘 익히기 ——————— pp. 8-9

STEP 1

A 01. 흥미진진한 02. 사람 03. 가능한 04. 여행 05. 만들어 내다
06. 동창회 07. ~ 전에 08. 정확히 포착하다 09. 번역[통역]하다
10. 알아내다 11. 이해하다 12. 여행하다 13. 기자 14. 영화 감
독 15. 우주 16. 사진작가 17. take care of 18. moment
19. photography 20. language 21. leave 22. fantastic
23. useful 24. role model 25. manners 26. guide
27. astronaut 28. be interested in 29. special 30. in
the future 31. faraway 32. information

B 01. photography 02. takes care of, manners
03. translates

STEP 2

A 01. travel 02. ago 03. manners 04. guitarist
05. reunion 06. capture

B 01. moment 02. reporter 03. tourist 04. alone
05. create 06. future

C 01. ② 02. ⑤

D 01. ② 02. ③ 03. ④

E 01. find out 02. is interested in 03. take care of

A

01 나는 내년에 일본으로 여행을 가고 싶다.
02 그들은 2년 전에 같은 반이었다.
03 아이들은 부모에게서 예절을 배운다.
04 그는 매우 유명한 기타리스트이다.
05 나는 우리의 초등학교 동창회가 너무 기대된다.
06 사진작가는 아름다운 일몰을 포착할 것이다.

B

01 순간: 아주 짧은 기간의 시간
02 기자: 신문이나 TV를 위한 뉴스 기사를 쓰는 사람
03 여행객: 즐거움을 위해 어떤 장소를 방문하는 사람
04 혼자: 혼자, 다른 사람 없이
05 만들어 내다: 새로운 어떤 것을 만들다
06 미래: 지금 이후에 올 시간

C

01 ①, ③, ④, ⑤는 모두 직업을 나타내는 명사인데 ②는 활동이나 분야를
나타내므로 성격이 다르다.
02 ①, ②, ③, ④는 모두 음악가를 나타내는 명사인데 ⑤는 그림을 그리는
사람, 즉 화가를 나타내므로 성격이 다르다.

D

01 teach(가르치다)의 반대말은 learn(배우다)이다.
02 leave(떠나다)의 반대말은 arrive(도착하다)이다.
03 dangerous(위험한)의 반대말은 safe(안전한)이다.

E

01 '알아내다'는 find out이다.
02 '~에 관심[흥미]이 있다'는 be interested in이다.
03 '~을 돌보다'는 take care of이다.

교과서 의사소통 표현 ——————— pp. 10-11

FUNCTION 1 관심사 표현하기
Check-Up 01. ⓑ 02. (i)nterested

01 ⓐ와 ⓒ는 관심사를 말하는 표현이고, ⓑ는 잘하는 분야를 말하는 표현이
다.
02 '~에 관심이 있다'는 be interested in이므로 빈칸에 공통으로 알맞은
말은 (i)nterested이다.

FUNCTION 2 장래 희망 묻고 답하기
Check-Up 01. ⓒ 02. ⓑ

01 '너는 미래에 무엇이 되고 싶니?'라는 질문에 알맞은 응답은 장래 희망을
말하는 I want to be a(n) ~.이므로 정답은 ⓒ이다. ⓐ와 ⓑ는 직업을
말하는 표현이다.
02 I want to be a(n) ~.은 장래 희망을 말하는 표현이다. 빈칸 앞에 a가
있으므로 첫소리가 모음인 ⓑ artist는 빈칸에 올 수 없다.

교과서 대화문 익히기 ——————— pp. 15-17

01. ② 02. ③ 03. ④ 04. ② 05. ④ 06. ② 07. ③ 08. ②
09. ④ 10. ① 11. ③ 12. ② 13. ⑤ 14. ① 15. I want to be a
movie director. 16. ② 17. What are you interested in?
18. ② 19. ⑤

01 be interested in: ~에 흥미[관심]가 있다 (= have an interest in)
02 What are you interested in?에 대한 알맞은 응답은 I'm interested
in ~.이다.
03 What do you want to be in the future?에 대한 알맞은 응답은
I want to be a(n) ~.이다.
04 앞에 a가 있으므로 빈칸에는 첫 소리가 자음인 단어만 올 수 있다. artist
는 앞에 an을 쓴다.
05 ④ 전치사 뒤에는 명사나 동명사가 온다. special은 형용사로 빈칸에 쓸
수 없다.
06 ② What are you doing?은 상대방에게 무엇을 하고 있는지 묻는 말
이다. I'm interested in ~.은 What are you interested in?에 알맞
은 응답이다.

① A: 나는 의사가 되고 싶어.

　 B: 멋지다!

② A: 너 뭐 하고 있어?

　 B: 나는 그림 그리는 데 관심이 있어.

③ A: 아마 우리는 언젠가 함께 일할 수 있을 거야!

　 B: 그거 참 좋겠다!

④ A: 너는 미래에 뭐가 되고 싶어?

　 B: 나는 경찰관이 되고 싶어.

⑤ A: 너의 역할 모델의 직업은 무엇이니?

　 B: 그는 우주 비행사야.

07 ③ 자신의 장래 희망을 말한 후 상대방은 어떤지 물었으므로 알맞은 응답은 I want to be a(n) ~.이다.

① A: 너는 그림 그리는 데 관심이 있니?

　 B: 응, 있어.

② A: 이 영화는 정말 흥미진진해.

　 B: 맞아. 톰 스튜어트의 연기는 환상적이야.

③ A: 나는 가수가 되고 싶어. 너는 어때?

　 B: 너는 노래를 잘해.

④ A: 그는 무엇으로 유명하니?

　 B: 그는 달에 처음으로 간 사람이었어.

⑤ A: 언젠가 우리 함께 밴드에서 연주할 수 있을 거야.

　 B: 그거 정말 멋지!

08 네 번째로 오는 말은 ⓑ이다.

ⓐ 너는 과학에 관심이 있니? - ⓒ 응, 있어. - ⓓ 너는 미래에 뭐가 되고 싶어? - ⓑ 나는 과학자가 되고 싶어. - ⓔ 멋지다!

[9-10] 해석

A: 수호야, 너는 무엇에 관심이 있니?

B: 나는 요리에 관심이 있어.

A: 그렇구나. 너는 미래에 무엇이 되고 싶어?

B: 나는 요리사가 되고 싶어. 너는 어때, 해린아?

A: 나는 춤에 관심이 있어. 그래서 나는 댄서가 되고 싶어.

B: 멋지다. 넌 할 수 있어!

09 ⓐ는 '나는 요리사가 되고 싶어.'라는 뜻으로 장래 희망을 말하고 있다. 모두 장래 희망을 말하는 표현인데 반해 ④는 '나는 여가 시간에 요리하는 것을 즐긴다.'라는 표현으로 ⓐ와 바꿔 쓸 수 없다.

10 You can do it!은 '너는 할 수 있어!'라는 뜻으로 상대방을 격려하거나 응원할 때 쓰는 표현이다.

[11-13] 해석

G: 안녕, 벤! 뭐 하고 있어?

B: 안녕, 태연. 나는 이 학교 동아리 포스터들을 보고 있어.

G: 아, 그렇구나. 봐! 드라마 동아리가 있어.

B: 응. 나는 연기에 관심이 있어. 나는 그 동아리에 <u>가입할</u> 수 있어.

G: 너는 미래에 무엇이 되고 싶어? 배우?

B: 응, 나는 배우가 되고 싶어. 너는 어때?

G: 나는 <u>사진 찍는</u> 것에 관심이 있어. 그래서 나는 사진작가가 되고 싶어.

B: 와, 멋지다! 그럼 너는 사진 동아리에 <u>가입할</u> 수 있어.

11 뒤에 club이 있고 흐름상 '가입하다'라는 의미의 동사 join이 들어가는 것이 자연스럽다.

12 빈칸 뒤에 이어지는 말 So I want to be a photographer.로 미루어 보아 빈칸에는 사진작가와 관련 있는 말이 오는 것이 자연스러우므로 ② '사진 찍기'가 빈칸에 알맞다.

13 ⑤ So I want to be a photographer.를 통해 태연의 장래 희망은 '사진작가'임을 알 수 있다.

[14-16] 해석

B: 이 영화는 정말 흥미진진해.

G: 맞아. 톰 스튜어트의 연기는 환상적이야.

B: 동의해. 사실, 그는 내 역할 모델이야. 나는 그처럼 훌륭한 배우가 되고 싶어.

G: 멋지다. 사실, 나도 <u>영화</u>에 관심이 있어.

B: 오, 정말?

G: 응, 나는 영화 감독이 되고 싶어. 줄리 리는 내 역할 모델이야.

B: 아마 우리는 언젠가 함께 일할 수 있을 거야!

G: <u>그거 참 좋겠다!</u>

14 영화와 관련된 대화 내용이므로 빈칸에는 ① movies(영화들)가 알맞다.

15 '나는 ~이 되고 싶어.'는 I want to be a(n) ~.이므로 I want to be 뒤에 a movie director를 쓰면 된다.

16 '언젠가 우리가 함께 일할 수도 있을 거야!'라는 말에 대한 응답으로 '그거 좋다!' 또는 '그거 멋지다!'라는 뜻의 긍정적인 응답이 오는 것이 자연스러우므로 ②가 정답이다.

[17-19] 해석

A: 안녕, 민준. 내 역할 모델이 누구인지 맞춰볼래?

B: 물론이야, 유미. 너는 무엇에 관심이 있니?

A: 나는 우주에 관심이 있어.

B: 너의 역할 모델의 직업은 뭐야?

A: 그는 우주 비행사였어.

B: 그는 무엇으로 유명해?

A: 그는 달에 처음으로 간 사람이었어.

B: 알겠어. 너의 역할 모델은 닐 암스트롱이구나.

A: 맞아! 나는 그처럼 훌륭한 우주 비행사가 되고 싶어.

17 '너는 무엇에 관심이 있니?'는 What are you interested in?이다.

18 대화의 밑줄 친 like는 '~처럼'이라는 뜻의 전치사이므로 ②가 쓰임이 같다. 나머지는 모두 '좋아하다'라는 뜻의 동사이다.

① 나는 저녁 식사 후에 책 읽는 것을 좋아해.

② 그는 자신이 좋아하는 아티스트처럼 노래해.

③ 내 여동생은 동물원에 가는 것을 좋아해.

④ 너는 주말에 외식하는 것을 좋아하니?

⑤ 나는 강에서 수영하는 것을 좋아하지 않아.

19 ⑤ 닐 암스트롱은 화성이 아니라 달에 처음으로 도착한 사람이므로 Neil Armstrong was the first person on the moon.이 일치하는 내용이다.

① 유미는 우주에 관심이 있다.

② 유미는 닐 암스트롱과 같은 우주 비행사가 되고 싶어 한다.

③ 민준은 유미의 역할 모델을 정확히 맞혔다.

④ 닐 암스트롱은 우주 비행사였다.

⑤ 닐 암스트롱은 화성에 처음으로 간 사람이었다.

(Point 1) 동사의 과거형

Check-Up ✿

A

과거형	과거형	과거형
liked	loved	lived
cleaned	listened	visited
played	studied	did
went	came	got
saw	won	knew
met	had	read
ran	lost	made

B 01. had, were　02. lost, was　03. cooked, was
04. met, were　05. watched, was

C 01. was　02. watched　03. closed
04. were not[weren't]　05. did not[didn't] go

D 01. Jenny enjoyed listening to music.
02. My grandparents lived in an old house.
03. Tom and I were very hungry.
04. I was happy to see my friends at the party.
05. Kevin ran to the subway station.

A
일반동사의 과거형은 주로 동사원형에 -(e)d를 붙인다. 불규칙적으로 변화하는 동사들은 형태를 따로 알아두어야 한다.

B
01 yesterday라는 과거를 나타내는 말이 있으므로 과거형 had와 were가 알맞다.
02 last weekend라는 과거를 나타내는 말이 있으므로 과거형 lost와 was가 알맞다.
03 last Saturday라는 과거를 나타내는 말이 있으므로 과거형 cooked와 was가 알맞다.
04 yesterday라는 과거를 나타내는 말이 있으므로 과거형 met와 were가 알맞다.
05 last night라는 과거를 나타내는 말이 있으므로 과거형 watched와 was가 알맞다.

C
01 be동사 is의 과거형은 was이다.
02 watch의 과거형은 watched이다.
03 close의 과거형은 closed이다.
04 be동사 과거형의 부정문은 was not[wasn't] 또는 were not[weren't] 이다. 주어가 They이므로 were not[weren't]가 알맞다.
05 일반동사 과거형의 부정문은 「did not[didn't]+동사원형」으로 나타내므로 did not[didn't] go가 알맞다.

D
01 enjoy의 과거형은 enjoyed이다.
02 live의 과거형은 lived이다.
03 are의 과거형은 were이다.
04 am의 과거형은 was이다.
05 run의 과거형은 ran이다.

(Point 2) 접속사 when

Check-Up ✿

A 01. when　02. before　03. When　04. After

B ⓐ, ⓓ

C 01. When he was a child, he loved to play soccer.
02. She always smiles when she sees her friends.
03. When the train arrived, everyone got on board.

D 01. listen to music when I'm studying
02. reading a book when the phone rang
03. happy when she heard the news

A
01 '~할 때'가 필요하므로 when이 알맞다.
02 '~ 전에'가 필요하므로 before가 알맞다.
03 '~할 때'가 필요하므로 When이 알맞다.
04 '~ 후에'가 필요하므로 After가 알맞다.

B
〈보기〉에 쓰인 When은 '~할 때'라는 의미의 접속사이다. ⓑ, ⓒ, ⓔ는 접속사 when이고 ⓐ, ⓓ는 '언제'라는 뜻의 의문사 when이다.
ⓐ 새로운 레스토랑은 언제 오픈하니?
ⓑ 해가 지면 하늘이 주황색으로 변해.
ⓒ 자전거를 탈 때는 헬멧을 써야 해.
ⓓ 너는 언제 사촌을 방문할 계획이니?
ⓔ 공항에 도착하면 나에게 전화해 줘.

C
접속사 when은 문장의 앞에 쓰일 수도 있고 문장의 중간에 쓰일 수도 있다. when으로 시작하는 부사절이 문장의 앞에 위치할 경우에는 뒤에 콤마(,)를 써서 주절과 부사절을 구분한다.

D
01 listen to music을 쓰고 when 뒤에 I'm studying을 쓴다.
02 reading a book을 쓰고 when 뒤에 the phone rang을 쓴다.
03 happy를 쓰고 when 뒤에 she heard the news를 쓴다.

교과서 문법 익히기 ━━━━━━ pp. 22-23

01. ⑤　02. ②　03. ③　04. ②　05. ④　06. ③　07. ②　08. ③
09. ②　10. ④　11. (1) went　(2) read　(3) had　12. ④　13. ②
14. ④　15. loved　16. When I was young

01 ⑤ study의 과거형은 studied이다.
02 ② have의 과거형은 had이다.
03 '~할 때'라는 의미의 접속사는 when이다.
04 '~하기 전에'라는 의미의 접속사는 before이다.
05 '~ 후에'라는 의미의 접속사는 After이다.
06 동사가 과거형 watched로 빈칸에는 과거를 나타내는 시간 부사만 올 수 있다. now는 현재 시제와 함께 쓰인다.

07 두 문장 모두 빈칸 뒤에 과거 시간 부사가 있으므로 be동사의 과거형이 와야 한다. 주어가 복수형이므로 were가 알맞다.
 • 아버지와 나는 지난 주말에 로봇 박물관에 <u>있었다</u>.
 • 어제 쇼핑몰에는 많은 사람들이 <u>있었다</u>.

08 ③ 주어가 3인칭 단수(My sister)이므로 were가 아니라 was가 알맞다.

09 ② visit의 과거형은 visited이다. 「모음+y」로 끝나는 동사의 과거형은 동사에 ed를 붙이고, 「자음+y」로 끝나는 동사의 과거형은 y를 i로 고치고 ed를 붙인다.

10 첫 번째 빈칸에는 last summer가 있으므로 traveled가 알맞다.
 두 번째 빈칸에는 yesterday가 있으므로 cleaned가 알맞다.
 세 번째 빈칸에는 last weekend가 있으므로 played가 알맞다.
 • 제이크는 지난 여름에 파리를 <u>여행했다</u>.
 • 그는 어제 방을 <u>청소했다</u>.
 • 그들은 지난 주말에 축구를 <u>했다</u>.

11 과거를 나타내는 last Saturday가 있으므로 과거 시제로 써야 한다. 내용의 흐름상 각각 went, read, had를 쓴다. read는 현재형과 과거형의 형태가 같다는 것에 유의한다.
 우리는 지난 토요일에 도서관에 <u>갔다</u>. 거기서 과학 책을 <u>읽었다</u>. 즐거운 시간을 <u>보냈다</u>.

12 첫 번째 빈칸에는 뒤에 yesterday라는 과거 시간 부사가 있으므로 과거 시제 had가 알맞고, 두 번째 빈칸에는 In 20 years(20년 후에)라는 미래를 나타내는 말이 앞에 있으므로 미래시제 will have가 알맞다.
 • 그들은 어제 콘서트에서 환상적인 시간을 보냈다.
 • 20년 후에는 로봇 친구들이 있을 것이다.

13 last weekend(지난 주말)는 과거를 나타내는 말로 빈칸에 현재 동사는 쓸 수 없으므로 ②는 ate out for dinner가 되어야 한다.

14 ④는 의문사 when이고, 나머지는 모두 접속사 when이다.
 ① 눈이 내리기 시작했을 때 그는 조깅을 하고 있었다.
 ② 나는 어렸을 때, 장남감을 가지고 노는 것을 좋아했다.
 ③ 그녀가 전화했을 때, 나는 이미 집으로 가는 중이었다.
 ④ 너는 언제 스페인어를 배우기 시작했니?
 ⑤ 전화벨이 울렸을 때 우리는 저녁을 먹고 있었다.

15 '좋아했다'가 과거 시제이므로 love의 과거형 loved가 알맞다.

16 「접속사+주어+동사 ~」의 어순이 되어야 하므로 When I was young이 알맞다.

교과서 본문 분석 —————————— pp. 24-25

Q1. 사진 동호회
Q2. 특별한 애플리케이션
Q3. VR 세계에서 관광객들을 안내하면서 세계를 여행한다.

교과서 본문 익히기 ❶ —————————— pp. 26-27

01. is 02. having 03. were 04. has 05. them 06. when
07. taking 08. is 09. go 10. from 11. captures 12. Her
13. How 14. had 15. is 16. doesn't 17. teaches 18. to
19. When 20. into 21. happy 22. as 23. travels
24. leave 25. How 26. guides 27. telling 28. does
29. them 30. Mars 31. sounds

교과서 본문 익히기 ❷ —————————— pp. 28-29

01. Today is a special day.
02. We are having our middle school reunion!
03. We were in the same class 20 years ago.
04. Now everybody has amazing jobs.
05. Let's find out about them!
06. Eunji was in the photography club when we were in middle school.
07. She loved taking pictures.
08. Now she is a drone photographer.
09. Drones can go almost anywhere.
10. So she can take pictures from high up in the sky.
11. She captures great moments.
12. Her pictures are amazing!
13. How about Jimin? He was a dog lover and had three dogs.
14. He is a teacher now. But he doesn't teach children.
15. He teaches dogs! He takes care of them and teaches manners to them.
16. When he talks with the dogs, he uses a special application.
17. It translates dog sounds into human language.
18. He feels happy when he understands the dogs.
19. Sohee works as a tour guide. She travels all around the world.
20. But she doesn't leave Korea.
21. How is that possible?
22. She guides tourists in a VR world!
23. When Sohee was in middle school, she liked telling us about interesting places.
24. Now she does the same thing with her tourists.
25. She also takes them to faraway and dangerous places.
26. She even travels to Mars. That sounds exciting!

Real-Life Communication_Presentation Time!
① is interested in ② was ③ the first ④ the moon
⑤ wants to be ⑥ like

After You Read_C
⑦ When ⑧ in front of ⑨ useful information

Think & Write_Step 1
⑩ my life ⑪ met ⑫ glad ⑬ sick ⑭ will happen
⑮ excited

Lesson Review_A
⑯ playing ⑰ guitarist ⑱ singer ⑲ can play ⑳ someday

영역별 실전 1회 · pp. 32-35

01. ④ 02. ④ 03. ② 04. ⑤ 05. future 06. ③ 07. ② 08. ④
09. ② 10. ④ 11. What do you want to be in the future?
12. dancing 13. I'm interested in drawing. 14. ④ 15. ④
16. liked, studied 17. ④ 18. ⑤ 19. ② 20. They all started
cheering, they heard the news 21. were 22. ③ 23. ②
24. moment 25. ② 26. ② 27. ④ 28. ③ → liked

01 ④ 앞에 a가 있으므로 첫 소리가 모음인 단어는 빈칸에 올 수 없다.

02 '신문이나 TV를 위한 뉴스 기사를 쓰는 사람'은 ④ '기자, 리포터'이다.

03 '단어를 한 언어에서 다른 언어로 바꾸는 것'은 ② '번역하다'이다.

04 take care of: ~을 돌보다 / find out: 알아내다

05 '미래'라는 뜻의 단어는 future이다.

06 ③은 좋아하는 것을 말하는 표현이고, 나머지는 모두 장래 희망을 말하는
표현이다.
① 나는 사진작가가 되고 싶다.
② 나는 사진작가가 되기를 바란다.
③ 나는 사진 찍는 것을 좋아한다.
④ 나는 사진작가가 되기를 바란다.
⑤ 내 꿈은 사진작가가 되는 것이다.

07 ② 자신의 장래 희망을 말한 후 상대방은 어떤지 물었으므로 자신의 장래
희망을 말하는 응답이 오는 것이 자연스럽다.

08 ④ 무엇에 관심이 있는지 물었으므로 관심 있는 것을 말하는 내용이 응답
으로 적절하다.

09 ② 영화에 관심이 있는지 묻는 말에 Yes라고 답한 후 스포츠에 관심이 있
다고 말하는 것은 어색하다.
① A: 너는 무엇에 관심이 있니?
  B: 나는 예술에 관심이 있어.
② A: 너는 영화에 관심이 있니?
  B: 응, 나는 스포츠에 관심이 있어.
③ A: 너는 미래에 무엇이 되고 싶어?
  B: 나는 간호사가 되고 싶어.
④ A: 너 지금 뭐 하고 있니?
  B: 나는 음악을 듣고 있어.

⑤ A: 나는 요리사가 되고 싶어. 너는 어때?
  B: 나는 댄서가 되고 싶어.

[10–11] 해석

> G: 안녕, 벤! 뭐 하고 있어?
> B: 안녕, 태연. 나는 이 학교 동아리 포스터들을 보고 있어.
> G: 아, 그렇구나. 봐! 드라마 동아리가 있어.
> B: 응. 나는 연기에 관심이 있어. 나는 그 동아리에 가입할 수 있어.
> G: 너는 미래에 무엇이 되고 싶어? 배우?
> B: 응, 나는 배우가 되고 싶어. 너는 어때?
> G: 나는 사진 찍는 것에 관심이 있어. 그래서 나는 사진작가가 되고 싶어.
> B: 와, 멋지다! 그럼 너는 사진 동아리에 가입할 수 있어.

10 ⓐ는 현재진행형 문장이므로 looking이 알맞고, ⓑ는 전치사 뒤에 오므
로 동명사 taking이 알맞다.

11 장래 희망을 묻는 말은 What do you want to be in the future?이
다.

12 해석

> B: 아린, 너는 미래에 무엇이 되고 싶어?
> G: 나는 가수가 되고 싶어. 나는 노래하는 것에 관심이 있어.
> B: 춤에도 관심이 있어?
> G: 별로 없어.

춤에도 관심이 있는지 묻는 질문에 아린은 Not really.(별로 없어.)라고
말했으므로 관심이 없는 것은 '춤'이므로 빈칸에는 dancing이 알맞다.

13 그림을 그리고 있으므로 I'm interested in drawing.이 알맞은 응답이
다.

14 ④ run의 과거형은 ran이다.

15 ④ 주어가 She인 경우 be동사의 과거형은 was이다.
① 나는 작년에 독서 동아리에 있었다.
② 그는 4년 전에 10살이었다.
③ 우리는 작년에 6학년이었다.
④ 그녀는 어렸을 때 매우 귀여웠다.
⑤ 그들은 자신들이 좋아하는 가수를 보게 되어 행복했다.

16 like의 과거형은 liked이고, study의 과거형은 studied이다.
• 그는 휴대폰으로 웹툰 읽는 것을 좋아했다.
• 리사는 기말 시험을 위해 열심히 공부했다.

17 첫 번째 빈칸에는 뒤에 last year가 있으므로 is의 과거형 was가 알맞
다. 두 번째 빈칸에는 뒤에 yesterday가 있으므로 bake의 과거형
baked가 알맞다.
• 토니는 작년에 초등학생이었다.
• 미나는 어제 초콜릿 쿠키를 구웠다.

18 ⑤ 주어 Jenny and Lucy가 복수형이므로 be동사의 과거형은 were
가 알맞다.

19 ⓑ와 ⓓ는 '언제'라는 뜻의 의문사이고, ⓐ와 ⓒ는 '~할 때'라는 뜻의 접속
사이다.
ⓐ 비가 그쳤을 때 우리는 밖으로 나갔다.
ⓑ 마지막 기차는 언제 출발하나요?
ⓒ 나갈 때 불을 꺼 주세요.
ⓓ 너의 어머니의 생신은 언제니?

20 접속사 when은 문장의 앞에 쓰일 수도 있고 뒤에 쓰일 수도 있다.

[21-22] 해석

> 오늘은 특별한 날이다. 중학교 동창회가 있기 때문이다! 우리는 20년 전에 같은 반이었다. 지금은 모두가 놀랄 만한 직업을 가지고 있다. 그것들에 대해 알아보자!

21 20년 전에 같은 반이었다는 것이므로 빈칸에는 과거형이 와야 한다. 주어가 복수 We이므로 were가 알맞다.

22 ③ 오늘이 특별한 이유는 오늘이 20년 만에 만난 중학교 동창회 날이기 때문이다.

[23-24] 해석

> 은지는 우리가 중학교에 다닐 때 사진 동호회에 있었다. 그녀는 사진 찍는 것을 정말 좋아했다. 지금 그녀는 드론 사진작가이다. 드론은 거의 어디든 갈 수 있다. 그래서 그녀는 높은 하늘에서 사진을 찍을 수 있다. 그녀는 멋진 순간들을 포착한다. 그녀의 사진들은 놀랍다!

23 사진 동아리에 소속되어 있는 것을 나타내므로 ⓐ에는 in이 알맞고, 드론이 하늘 높은 곳에서부터 촬영을 하는 것이므로 ⓑ에는 from이 알맞다.

24 '아주 짧은 기간의 시간'이라는 뜻으로 '순간'을 나타내므로 moment가 알맞다.

[25-26] 해석

> 지민이는 어떨까? 그는 개를 정말 좋아하는 사람이었고 세 마리의 개를 키웠다. 그는 지금 선생님이다. 그러나 그는 아이들을 가르치지 않는다. 그는 개를 가르친다! 그는 개를 돌보고 그들에게 예절을 가르친다. 그가 개들과 대화할 때, 그는 특별한 애플리케이션(응용 프로그램)을 사용한다. 그것은 개의 소리를 사람의 언어로 번역한다. 그는 그가 개의 말을 알아들을 때 행복을 느낀다.

25 ② now가 있으므로 현재시제 is가 알맞다.

26 지민은 개의 소리를 사람의 언어로 번역하는 특별한 애플리케이션을 사용하여 개들과 소통한다고 했으므로 ②가 정답이다.

[27-28] 해석

> 소희는 관광 가이드로 일한다. 그녀는 전 세계를 여행한다. 그러나 그녀는 한국을 떠나지 않는다. 어떻게 그것이 가능할까? 그녀는 VR 세계에서 관광객들을 안내한다. 소희가 중학교에 다닐 때, 그녀는 흥미로운 장소에 대해 우리에게 말하는 것을 좋아했다. 지금 그녀는 관광객에게 같은 것을 한다. 그녀는 그들을 멀고 위험한 장소에도 데려간다. 그녀는 심지어 화성으로 여행을 간다. 그건 흥미롭게 들린다!

27 전 세계 다양한 장소를 관광객들에게 안내하고 체험할 수 있게 해주는 직업은 ④ '관광 가이드'이다.

28 앞에 있는 When절의 시제가 was로 과거형이므로 likes가 아니라 liked가 알맞다.

영역별 실전 2회
pp. 36-39

01. ⑤ **02.** ③ **03.** ② **04.** ③ **05.** photographer **06.** ⑤ **07.** ②
08. ① **09.** ② **10.** ① **11.** ② **12.** (C) - (D) - (B) - (E) **13.** I want to be a soccer player. **14.** ④ **15.** ③ **16.** loved, played
17. when **18.** ⑤ **19.** ③ **20.** you're tired, you need to rest
21. We were in the same class 20 years ago. **22.** ⑤ **23.** ④
24. ② **25.** translate **26.** ② **27.** as **28.** ⑤ **29.** ⑤

01 ⑤ 앞에 an이 있으므로 첫 소리가 자음인 단어는 빈칸에 올 수 없다.

02 '즐거움을 위해 어떤 장소'를 방문하는 사람은 ③ '관광객'이다.

03 '아주 짧은 기간의 시간'은 ② '순간'이다.

04 첫 번째 빈칸은 조동사 뒤이므로 동사원형 go가 알맞고, 두 번째 빈칸은 현재 진행형 문장으로 having이 알맞고, 세 번째 빈칸은 like의 목적어 역할을 하는 동명사 telling이 알맞다.

05 '사진작가'는 photographer이다.

06 ⑤는 장래 희망을 말하는 표현이고, 나머지는 현재 자신의 직업을 말하는 표현이다.

07 ② 무엇에 관심이 있는지 묻고 있으므로 관심이 있는 내용을 말하는 응답이 오는 것이 자연스럽다.

08 ① 장래 희망이 무엇인지 물었으므로 장래 희망을 말하는 것이 응답으로 자연스럽다.

09 ② A의 말에 대해 격려하는 말을 해야 하므로 You can do it!이 알맞다.
> ① A: 너는 그림 그리는 것에 관심이 있니?
> B: 응, 있어.
> ② A: 나는 무용수가 되고 싶어.
> B: 멋지다. 난 할 수 있어!
> ③ A: 너는 미래에 뭐가 되고 싶어?
> B: 나는 과학자가 되고 싶어.
> ④ A: 너의 역할 모델의 직업은 무엇이니?
> B: 그는 우주 비행사였어.
> ⑤ A: 그는 무엇으로 유명하니?
> B: 그는 달에 처음으로 간 사람이었어.

[10-11] 해석

> B: 이 영화는 정말 흥미진진해.
> G: 맞아. 톰 스튜어트의 연기는 환상적이야.
> B: 동의해. 사실, 그는 내 역할 모델이야. 나는 그처럼 훌륭한 배우가 되고 싶어.
> G: 멋지다. 사실, 나도 영화에 관심이 있어.
> B: 오, 정말?
> G: 응, 나는 영화 감독이 되고 싶어. 줄리 리는 내 역할 모델이야.
> B: 아마 우리는 언젠가 함께 일할 수 있을 거야!
> G: 그거 참 좋겠다!

10 대화의 긍정적인 분위기를 이어가며, 함께 일해 볼 가능성을 말하는 것에 대한 응답이므로 ①이 가장 알맞다.

11 ② G의 말 Actually, I'm interested in movies, too.로 보아 G도 영화에 관심이 있다.

12 A: 너는 과학에 관심이 있어? - (C) 응, 있어. - (D) 너는 미래에 무엇이 되고 싶어? - (B) 나는 과학자가 되고 싶어. - (E) 멋지다!

13 장래 희망을 물었는데 축구를 하고 있으므로 I want to be a soccer player.가 알맞은 응답이다.

14 ④ study의 과거형은 studied이다.

15 ③ 주어가 Mike and I로 복수이므로 was가 아니라 were가 알맞다.
> ① 그들은 작년에 1학년이었다.
> ② 그녀는 지난 주말에 병원에 있었다.
> ③ 마이크와 나는 어제 매우 피곤했다.
> ④ 나는 어렸을 때 사진 찍는 것을 좋아했다.
> ⑤ 내 사촌은 수도에 살았다.

16 love의 과거형은 loved이고, play의 과거형은 played이다.
> • 그들은 학교 교복을 아주 좋아했다.
> • 토니는 학교 밴드에서 드럼을 쳤다.

17 '~할 때'라는 의미의 접속사가 필요하므로 빈칸에는 when이 알맞다.

18 went가 과거형 동사이므로 빈칸에는 과거를 나타내는 시간 부사가 와야 한다. ⑤ next week은 '다음주'라는 뜻으로 미래를 나타내는 말이다.

19 주어진 문장은 '우리는 영화를 보기 전에 점심을 먹었다.'이므로 ③ '우리는 점심을 먹은 후에 영화를 보았다.'가 같은 의미의 문장이다.

20 접속사 when은 문장의 앞에 쓰일 수도 있고 뒤에 쓰일 수도 있다.

21 해석

> 오늘은 특별한 날이다. 중학교 동창회가 있기 때문이다! 우리는 20년 전에 같은 반이었다. 지금은 모두가 놀랄 만한 직업을 가지고 있다. 그것들에 대해 알아보자!

'우리는 20년 전에 같은 반이었다.'이므로 We were in the same class 20 years ago.가 알맞다.

[22-23] 해석

> 은지는 우리가 중학교에 다닐 때 사진 동호회에 있었다. 그녀는 사진 찍는 것을 정말 좋아했다. 지금 그녀는 드론 사진작가이다. 드론은 거의 어디든 갈 수 있다. 그래서 그녀는 높은 하늘에서 사진을 찍을 수 있다. 그녀는 멋진 순간들을 포착한다. 그녀의 사진들은 놀랍다!

22 글의 흐름상 ⑤에는 긍정적인 의미의 단어가 오는 것이 자연스러우므로 부정적인 의미의 disappointing은 알맞지 않다.

23 So she can take pictures from high up in the sky.로 보아 바다 속이 아니라 드론을 이용하여 높은 하늘 위에서 사진을 찍는 것이므로 ④가 일치하지 않는 내용이다.

[24-26] 해석

> 지민이는 어떨까? 그는 개를 정말 좋아하는 사람이었고 세 마리의 개를 키웠다. 그는 지금 선생님이다. 그러나 그는 아이들을 가르치지 않는다. 그는 개를 가르친다! 그는 개를 돌보고 그들에게 예절을 가르친다. 그가 개들과 대화할 때, 그는 특별한 애플리케이션(응용 프로그램)을 사용한다. 그것은 개의 소리를 사람의 언어로 번역한다. 그는 그가 개의 말을 알아들을 때 행복을 느낀다.

24 them이 가리키는 말은 앞의 문장에 나와 있으므로 앞 문장 He teaches dogs!에서 알 수 있다. 따라서 them이 가리키는 것은 dogs 이다.

25 '단어를 한 언어에서 다른 언어로 바꾸다'라는 뜻으로 '번역하다, 통역하다'를 나타내므로 translate가 알맞다.

26 '~할 때'라는 의미의 접속사 When[when]이 자연스럽다.

[27-29] 해석

> 소희는 관광 가이드로 일한다. 그녀는 전 세계를 여행한다. 그러나 그녀는 한국을 떠나지 않는다. 어떻게 그것이 가능할까? 그녀는 VR 세계에서 관광객들을 안내한다. 소희가 중학교에 다닐 때, 그녀는 흥미로운 장소에 대해 우리에게 말하는 것을 좋아했다. 지금 그녀는 관광객에게 같은 것을 한다. 그녀는 그들을 멀고 위험한 장소에도 데려간다. 그녀는 심지어 화성으로 여행을 간다. 그건 흥미롭게 들린다!

27 소희는 관광 가이드이다. = 소희는 관광 가이드로서 일한다.
'~로서'라는 뜻의 전치사는 as이다.

28 them이 가리키는 것이 tourists이므로 주어진 문장이 들어갈 알맞은 위치는 ⑤이다.

29 소희는 실제로 화성으로 여행을 간 것이 아니라 VR 세계에서 여행하는 것이므로 ⑤는 일치하지 않는 내용이다.

01. ④   02. ⑤   03. ③   04. ②   05. ⑤   06. ①   07. interested in painting   08. ③   09. ④   10. ②   11. a basketball player 12. ④   13. He was the first person on the moon.   14. ② 15. ⑤   16. ①   17. ③   18. ③   19. (A) looking   (B) taking 20. Do you want to be   21. ②   22. amazing jobs   23. ② 24. She loved taking pictures.   25. ⑤   26. ⑤   27. When he talks with the dogs   28. ④   29. 흥미로운 장소들에 대해 말하는 것 30. ②

01 ④ Neil Armstrong은 최초로 달에 착륙한 '우주 비행사'이다.

02 ⑤ in front of는 '~ 앞에서'라는 뜻이다.

03 '지금 이후에 올 시간'은 ③ '미래'이다.

04 '예의 바른 행동과 행위'는 ② '예의범절, 예의'이다.

05 ⑤는 취미를 말하는 표현이고, 나머지는 모두 장래 희망을 말하는 표현이다.

06 A: 너는 장래 희망이 무엇이니?
> B: 나는 기타리스트가 되고 싶어.

[07-08] 해석

> A: 너는 그림 그리는 것에 관심이 있니?
> B: 응, 있어.
> A: 너는 미래에 뭐가 되고 싶어?
> B: 나는 예술가가 되고 싶어.
> A: 멋지다!

07 그림 그리는 것에 관심이 있냐는 물음에 Yes, I am.이라고 답했으므로 생략된 말은 앞에 나온 interested in painting이다.

08 그림 그리는 것에 관심이 있다고 했으므로 빈칸에는 ③ '화가, 예술가'가 알맞다.

09 ④ 자신의 장래 희망을 말한 후 상대방은 어떤지 물었으므로 빈칸에는 B의 장래 희망을 말하는 표현이 오는 것이 자연스럽다.

10 상대방이 관심 있어 하는 것이 무엇인지 물었으므로 관심사를 말하는 응답 ②가 오는 것이 자연스럽다.

11 해석

> A: 톰, 너는 스포츠에 관심이 있니?
> B: 응, 나는 농구에 관심이 있어. 나는 농구 선수가 되고 싶어.
> A: 멋지다!

→ 톰의 장래 희망은 농구 선수가 되는 것이다.
톰의 장래 희망은 농구 선수가 되는 것이므로 빈칸에는 a basketball player가 알맞다.

[12-14] 해석

> A: 안녕, 민준. 내 역할 모델이 누구인지 맞춰볼래?
> B: 물론이야, 유미. 너는 무엇에 관심이 있어?
> A: 나는 우주에 관심이 있어.
> B: 너의 역할 모델의 직업은 뭐야?
> A: 그는 우주 비행사였어.
> B: 그는 무엇으로 유명해?
> A: 그는 달에 처음으로 간 사람이었어.
> B: 알겠어. 너의 역할 모델은 닐 암스트롱이구나.
> A: 맞아! 나는 그처럼 훌륭한 우주 비행사가 되고 싶어.

12 직업을 말하는 대답에 알맞은 질문은 ④이다.

13 on은 '~위에'라는 뜻의 전치사로, on the moon은 '달에'라는 뜻이다. the first person은 '첫 번째 사람'이라는 뜻이다.

14 밑줄 친 like와 ②는 '~처럼'이라는 의미의 전치사이다. 나머지는 모두 '좋아하다'라는 의미의 동사이다.
① 나는 가족과 시간을 보내는 것을 좋아한다.
② 그녀는 프로 댄서처럼 춤을 춘다.
③ 너는 K-pop 음악 듣는 것을 좋아하니?
④ 우리는 방과 후에 농구하는 것을 좋아한다.
⑤ 나는 주말에 영화를 보는 것을 좋아한다.

15 해석

> A: 수호야, 너는 무엇에 관심이 있니?
> B: 나는 요리에 관심이 있어.
> A: 그렇구나. 너는 미래에 무엇이 되고 싶어?
> B: 나는 요리사가 되고 싶어. 너는 어때, 해린아?
> A: 나는 춤에 관심이 있어. <u>그래서 나도 요리사가 되고 싶어.</u>
> B: 멋지다. 넌 할 수 있어!

⑤ I'm interested in dancing.이라는 말 뒤에 나온 말이므로 So I want to be a dancer.가 자연스럽다.

16 ①은 '언제'라는 뜻의 의문사이고, 나머지는 모두 '~할 때'라는 의미의 접속사이다.
① 학교 축제는 언제인가요?
② 나는 어렸을 때, 수영하는 것을 좋아했다.
③ 우리는 그 소식을 들었을 때 행복했다.
④ 내가 공항에 도착하면 전화할게.
⑤ 나는 슬플 때 그의 노래를 듣는다.

17 ⓐ yesterday라는 과거 시간 부사가 있으므로 watches가 아니라 watched가 알맞다.
ⓓ 주어가 Tom and I로 복수이므로 was가 아니라 were가 알맞다.
ⓐ 그녀는 어제 코미디를 보았다.
ⓑ 나는 지난 주말에 박물관을 방문했다.
ⓒ 그는 어제 학교에 늦었다.
ⓓ 톰과 나는 어젯밤에 매우 바빴다.

[18~20] 해석

> G: 안녕, 벤! 뭐 하고 있어?
> B: 안녕, 태연. 나는 이 학교 동아리 포스터들을 보고 있어.
> G: 아, 그렇구나. 봐! 드라마 동아리가 있어.
> B: 응. 나는 연기에 관심이 있어. 나는 그 동아리에 가입할 수 있어.
> G: 너는 미래에 무엇이 되고 싶어? 배우?
> B: 응, 나는 배우가 되고 싶어. 너는 어때?
> G: 나는 사진 찍는 것에 관심이 있어. 그래서 나는 사진작가가 되고 싶어.
> B: 와, 멋지다! 그럼 너는 사진 동아리에 가입할 수 있어.

18 태연은 사진 찍는 것에 관심이 있다고 했으므로, ③ 'photography club(사진 동아리)'에 가입하는 것이 좋다.

19 (A)는 현재 진행형 문장이 되어야 하므로 looking이 알맞다.
(B)는 앞에 전치사가 있으므로 동명사 taking이 알맞다.

20 대답 Yes, I want to be an actor.로 보아 질문은 '너는 배우가 되고 싶어?'가 되어야 하므로 Do you want to be an actor?가 알맞다.

[21~22] 해석

> 오늘은 특별한 날이다. 중학교 동창회가 있기 때문이다! 우리는 20년 전에 같은 반이었다. 지금은 모두가 놀랄 만한 직업을 <u>가지고 있다</u>. 그것들에 대해 알아보자!

21 ② 시제는 현재이므로 have나 has를 써야 하는데 주어 everybody는 단수 취급하므로 has가 알맞다.

22 여기서 them은 앞에 나온 amazing jobs를 가리킨다.

[23~24] 해석

> 은지는 우리가 중학교에 다닐 때 사진 동호회에 있었다. 그녀는 사진 찍는 것을 정말 좋아했다. 지금 그녀는 드론 사진작가이다. 드론은 거의 어디든 갈 수 있다. 그래서 그녀는 높은 하늘에서 사진을 찍을 수 있다. 그녀는 멋진 순간들을 포착한다. 그녀의 사진들은 놀랍다!

23 ⓐ는 주어가 Eunji로 3인칭 단수이므로 was가 알맞고, ⓑ는 주어가 we로 복수이므로 were가 알맞다.

24 주어는 She, 동사는 과거형이므로 loved, 목적어는 '사진 찍기'이므로 taking pictures를 이어서 쓴다.

[25~27] 해석

> 지민이는 어떨까? 그는 개를 정말 좋아하는 사람이었고 세 마리의 개를 키웠다. 그는 지금 선생님이다. 그러나 그는 아이들을 가르치지 않는다. 그는 개를 가르친다! 그는 개를 돌보고 그들에게 예절을 가르친다. 그가 개들과 대화할 때, 그는 특별한 애플리케이션(응용 프로그램)을 사용한다. 그것은 개의 소리를 사람의 언어로 번역한다. 그는 그가 개의 말을 알아들을 때 행복을 느낀다.

25 ⑤ 지민이가 개를 산책시킬 때 어떤 감정을 느끼는지는 글을 통해서는 알 수 없다.

26 '~하게 느끼다'는 「feel + 형용사」로 happily가 아니라 happy이다. 부사처럼 해석되지만 형용사를 써야 한다는 것에 주의한다.

27 빈칸에는 '개들과 소통할 때'라는 말이 필요하므로 When he talks with the dogs가 알맞다.

[28~30] 해석

> 소희는 관광 가이드로 일한다. 그녀는 전 세계를 여행한다. <u>그러나 그녀는 한국을 떠나지 않는다.</u> 어떻게 그것이 가능할까? 그녀는 VR 세계에서 관광객들을 안내한다. 소희가 중학교에 다닐 때, 그녀는 흥미로운 장소에 대해 우리에게 말하는 것을 좋아했다. 지금 그녀는 관광객에게 같은 것을 한다. 그녀는 그들을 멀고 <u>위험한</u> 장소에도 데려간다. 그녀는 심지어 화성으로 여행을 간다. 그건 흥미롭게 들린다!

28 ⓐ의 앞 문장과 이어지는 문장은 역접의 의미이므로 But이 알맞고, ⓑ는 '~할 때'라는 의미의 접속사 When이 알맞다.

29 앞에 나오는 she liked telling us about interesting places를 통해 the same thing이 가리키는 것은 '흥미로운 장소들에 대해 말하는 것'임을 알 수 있다.

30 뒤에 '그녀는 심지어 화성으로 여행을 간다.'라는 말이 이어지는 것으로 보아 앞 문장의 빈칸에는 멀고 '위험한' 장소가 되는 것이 흐름상 자연스럽다.

01. ④ 02. ⑤ 03. ③ 04. ④ 05. ③ 06. ④ 07. (A)-(D)-(B)-(C)
08. ② 09. ④ 10. ③ 11. singer, singing, dancing 12. ①
13. interest 14. ⑤ 15. ① 16. ② 17. ⑤ 18. ③
19. photographer 20. I'm interested in taking pictures.
21. We were in the same class 20 years ago. 22. ⑤
23. ② 24. drone photographer 25. ③ 26. ④ 27. manners
28. ④ 29. ④ 30. she liked telling us about interesting places

01 ①은 '가수', ②는 '작가', ③은 '배우', ⑤는 '과학자'라는 뜻으로 모두 job(직업)의 종류에 해당한다. ④ '여행객'은 직업이 아니다.

02 ⑤ drawing은 artist와 관련이 있고, actor는 movie와 관련이 있다.

03 나는 매일 밤 TV에서 뉴스를 보도한다. 나는 사람들에게 유용한 정보를 제공한다.
'기자'에 대한 설명이므로 ③ reporter가 알맞다.

04 나는 우주에 관심이 있다. 나의 역할 모델은 닐 암스트롱이다.
'우주 비행사'에 관한 설명이므로 ④ astronaut이 알맞다.

05 'A를 B로 번역하다'라는 의미의 'translate A into B' 구문이다.

06 be interested in은 '~에 관심이 있다'라는 뜻이므로 대화의 주제는 '관심사'임을 알 수 있다.

07 (A) 너의 역할 모델의 직업은 뭐야? – (D) 그는 우주 비행사였어. – (B) 그는 무엇으로 유명해? – (C) 그는 달에 처음으로 간 사람이었어.

08 춤에 관심이 있다는 말 뒤에 이어질 응답으로 알맞은 것은 '그래서 나는 댄서가 되고 싶다.'이므로 ②가 정답이다.

[09-10] 해석

B: 하은, 너는 그림 그리기에 관심이 있어?
G: 응, 있어. 나는 화가가 되고 싶어.
B: 멋지네.
G: 너는 어때, 토니? 너는 미래에 무엇이 되고 싶어?
B: 나는 디자이너가 되고 싶어. 나도 그림 그리기에 관심이 있어.

09 ④ 주어진 말은 상대방은 어떤지 묻는 말이므로 자신의 관심사와 장래 희망을 말한 후 상대방의 장래 희망을 묻는 말 사이에 오는 것이 자연스럽다.

10 토니의 마지막 말 I'm interested in drawing too.에서 토니도 그림 그리기에 관심이 있다는 것을 알 수 있으므로 ③이 일치하지 않는 내용이다.

11 해석

B: 아린, 너는 미래에 무엇이 되고 싶어?
G: 나는 가수가 되고 싶어. 나는 노래하는 것에 관심이 있어.
B: 춤에도 관심이 있어?
G: 별로 없어.

→ 아린은 가수가 되고 싶어 한다. 그녀는 노래에 관심이 있지만 춤에는 관심이 없다.

[12-13] 해석

B: 이 영화는 정말 흥미진진해.
G: 맞아. 톰 스튜어트의 연기는 환상적이야.
B: 동의해. 사실, 그는 내 역할 모델이야. 나는 그처럼 훌륭한 배우가 되고 싶어.
G: 멋지다. 사실, 나도 영화에 관심이 있어.
B: 오, 정말?
G: 응, 나는 영화 감독이 되고 싶어. 줄리 리는 내 역할 모델이야.
B: 아마 우리는 언젠가 함께 일할 수 있을 거야!
G: 그거 참 좋겠다!

12 좋아하는 배우, 관심 있는 분야, 장래 희망 등에 대해 이야기하고 있으므로 부정적인 의미의 ① '지루한'은 전체적인 흐름상 자연스럽지 않다. ①에는 exciting이 알맞다.

13 be interested in: ~에 관심이 있다 (= have an interest in)

14 ⓒ go의 과거형은 went이다.
ⓓ 과거형 문장이므로 enter의 과거형 entered가 알맞다.
ⓐ 라이언은 지난 달에 새로운 도시로 이사했다.
ⓑ 우리는 지난 주 시험을 위해 함께 공부했다.
ⓒ 나는 지난 여름에 가족과 함께 제주도에 갔다.
ⓓ 그녀는 내가 그녀의 방에 들어갔을 때 전화 통화를 하고 있었다.

15 ① '~할 때'라는 의미이므로 시간을 나타내는 접속사 When이 알맞다.

[16-17] 해석

B: 릴리, 너는 무엇에 관심이 있어?
G: 나는 기타 치는 것에 관심이 있어. 나는 기타리스트가 되고 싶어.
B: 오, 나도 음악을 좋아해!
G: 정말? 헨리, 너는 미래에 무엇이 되고 싶어?
B: 나는 가수가 되고 싶어.
G: 멋지다! 언젠가 우리 함께 밴드에서 연주할 수 있을 거야.
B: 그거 정말 멋지다!

16 ⓐ 전치사 뒤에는 동명사가 오므로 playing이 알맞고, ⓑ 조동사 can 뒤에는 동사원형이 오므로 play가 알맞다.

17 미래에 언젠가 릴리와 헨리가 함께 밴드에서 연주할 수 있을 거라는 의미이지 현재 같은 밴드에서 연주하고 있다는 말은 아니므로 ⑤가 일치하지 않는 내용이다.

[18-20] 해석

G: 안녕, 벤! 뭐 하고 있어?
B: 안녕, 태연. 나는 이 학교 동아리 포스터들을 보고 있어.
G: 아, 그렇구나. 봐! 드라마 동아리가 있어.
B: 응. 나는 연기에 관심이 있어. 나는 그 동아리에 가입할 수 있어.
G: 너는 미래에 무엇이 되고 싶어? 배우?
B: 응, 나는 배우가 되고 싶어. 너는 어때?
G: 나는 사진 찍는 것에 관심이 있어. 그래서 나는 사진작가가 되고 싶어.
B: 와, 멋지다! 그럼 너는 사진 동아리에 가입할 수 있어.

18 동아리에 가입한다고 말하는 것이 자연스러우므로 빈칸에 공통으로 알맞은 동사는 '가입하다'는 의미의 join이다.

19 '멋진 순간을 사진 찍는 사람'은 '사진작가(photographer)'이다.

20 '나는 ~에 관심이 있다'라는 의미의 I'm interested in을 먼저 쓰고 뒤에 '사진 찍는 것'이라는 의미의 taking pictures를 써서 문장을 완성한다.

> 오늘은 특별한 날이다. 중학교 동창회가 있기 때문이다! 우리는 20년 전에 같은 반이었다. 지금은 모두가 놀랄 만한 직업을 가지고 있다. 그것들에 대해 알아보자!

21 20 years ago가 과거를 나타내는 말이므로 동사는 과거 시제가 되어야 하므로 are가 아니라 were를 써야 한다.

22 그것들에 대해 알아보자!: '~에 대하여'라는 의미의 about이 적절하다.

[23-34] 해석

> 은지는 우리가 중학교에 다닐 때 사진 동호회에 있었다. 그녀는 사진 찍는 것을 정말 좋아했다. 지금 그녀는 드론 사진작가이다. 드론은 거의 어디든 갈 수 있다. 그래서 그녀는 높은 하늘에서 사진을 찍을 수 있다. 그녀는 멋진 순간들을 포착한다. 그녀의 사진들은 놀랍다!

23 '~할 수 있다'는 의미의 조동사 can이 들어가는 것이 자연스럽다.

24 은지는 현재 드론 사진작가이므로 빈칸에는 drone photographer가 알맞다.

[25-27] 해석

> 지민이는 어떨까? 그는 개를 정말 좋아하는 사람이었고 세 마리의 개를 키웠다. 그는 지금 선생님이다. 그러나 그는 아이들을 가르치지 않는다. 그는 개를 가르친다! 그는 개를 돌보고 그들에게 예절을 가르친다. 그가 개들과 대화할 때, 그는 특별한 애플리케이션(응용 프로그램)을 사용한다. 그것은 개의 소리를 사람의 언어로 번역한다. 그는 그가 개의 말을 알아들을 때 행복을 느낀다.

25 and의 앞 문장이 과거 시제이므로 뒤 문장도 과거 시제여야 한다. 따라서 had가 알맞다.

26 ⓑ teach A to B: B에게 A를 가르쳐주다
   ⓒ talk with: ~와 이야기하다
   ⓓ translate A into B: A를 B로 번역하다

27 '예의 바른 행동과 행위'는 '예의범절, 예의'이므로 해당하는 단어는 manners이다.

[28-30] 해석

> 소희는 관광 가이드로 일한다. 그녀는 전 세계를 여행한다. 그러나 그녀는 한국을 떠나지 않는다. 어떻게 그것이 가능할까? 그녀는 VR 세계에서 관광객들을 안내한다. 소희가 중학교에 다닐 때, 그녀는 흥미로운 장소에 대해 우리에게 말하는 것을 좋아했다. 지금 그녀는 관광객에게 같은 것을 한다. 그녀는 그들을 멀고 위험한 장소에도 데려간다. 그녀는 심지어 화성으로 여행을 간다. 그건 흥미롭게 들린다!

28 the same thing은 ④의 앞에 나온 '중학교 때 흥미로운 장소들에 대해 이야기하는 것'을 가리키므로 ④의 위치가 알맞다.

29 ④는 '~할 때'라는 의미의 접속사로서 뒤에 주어와 동사가 있는 절이 왔다. 반면에 나머지는 모두 '~로서'라는 의미의 전치사로 뒤에 명사(구)가 왔다.

30 주어 she, 동사 liked, 목적어 역할을 하는 동명사구 telling us를 쓰고 about interesting places로 마무리한다.

내신100신 서술형 실전   pp. 50-52

01. of
02. (t)ranslate
03. (1) Many people were at the amusement park.
    (2) My grandmother loved baking cookies.
    (3) The children got up early.
04. When he met his favorite actor, he was nervous.
05. (1) astronaut (2) photographer (3) tour guide
06. (1) What do you want to be in the future?
    (2) I want to be a singer.
07. interested
08. ⓐ was → were ⓒ has → had ⓔ but → when
09. (1) 너는 과학에 관심이 있니? (2) 나는 과학자가 되고 싶어.
10. ②: We are having our middle school reunion!
    ③: We were in the same class 20 years ago.
11. (1) want to be (2) do you want to be in
    (3) interested in drawing
12. (B)-(C)-(A)-(D)
13. I want to be a great astronaut like him.
14. (1) cooking (2) dancing (3) cook (4) dancer
15. He takes care of them and teaches manners to them.
16. 개의 소리를 사람의 언어로 번역한다.
17. (1) Eunji was in the photography club when we were in middle school.
    (2) She loved taking pictures.
18. tour guide, tourists, places, leaving Korea

---

01 take care of: ~을 돌보다 / in front of: ~ 앞에서
   • 그가 휴가 중일 때 나는 그의 고양이를 돌볼 것이다.
   • 내 집 앞에는 아름다운 정원이 있다.

02 '단어를 한 언어에서 다른 언어로 바꾸다'는 '번역하다, 통역하다'이므로 translate가 알맞다.

03 (1) are의 과거형은 were (2) love의 과거형은 loved (3) get의 과거형은 got
   (1) 많은 사람들이 놀이공원에 있다.
   (2) 나의 할머니는 쿠키 굽는 것을 좋아하신다.
   (3) 아이들은 일찍 일어난다.

04 접속사 when으로 시작하는 부사절이 문장의 앞에 위치할 경우에는 뒤에 콤마(,)를 써서 주절과 부사절을 구분한다.

05 (1) 우주에서 여행하고 일하는 사람: 우주 비행사
   (2) 멋진 순간들을 사진으로 찍는 사람: 사진작가
   (3) 사람들에게 흥미로운 장소들에 대해 말하는 사람: 관광 가이드

06 (1) 장래 희망을 묻는 말은 What do you want to be in the future?이다.
   (2) 장래 희망을 말하는 표현은 I want to be a(n) ~.이다.

07 해석

> A: 우진아, 너는 스포츠에 관심이 있어?
> B: 응, 나는 농구에 관심이 있어. 나는 농구 선수가 되고 싶어.
> A: 멋지다!

'관심이 있는'이라는 의미의 interested가 알맞다.

08 ⓐ 주어가 We이므로 동사는 were가 알맞다.

ⓒ when he was young으로 보아 과거 시제이므로 had가 알맞다.

ⓔ '소희가 중학교에 다닐 때'라는 의미이므로 접속사 when이 알맞다.

ⓐ 우리는 20년 전에 같은 반이었다.

ⓑ 드론은 거의 어디든 갈 수 있다.

ⓒ 그는 개를 좋아했고, 어렸을 때 세 마리의 개가 있었다.

ⓓ 그는 개들을 이해할 때 행복함을 느낀다.

ⓔ 소희는 중학생 때 흥미로운 장소에 대해 우리에게 이야기하는 것을 좋아했다.

09 (1) Are you interested in ~?: 너는 ~에 관심이 있니?

(2) I want to be a(n) ~: 나는 ~이 되고 싶다

10 해석

> 오늘은 특별한 날이다. 중학교 동창회가 있기 때문이다! 우리는 20년 전에 같은 반이었다. 지금은 모두가 놀랄 만한 직업을 가지고 있다. 그것들에 대해 알아보자!

② 현재진행형이므로 are having이 알맞다.

③ 20 years ago가 있으므로 과거형 were가 알맞다.

11 해석

> B: 하은, 너는 그림 그리기에 관심이 있어?
> G: 응, 있어. 나는 화가가 되고 싶어.
> B: 멋지네.
> G: 너는 어때, 토니? 너는 미래에 무엇이 되고 싶어?
> B: 나는 디자이너가 되고 싶어. 나도 그림 그리기에 관심이 있어.

(1) I want to be a(n) ~: ~이 되고 싶다

(2) What do you want to be in the future?: 너는 미래에 무엇이 되고 싶니?

(3) I'm interested in ~: 나는 ~에 관심이 있다

[12-13] 해석

> 유미: 안녕, 민준. 내 역할 모델이 누구인지 맞춰볼래?
> 민준: 물론이야, 유미. 너는 무엇에 관심이 있어?
> 유미: 나는 우주에 관심이 있어.
> 민준: 너의 역할 모델의 직업은 뭐야?
> 유미: 그는 우주 비행사였어.
> (B) 그는 무엇으로 유명해?
> (C) 그는 달에 처음으로 간 사람이었어.
> (A) 알겠어. 너의 역할 모델은 닐 암스트롱이구나.
> (D) 맞아! 나는 그처럼 훌륭한 우주 비행사가 되고 싶어.

12 무엇으로 유명한지 묻고(B), 그에 대해 어떤 사람인지 대답하고(C), 추측한 것을 말하고(A), 추측이 맞는다고 대답하는(D) 흐름이 자연스럽다.

13 '나는 ~이 되고 싶다'는 의미의 I want to be를 먼저 쓰고, 되고 싶은 것 a great scientist를 쓴다. 이어서 '그처럼'이라는 의미의 like him을 쓴다.

14 해석

> A: 수호야, 너는 무엇에 관심이 있니?
> B: 나는 요리에 관심이 있어.
> A: 그렇구나. 너는 미래에 무엇이 되고 싶어?
> B: 나는 요리사가 되고 싶어. 너는 어때, 해린아?
> A: 나는 춤에 관심이 있어. 그래서 나는 댄서가 되고 싶어.
> B: 멋지다. 넌 할 수 있어!

(1) I'm interested in cooking.을 통해 알 수 있다.

(2) I'm interested in dancing.을 통해 알 수 있다.

(3) I want to be a cook.을 통해 알 수 있다.

(4) I want to be a dancer.를 통해 알 수 있다.

[15-16] 해석

> 지민이는 어떨까? 그는 개를 정말 좋아하는 사람이었고 세 마리의 개를 키웠다. 그는 지금 선생님이다. 그러나 그는 아이들을 가르치지 않는다. 그는 개를 가르친다! 그는 개를 돌보고 그들에게 예절을 가르친다. 그가 개들과 대화할 때, 그는 특별한 애플리케이션(응용 프로그램)을 사용한다. 그것은 개의 소리를 사람의 언어로 번역한다. 그는 그가 개의 말을 알아들을 때 행복을 느낀다.

15 '그는 그들을 돌본다.'라는 문장과 '그들에게 예절을 가르친다.'라는 문장을 접속사 and로 연결하면 된다. 따라서 He takes care of them 뒤에 and를 쓰고 teaches manners to them을 쓴다.

16 애플리케이션의 기능은 뒤에 나오는 문장 It translates dog sounds into human language.를 통해 알 수 있다.

17 해석

> 은지는 우리가 중학교에 다닐 때 사진 동호회에 있었다. 그녀는 사진 찍는 것을 정말 좋아했다. 지금 그녀는 드론 사진작가이다. 드론은 거의 어디든 갈 수 있다. 그래서 그녀는 높은 하늘에서 사진을 찍을 수 있다. 그녀는 멋진 순간들을 포착한다. 그녀의 사진들은 놀랍다!

(1) is의 과거형은 was이고, are의 과거형은 were이다.

(2) love의 과거형은 loved이다.

18 해석

> 소희는 관광 가이드로 일한다. 그녀는 전 세계를 여행한다. 그러나 그녀는 한국을 떠나지 않는다. 어떻게 그것이 가능할까? 그녀는 VR 세계에서 관광객들을 안내한다. 소희가 중학교에 다닐 때, 그녀는 흥미로운 장소에 대해 우리에게 말하는 것을 좋아했다. 지금 그녀는 관광객에게 같은 것을 한다. 그녀는 그들을 멀고 위험한 장소에도 데려간다. 그녀는 심지어 화성으로 여행을 간다. 그건 흥미롭게 들린다!

→ 소희는 VR 관광 가이드로, 한국을 떠나지 않고도 화성과 같은 신나는 장소로 관광객들을 안내한다.

교과서 어휘 익히기 —————— pp. 56-57

STEP 1

A 01. ~에 따르다 02. 외치다 03. 흔한 04. 착지하다 05. 쉬는 시간 06. 문제 07. 신이 난 08. 발생하다 09. 천 10. 미끄러운 11. 계단 12. 큰 목소리로 13. ~을 집다, ~을 들어 올리다 14. 기억하다 15. 흐린, 구름이 낀 16. 신호등 17. ~에 의지하다, ~을 계속 잡고 있다 18. accident 19. promise 20. sign 21. earthquake 22. outside 23. safety 24. bump 25. sidewalk 26. spill 27. injure 28. example 29. crosswalk 30. put on 31. ankle 32. cover 33. slip 34. slow down

B 01. spilled 02. stairs, slipped 03. examples, accidents

STEP 2

A 01. bump 02. promise 03. ankle 04. sidewalk 05. break 06. spill

B 01. injure 02. safety 03. remember 04. common 05. slippery 06. accident

C 01. ② 02. ⑤ 03. ④

D 01. ② 02. ③

E 01. slow down 02. put on 03. Hold on to

A

01 그녀는 친구와 부딪치지 않았다.
02 그는 나를 돕겠다는 약속을 지켰다.
03 나는 놀다가 발목을 다쳤다.
04 도로가 아닌 인도로 걸어주세요.
05 잠시 쉬면서 간식을 먹자.
06 카펫에 음료를 쏟지 않도록 조심해라.

B

01 부상을 입히다: 자신이나 다른 사람을 다치게 하다
02 안전: 안전한 상태
03 기억하다: 무언가를 마음속에 간직하다
04 흔한: 자주 일어나거나 여러 곳에서 흔히 발견되는
05 미끄러운: 젖고 매끄러워서 넘어지기 쉬운
06 사고: 우연히 발생하는 나쁜 일

C

01 ①, ③, ④, ⑤는 모두 학교 내의 장소를 말하는 단어인 반면, ②는 '박물관'이라는 뜻으로 성격이 다르다.
02 ①, ②, ③, ④는 신체 부위를 말하는 단어인 반면, ⑤는 '육지'라는 뜻으로 성격이 다르다.
03 ①, ②, ③, ⑤는 스포츠를 말하는데, ④는 '사고'라는 뜻으로 성격이 다르다.

D

01 remember(기억하다)의 반대말은 forget(잊다)이다.
02 wet(젖은)의 반대말은 dry(마른)이다.

E

01 '속도를 늦추다'는 slow down이다.
02 '~을 입다'는 put on이다.
03 '~에 의지하다, ~을 계속 잡고 있다'는 hold on to이다.

교과서 의사소통 표현 —————— pp. 58-59

FUNCTION 1 경고하기

Check-Up 01. ⓒ 02. ⓑ

01 Watch out!과 바꿔 쓸 수 있는 말은 Be careful!이다.
02 (B) 나 길을 건널 거야. – (A) 조심해! 차가 오고 있어! – (C) 고마워! 차가 지나갈 때까지 기다릴게.

FUNCTION 2 충고하고 답하기

Check-Up 01. ⓑ 02. You should not eat too much sugar.

01 충고의 말을 따를 때 할 수 있는 응답이므로 빈칸에는 충고하는 말이 와야 한다. ⓑ는 상대방에게 제안하는 표현으로 빈칸에는 올 수 없다.
02 '~하지 마라'라고 충고하는 표현은 「You should not+ 동사원형 ~.」으로 쓴다.

교과서 대화문 익히기 —————— pp. 63-65

01. ② 02. ③ 03. ① 04. ② 05. ② 06. ③ 07. ③ 08. ③ 09. ② 10. ④ 11. (B)-(C)-(A)-(D) 12. ③ 13. ②, ③ 14. should not 15. ⑤ 16. slippery, water 17. ② 18. What should I do next? 19. ⑤

01 Be careful!: 조심해! (= Watch out!)
① 천천히 해! ③ 즐거운 시간을 보내! ④ 행운을 빌어! ⑤ 걱정하지 마!
02 Be careful!은 경고하는 표현으로 나머지는 모두 경고에 대해 고마워하며 주의하겠다고 말하는 표현인 반면, ③은 상대방에게 더 주의하라고 말하고 있으므로 응답으로 자연스럽지 않다.
03 You should ~.는 상대방에게 충고할 때 사용하는 표현이며 이에 대한 적절한 응답은 ① '알았어, 그럴게.'이다.
04 미끄러운 도로 위에 발을 내딛으려고 하는 아이에게 할 수 있는 말은 ② '조심해!'가 알맞다.
05 헬멧을 쓰지 않고 자전거를 타고 있는 아이에게 할 수 있는 말로 알맞은 것은 ② '헬멧을 써야 해.'이다.
06 ③ 속도를 줄이라고 말했는데 그러겠다고 답한 후 속도를 올리겠다고 말하는 것은 자연스럽지 않다.
① A: 조심해. 빨간불이야.
B: 오, 고마워.

② A: 무슨 일이에요?

    B: 당신이 너무 빠르게 운전하고 있어요.

③ A: 속도를 줄여야 해요.

    B: 알겠어요, 더 빨리 갈게요.

④ A: 녹색불일 때 건너야 해.

    B: 알았어, 그렇게 할게.

⑤ A: 걸을 때는 스마트폰을 사용하지 말아야 해.

    B: 알았어, 사용하지 않을게.

07 A: 수영장 근처에서는 뛰지 말아야 해. <u>미끄럽거든.</u>

    B: 알겠어, 뛰지 않을게.

    수영장에서 뛰지 말라고 말하는 상황이므로 ③ '바닥이 미끄러워서'가 빈칸에 알맞다.

08 해석

> W: 짐, 조심해!
>
> M: 무슨 문제야?
>
> W: 너무 빠르게 운전하고 있어. 우리는 어린이보호구역에 있어. <u>속도를 줄여야 해.</u>
>
> M: 오, 맞아. 이 근처에 아이들이 많이 있어. 고마워.

    ③ You should slow down.은 짐에게 하는 조언으로, 어린이보호구역에서 너무 빨리 운전하고 있다는 말 직후에 오는 것이 가장 자연스럽다.

[09-10] 해석

> A: 이봐, 유리야. 조심해.
>
> B: 무슨 일인데, 기훈?
>
> A: 이 안전 표지판을 봐. 머리를 조심해야 해.
>
> B: 알겠어, 조심할게.

09 기훈이 유리에게 머리를 조심하라고 경고하는 안전에 관한 대화이므로 ② '안전 경고'가 정답이다.

    ① 교통사고 ③ 학교 프로젝트 ④ 스포츠 활동 ⑤ 생일 파티

10 ④가 유리가 기훈의 경고를 진지하게 받아들이고, 안전에 주의를 기울이겠다는 의지를 보여준 그녀의 응답과 가장 일치하는 행동이다.

11 (B) 조심해! 빨간 불이야. - (C) 오, 고마워. - (A) 녹색불이 될 때까지 기다려야 해. - (D) 알겠어, 기다릴게.

[12-13] 해석

> G: 안녕, 루카스.
>
> B: 안녕, 에이미. 갈 준비 됐어?
>
> G: 물론이지! 하지만 먼저 헬멧을 써야 해.
>
> B: 알겠어, 쓸게.
>
> G: 그리고 조심해. 차가 오고 있어. 차를 조심해야 해.
>
> B: 고마워. 오, 저 표지판을 봐. 저쪽에 자전거 전용도로가 있어.
>
> G: 응, 보이네. 우리는 자전거 전용도로에서 자전거를 타야 해.
>
> B: 알겠어. 가자.

12 '~해야 한다'는 의미로 충고할 때 쓰는 조동사는 should이다.

13 But you should put on a helmet first., You should watch out for cars.로 미루어 보아 에이미가 루카스에게 한 조언으로 알맞은 것은 ②와 ③이다.

[14-15] 해석

> G: 데이비드, 조심해! 빨간 불이야.
>
> B: 오, 그래? 말해줘서 고마워.
>
> G: 걸을 때는 스마트폰을 사용해서는 안 돼. <u>위험해.</u>
>
> B: 알겠어, 사용하지 않을게.

14 '~해서는 안 된다'라는 의미의 말이 필요하므로 빈칸에는 should not이 알맞다.

15 걸을 때 스마트폰을 사용하면 위험하다는 대화의 흐름이므로 빈칸에는 ⑤ '위험한'이 자연스럽다.

16

> B: 조심해, 민지야.
>
> G: 왜?
>
> B: 인도가 미끄러워. 물이 있어. 조심해서 걸어야 해.
>
> G: 알겠어, 조심할게.

B가 민지에게 보도가 미끄럽다고 경고하는 이유는 보도 위에 물이 있어서이다. 질문에 대한 답변은 '보도에 물(water)이 있기 때문에 미끄럽다(slippery).'가 적절하다.

[17-19] 해석

> B: 나는 오늘 화재 안전에 대해 배웠어.
>
> G: 오! 그것에 대해 내게 말해줘.
>
> B: 물론이지. 만약 네가 불을 보게 된다면, 너는 119에 전화하고 큰 소리로 '불이야!'라고 외쳐야 해.
>
> G: 알겠어. 그다음에 내가 무엇을 해야 해?
>
> B: 너는 젖은 천으로 네 코와 입을 가려야 해. 그리고 나서 너는 빨리 밖으로 나가야 돼.
>
> G: 이해했어.
>
> B: 또한, 너는 계단을 이용해야 해.
>
> G: 알겠어. 내가 그 수칙들을 기억해서 화재 시 주의할게.

17 두 사람이 화재 발생 시 취해야 할 안전 조치들에 대해 이야기하고 있으므로 정답은 ②이다.

18 「의문사+조동사+주어+동사원형 ~?」의 어순으로 쓴다.

19 창문을 깨라는 말은 대화에 없으므로 ⑤가 정답이다.

교과서 문법 ——————— pp. 66-69

Point 1 동사의 목적어로 쓰이는 to부정사

Check-Up

A 01. ○ 03. ○ 04. ○

B 01. to get 02. to learn 03. to buy
    04. to listen[listening] 05. to go

C 01. watched → to watch
    02. reading → to read
    03. wash → to wash
    04. cooks → to cook
    05. visiting → to visit

D 01. She wants to visit the new restaurant.

02. We plan to go hiking in the mountains.

03. I hope to see you at the party tomorrow.

04. It is easy to make cookies.

A

01 목적어 역할을 하는 to부정사이다.

우리는 큰 텐트를 사야 한다.

02 주어 역할을 하는 to부정사이다.

여기서 수영하는 것은 매우 위험하다.

03 목적어 역할을 하는 to부정사이다.

그녀는 패션 모델이 되고 싶어 한다.

04 목적어 역할을 하는 to부정사이다.

우리는 세계 여행을 하기를 바란다.

05 보어 역할을 하는 to부정사이다.

나의 직업은 중학교에서 영어를 가르치는 것이다.

B

hope, want, need, plan은 to부정사를 목적어로 취하는 동사이다. love 는 to부정사와 동명사를 모두 목적어로 취하는 동사이다.

C

want, plan, need, hope는 to부정사를 목적어로 취하는 동사이다.

D

01~03 모두 주어와 동사를 쓴 후 목적어 역할을 하는 to부정사를 연결하 여 문장을 완성한다.

04 「가주어 It, 진주어 to부정사」 구문이다.

Point 2 조동사 should, will

Check-Up ♥

A 01. will be   02. will not   03. should not eat
04. remember

B 01. will   02. won't   03. shouldn't   04. should

C 01. won't watch   02. should not run   03. will not come
04. shouldn't talk

D 01. will not eat   02. should not forget   03. won't come
04. shouldn't take

A

01 will은 조동사이므로 뒤에 동사원형 be가 와야 한다.

02 will의 부정형은 will not 또는 won't이다. willn't로 줄여 쓰지 않도록 주의한다.

03 조동사의 부정은 조동사 바로 뒤에 not을 쓰고 이어서 동사원형을 쓴다.

04 조동사는 주어의 인칭에 관계없이 항상 동사원형을 쓴다.

B

01 월요일은 흐린 날씨이므로 will이 알맞다.

02 화요일은 흐리지만 비가 오지는 않으므로 won't가 알맞다.

03 목요일은 비가 오므로 우산을 챙기는 것을 잊어서는 안 된다고 해야 하므 로 부정형 shouldn't가 알맞다.

04 금요일에는 날씨가 화창하므로 소풍을 가야 한다는 긍정의 should가 알 맞다.

C

01 will의 부정형은 will not 또는 won't인데 빈칸이 두 개이므로 축약형 won't를 쓴다.

02 should의 부정형은 should not이다.

03 will의 부정형은 will not이다.

04 should의 부정형은 should not 또는 shouldn't인데 빈칸이 두 개이 므로 shouldn't를 쓴다.

D

01 먹지 않을 것이라고 부정의 의지를 나타내고 있으므로 will not eat이 알 맞다.

02 잊지 말아야 한다는 충고의 말이므로 should not forget이 알맞다.

03 오지 않을 것이라는 부정의 의지를 나타내고 있으므로 won't come이 알맞다.

04 사진을 찍지 말아야 한다는 충고의 말이므로 shouldn't take가 알맞다.

교과서 문법 익히기 ──────────── pp. 70~71

01. ⑤   02. ②   03. ④   04. ③   05. ③   06. ⑤   07. ②   08. (1) (s)hould   (2) (w)ill   09. ③   10. ②   11. ⑤   12. ④   13. ⑤   14. ②   15. to watch   16. You should not talk during the movie.

01 plan은 to부정사를 목적어로 취하는 동사이므로 ⑤가 빈칸에 알맞다.

02 want는 to부정사를 목적어로 취하는 동사이므로 빈칸에는 ②가 알맞다.

03 여행을 좋아한다고 말한 후에 바로 이어서 영어 선생님이 되고 싶다고 말 하는 것은 직접적인 관련이 없으므로 ④가 정답이다.

04 ③을 제외한 나머지는 모두 빈칸에 들어가서 자연스러운 문장을 만든다. will의 부정형은 will not 또는 won't이다. ③ willn't는 적절하지 않은 표현이다.

05 ③ 조동사는 주어의 인칭에 상관없이 형태가 변하지 않으며 뒤에는 동사 원형을 쓴다. 따라서 will buy가 되어야 한다.

① 그녀는 오늘 밤 저녁을 요리하지 않을 것이다.

② 그들은 내년에 일본으로 여행할 것이다.

③ 그는 이번 달에 새 차를 살 것이다.

④ 나는 저녁식사 전에 디저트를 먹지 않을 것이다.

⑤ 우리는 이번 주말에 박물관을 방문할 것이다.

06 ⑤ 주어의 인칭에 상관없이 should나 should not 뒤에는 동사원형만 올 수 있다.

① 그들은 휴식을 취하고 편안히 쉬어야 한다.

② 너는 물을 좀 더 마셔야 한다.

③ 우리는 월요일에 소풍을 가지 말아야 한다.

④ 당신은 여기서 전화를 받지 말아야 한다.

⑤ 그는 여기서 사진을 찍지 말아야 한다.

07 캥거루가 출몰할 수 있으니 주의하라는 의미의 표지판이므로 ② '너는 캥거루를 조심해야 해!'가 알맞다.

08 (1) '~해야 한다'라는 의미로 충고를 말할 때는 should를 쓴다.

(2) '~할 것이다'라는 의미로 의지를 나타낼 때는 will을 쓴다.

A: 이 안전 표지판을 봐. 너는 머리를 조심해야 해.

B: 알았어, 그렇게.

09 빈칸 뒤에 to부정사가 왔으므로 enjoy는 빈칸에 올 수 없다. enjoy는 to부정사가 아닌 동명사를 목적어로 취하는 동사이다.

10 빈칸 뒤에 동사원형이 왔으므로 빈칸에는 조동사만 올 수 있다. want는 to부정사를 목적어로 취하는 동사이므로 빈칸에 쓸 수 없다.

11 계단을 뛰어가다가 넘어진 민지에게 어울리는 안전 수칙은 '학생들은 계단에서 뛰어서는 안 된다.'이므로 should not이 알맞다.

12 농구를 하다가 발목을 다친 진호에게 어울리는 안전 수칙은 '학생들은 운동을 하기 전에 준비 운동을 해야 한다.'이므로 should가 알맞다.

13 ⑤는 보어 역할을 하는 to부정사이고, 나머지는 모두 목적어 역할을 하는 to부정사이다.

① 우리는 이번 주말에 해변에 가기를 원한다.

② 그들은 방과 후에 축구하는 것을 좋아한다.

③ 나는 여가 시간에 책 읽는 것을 아주 좋아한다.

④ 당신은 저녁을 위해 고기를 좀 사야 한다.

⑤ 내 취미는 외국 동전을 수집하는 것이다.

14 첫 번째 빈칸은 조동사 뒤이므로 동사원형 eat가 알맞고, 두 번째 빈칸은 want 뒤이므로 to learn이 알맞다.

15 want는 to부정사를 목적어로 취하는 동사이므로 빈칸에는 to watch가 알맞다.

16 '~해서는 안 된다'는 「should not+동사원형」이므로 should not talk가 되어야 한다. 따라서 You should not talk during the movie.가 알맞다.

교과서 본문 분석 ———————— pp. 72-73

Q1. 흔한 사고들에 대해 알아야 한다.

Q2. 체육 시간 (PE classes)

Q3. 뜨거운 수프를 팔에 쏟았다.

Q4. 복도에서 스마트폰을 보면서 걸어가다가 벽에 부딪쳤다.

Q5. 첫 번째 약속

교과서 본문 익히기 ❶ ———————— pp. 74-75

01. have 02. sometimes 03. to know 04. learn 05. during 06. when 07. walking 08. injure 09. about 10. how 11. basketball 12. landed 13. his 14. bowl 15. bumped 16. on 17. down 18. at 19. Be 20. into 21. ended 22. quickly 23. slipped 24. examples 25. below 26. should 27. Safety 28. before 29. around 30. when 31. will

교과서 본문 익히기 ❷ ———————— pp. 76-77

01. Many students have fun at school.

02. But sometimes, dangerous accidents happen.

03. So we need to know about common accidents. Let's learn!

04. Many school accidents happen in PE classes, at lunchtime, or during break.

05. Students get injuries when they play soccer, basketball, or dodgeball.

06. Accidents also happen when students are walking!

07. Students injure their fingers, ankles, and knees.

08. Now we know about common school accidents.

09. But how do they happen?

10. Jinho played basketball.

11. He jumped but landed the wrong way.

12. He injured his ankle!

13. Sora picked up a bowl of hot soup.

14. Oops! She bumped into Jaemin!

15. Sora spilled the hot soup on her arm.

16. Homin walked down the hallway.

17. He looked at his smartphone.

18. Be careful, Homin! Ouch! He bumped into the wall.

19. The school day ended.

20. Minji wanted to go home quickly.

21. She ran down the stairs and slipped!

22. We looked at some examples of accidents at school.

23. Now write the safety promises below.

24. You should keep them!

25. My Safety Promises

26. I will warm up before I play sports.

27. I will look around carefully when I am holding hot soup.

28. I will not use my smartphone when I walk.

29. I will not run on the stairs.

교과서 본문 외 지문 분석 ———————— p. 79

Real-Life Communication_Presentation Time!

① Remember ② should ③ hold on to

After You Read_C

④ During break ⑤ happen ⑥ go up or down

⑦ should not play with

Think & Write_Step 1

⑧ am planning to ⑨ for my safety ⑩ weather report

⑪ be careful of ⑫ make a fire ⑬ safe summer vacation

01. ④   02. ②   03. ①   04. ⑤   05. Hold on to   06. ③   07. ⑤
08. ④   09. ⑤   10. ②   11. What's the matter?   12. I will
13. ③   14. ④   15. to visit, to find   16. ③   17. ④   18. I want
to read more books this year.   19. You should follow the
safety rules.   20. to know   21. ②   22. accident   23. ④
24. ②   25. ③   26. the safety promises   27. I will warm up
before I play sports.   28. I won't run on the stairs.

01 ④ learn(배우다)의 반대말은 teach(가르치다)이다.

① 젖은 – 마른 ② 바깥쪽 – 안쪽 ③ 안전한 – 위험한

⑤ 기억하다 – 잊어버리다

02 '자신이나 다른 사람을 다치게 하다'는 '부상을 입다[입히다]'이므로 ②가 정답이다.

03 '일이나 놀이로부터의 짧은 휴식'은 '쉬는 시간'이므로 ①이 정답이다. break는 '깨지다'라는 동사의 의미도 가진다.

04 모두 자전거 안전 수칙이므로 빈칸에는 ⑤ 'safety(안전)'가 알맞다.

05 '~을 계속 잡고 있다'는 hold on to이다.

06 ③ Be careful!은 위험한 상황에 대해 경고하는 표현이므로 바꿔 쓸 수 있는 말은 Watch out!이다.

07 ⑤ 수영장 근처에서 뛰지 말라는 말에 대해 '알았어, 그럴게.'라고 답하는 것은 어색하다. Okay. I won't.가 알맞은 응답이다.

① A: 조심해서 걸어야 해.

B: 알았어, 그렇게 할게.

② A: 조심해! 정말 뜨거워.

B: 오, 고마워. 조심할게.

③ A: 무슨 일이야?

B: 너무 빠르게 운전하고 있어.

④ A: 조심해! 빨간불이야.

B: 오, 고마워.

⑤ A: 수영장 근처에서 뛰지 말아야 해.

B: 알았어, 그렇게 할게.

08 지진 안전에 관한 포스터를 만들겠다고 말하는 A의 말에 B가 Yes.라고 답한 후 이어질 응답이므로 ④ '지진 안전 수칙에는 어떤 것들이 있어?'가 가장 자연스럽다.

09 A가 '저기 자전거 전용도로가 있어.'라고 말했을 때 알맞은 B의 응답이므로 ⑤ '자전거 전용도로에서 자전거를 타야 해.'가 가장 자연스럽다.

[10-11] 해석

> W: 짐, 조심해!
>
> M: 무슨 문제야?
>
> W: 너무 빠르게 운전하고 있어. 우리는 어린이보호구역에 있어. <u>속도를 줄여야 해.</u>
>
> M: 오, 맞아. 이 근처에 아이들이 많이 있어. 고마워.

10 대화의 흐름상 속도를 늦추라고 하는 게 자연스러우므로 빈칸에는 ②가 알맞다.

11 '무슨 문제야?'는 What's the matter?이다.

12 인도가 미끄러우니 조심해서 걸어야 한다는 말에 대한 응답이므로 '알겠어, 조심할게.'가 자연스럽다. 따라서 빈칸에는 I will이 알맞다.

A: 인도가 미끄러워. 물이 있어. 조심해서 걸어야 해.

B: 알았어, 그렇게 할게.

13 해석

> G: 안녕, 루카스.
>
> B: 안녕, 에이미. 갈 준비 됐어?
>
> G: 물론이지! 하지만 먼저 헬멧을 써야 해.
>
> B: 알겠어, 쓸게.
>
> G: 그리고 조심해. 차가 오고 있어. 차를 조심해야 해.
>
> B: 고마워. 오, 저 표지판을 봐. 저쪽에 자전거 전용도로가 있어.
>
> G: 응, 보이네. 우리는 자전거 전용도로에서 자전거를 타야 해.
>
> B: 알겠어. 가자.

③ look at은 '~을 보다'라는 뜻이므로 바르지 않다.

14 hope는 to부정사를 목적어로 취하는 동사이므로 ④가 정답이다.

나는 여행하는 것을 좋아해. 나는 관광 가이드가 되기를 바라.

15 plan과 hope는 모두 to부정사를 목적어로 취하는 동사이다.

• 우리는 이번 주말에 박물관을 방문할 계획이다.

• 그녀는 곧 새 직업을 찾기를 바란다.

16 첫 번째 빈칸에는 '~할 것이다'라는 의미의 조동사 will이 알맞다.

두 번째 빈칸에는 '~해야 한다'라는 의미의 조동사 should가 알맞다.

17 ⓑ와 ⓓ는 목적어 역할을 하는 to부정사, ⓐ는 주어 역할을 하는 to부정사, ⓒ는 보어 역할을 하는 to부정사이다.

ⓐ 축구를 하는 것은 정말 신난다.

ⓑ 나는 점심으로 스파게티와 탄산음료를 먹고 싶다.

ⓒ 내 취미는 사진을 찍는 것이다.

ⓓ 나는 애니메이션 영화를 보는 것을 아주 좋아한다.

18 I want 뒤에 목적어 역할을 하는 to read를 쓰고, 이어서 more books와 this year를 쓴다.

19 주어 You 뒤에 조동사 should와 동사원형 follow를 쓰고, 목적어 the safety rules를 쓴다.

20 해석

> 많은 학생들이 학교에서 즐거운 시간을 보내. 하지만 때때로 위험한 사고가 발생하지. 그래서 우리는 흔한 사고들에 대해 알 필요가 있어. 배워 보도록 하자!

need는 to부정사를 목적어로 취하는 동사이므로 빈칸에는 to know가 알맞다.

[21-22] 해석

> **시간** 많은 학교 사고들이 체육 시간(44%), 점심시간(17%), 또는 쉬는 시간(10%) 동안 발생해.
>
> **원인** 학생들은 그들이 축구(19%), 농구(15%), 또는 피구(9%)를 할 때 부상을 입어. 학생들이 걸을 때(12%)에도 사고가 발생해!
>
> **부상** 학생들은 그들의 손가락(23%), 발목(22%), 무릎(6%)에 부상을 입어.

21 (A) 사고가 발생하는 시간 (B) 사고의 원인 (C) 부상 유형

22 '우연히 발생하는 나쁜 일'은 '사고'를 말하므로 accident가 알맞다.

[23-24] 해석

> 이제 우리는 흔한 학교 사고들에 대해 알아. 하지만 어떻게 그것들이 발생할까?
>
> (오전 10시, 체육 수업) 진호가 농구를 했어. 그는 점프를 했는데 잘못된 방향으로 착지했어. 그는 발목에 부상을 입었어!
>
> (오후 12시 30분, 점심시간) 소라는 뜨거운 국 한 그릇을 집었어. 이런! 그녀는 재민이와 부딪쳤어! 소라는 그녀의 팔에 뜨거운 국을 쏟았어.

23 ④ '뜨거운 국 한 그릇'은 a bowl of hot soup이므로 ⓓ는 piece가 아니라 bowl이 되어야 한다.

24 두 사건이 서로 대조되는 상황을 나타내고 있으므로 빈칸에는 But[but]이 알맞다.

[25-26] 해석

> (오후 2시, 쉬는 시간) 호민이는 복도를 걸어갔어. 그는 그의 스마트폰을 보고 있었지. 조심해, 호민아! 아야! 그는 벽에 부딪혔어.
> (오후 3:10, 방과 후) 학교 수업이 끝났어. 민지는 집에 빨리 가기를 원했어. 그녀는 계단을 뛰어 내려갔고 미끄러졌어!
> 우리는 학교에서 발생하는 사고의 몇 가지 예시들을 살펴봤어. 이제 안전 약속들을 아래에 적어봐. 그것들을 꼭 지켜야 해!

25 ⓒ wanted의 ed는 [id]로 발음되고, 나머지는 모두 [t]로 발음된다.

26 them은 앞 문장에서 나온 the safety promises를 가리킨다.

[27-28] 해석

> 나의 안전 약속들
> 하나: 나는 운동을 하기 전에 준비 운동을 할 것이다.
> 둘: 나는 내가 뜨거운 국을 잡고 있을 때 주의 깊게 주변을 살펴볼 것이다.
> 셋: 나는 걸을 때 스마트폰을 사용하지 않을 것이다.
> 넷: 나는 계단에서 뛰지 않을 것이다.

27 before를 기준으로 앞에 '준비 운동을 할 것이다'를 쓰고 뒤에 '운동을 하다'를 쓰면 된다.

28 will not의 줄임말은 won't이다.

영역별 실전 2회
pp. 84-87

01. ⑤ 02. ③ 03. ② 04. ⑤ 05. slippery 06. ② 07. ③
08. should 09. will 10. ② 11. ④ 12. ④ 13. (A)-(D)-(B)-(C)
14. ⑤ 15. ③ 16. to travel, to finish 17. ③ 18. ④ 19. I won't[will not] play video games before I finish my homework. 20. You shouldn't[should not] eat too much junk food. 21. So we need to know about common accidents. 22. ③ 23. ② 24. ⑤ 25. ② 26. ② 27. wanted to go 28. ③ 29. ②

01 '~을 입다[쓰다]'는 put on이다.

02 '도로 옆에 있는 사람들이 걸어 다니는 길'은 '인도'이므로 ③이 정답이다.

03 '무언가를 마음속에 간직하다'는 '기억하다'이므로 ②가 정답이다.

04 첫 번째 문장은 '조심해.'라는 뜻으로 be동사 뒤에는 형용사 careful이 알맞다. 두 번째 문장은 동사 drives를 수식하는 부사 carefully가 알맞다.

05 비 때문에 도로가 매우 미끄럽다. / 빈칸에는 '미끄러운'이라는 의미의 형용사가 필요하므로 slippery가 알맞다.

06 ② 녹색불이 될 때까지 기다려야 한다는 A의 말에 대한 알맞은 응답은 Okay, I will.이다.

07 A: 조심해! 차가 오고 있어!
B: 오, 고마워.
A: 도로 가까이에서 놀면 안 돼.
B: 알았어, 그러지 않을게.

08 A: 이 안전 표지판을 봐. 머리를 조심해야 해.
B: 오, 표지판을 못 봤어. 나한테 말해줘서 고마워.
'~해야 한다'라는 의미의 조동사는 should이다.

09 A: 조심해! 구멍이 있어. 발밑을 조심해!
B: 알았어, 그럴게.
'~할 것이다'라는 의미의 조동사는 will이다.

[10-12] 해석

> B: 나는 오늘 화재 안전에 대해 배웠어.
> G: 오! 그것에 대해 내게 말해줘.
> B: 물론이지. 만약 네가 불을 보게 된다면, 너는 119에 전화하고 큰 소리로 '불이야!'라고 외쳐야 해.
> G: 알겠어. 그다음에 내가 무엇을 해야 해?
> B: 너는 젖은 천으로 네 코와 입을 가려야 해. 그리고 나서 너는 빨리 밖으로 나가야 돼.
> G: 이해했어.
> B: 또한, 너는 계단을 이용해야 해.
> G: 알겠어. 내가 그 수칙들을 기억해서 화재 시 주의할게.

10 대화에서 B가 화재 발생 시 대처 방법(119에 전화하기, '불이야!'라고 외치기, 젖은 천으로 코와 입 가리기, 계단 사용하기 등)을 설명하고 있으므로 ② 'fire safety(화재 안전)'가 빈칸에 적절하다.

11 '그다음에 내가 무엇을 해야 해?'라는 말에 대해 '너는 젖은 천으로 네 코와 입을 가려야 해.' 다음에 '그리고 나서 너는 빨리 밖으로 나가야 돼.'라는 조언이 붙는 것이 자연스럽다.

12 ④ 화재 시에는 엘리베이터가 아니라 계단을 이용해야 한다고 말하고 있다.

13 (A) 조심해, 민지. - (D) 왜? - (B) 인도가 미끄러워. 물이 있어. 조심해서 걸어야 해. - (C) 알겠어, 조심할게.

14 ⑤ want는 to부정사를 목적어로 취하는 동사이다.
나는 동물원에 갈 계획이다. 나는 거기서 많은 동물들을 보고 싶다.

15 ③ need는 to부정사를 목적어로 취하는 동사이다.

16 want와 plan은 모두 to부정사를 목적어로 취하는 동사이다.
· 그녀는 내년에 프랑스로 여행하고 싶어 한다.
· 나는 저녁식사 전에 숙제를 끝낼 계획이다.

17 첫 번째 빈칸에는 '~하지 않을 것이다'라는 의미의 조동사 will not 또는 won't가 알맞다. 두 번째 빈칸에는 '~해서는 안 된다'라는 의미의 조동사 should not 또는 shouldn't가 알맞다.

18 ⓔ want는 to부정사를 목적어로 취하는 동사이므로 eating이 아니라 to eat이 되어야 한다.
ⓐ 너는 학교에 늦지 말아야 한다.
ⓑ 나는 드럼 치는 것을 아주 좋아한다.
ⓒ 내 꿈은 과학자가 되는 것이다.
ⓓ 그들은 곧 공항에 도착할 것이다.
ⓔ 나는 고급 레스토랑에서 외식하고 싶다.

19 will의 부정형은 will not 또는 won't이다.

20 should의 부정형은 should not 또는 shouldn't이다.

21 해석

> 많은 학생들이 학교에서 즐거운 시간을 보내. 하지만 때때로 위험한 사고가 발생하지. 그래서 우리는 흔한 사고들에 대해 알 필요가 있어. 배워보도록 하자!

need는 to부정사를 목적어로 취하는 동사이므로 know가 아니라 to know가 되어야 한다.

> **시간** 많은 학교 사고들이 체육 시간(44%), 점심시간(17%), 또는 쉬는 시간(10%) 동안 발생해.
> **원인** 학생들은 그들이 축구(19%), 농구(15%), 또는 피구(9%)를 할 때 부상을 입어. 학생들이 걸을 때(12%)에도 사고가 발생해!
> **부상** 학생들은 그들의 손가락(23%), 발목(22%), 무릎(6%)에 부상을 입어.

22 ⓒ '~ 동안'이라는 의미의 전치사는 for와 during이다. for 뒤에는 숫자가 나오고, 기간을 나타내는 말이 오면 during이 온다.

23 사고 발생의 10%가 쉬는 시간에 일어나므로 ②가 일치하지 않는 내용이다.

[24-25] 해석

> 이제 우리는 흔한 학교 사고들에 대해 알아. 하지만 어떻게 그것들이 발생할까?
> (오전 10시, 체육 수업) 진호가 농구를 했어. 그는 점프를 했는데 잘못된 방향으로 착지했어. 그는 발목에 부상을 입었어!
> (오후 12시 30분, 점심시간) 소라는 뜨거운 국 한 그릇을 집었어. 이런! 그녀는 재민이와 부딪쳤어! 소라는 그녀의 팔에 뜨거운 국을 쏟았어.

24 ⓔ에는 내용상 '엎지르다'라는 의미의 spill의 과거형 spilled가 적절하다. slipped는 '미끄러졌다'라는 의미이다.

25 '뜨거운 국 한 그릇'은 a bowl of soup이다.

[26-27] 해석

> (오후 2시, 쉬는 시간) 호민이는 복도를 걸어갔어. 그는 그의 스마트폰을 보고 있었지. 조심해, 호민아! 아야! 그는 벽에 부딪쳤어.
> (오후 3:10, 방과 후) 학교 수업이 끝났어. 민지는 집에 빨리 가기를 원했어. 그녀는 계단을 뛰어 내려갔고 미끄러졌어!
> 우리는 학교에서 발생하는 사고의 몇 가지 예시들을 살펴봤어. 이제 안전 약속들을 아래에 적어봐. 그것들을 꼭 지켜야 해!

26 Now write the safety promises below.로 보아 이어질 내용은 ② '안전 약속들'이라는 것을 알 수 있다.

27 과거형 문장이므로 동사 wanted를 쓴다. want는 to부정사를 목적어로 취하는 동사이므로 to go가 알맞다.

[28-29] 해석

> 나의 안전 약속들
> 하나: 나는 운동을 하기 전에 준비 운동을 할 것이다.
> 둘: 나는 내가 뜨거운 국을 잡고 있을 때 주의 깊게 주변을 살펴볼 것이다.
> 셋: 나는 걸을 때 스마트폰을 사용하지 않을 것이다.
> 넷: 나는 계단에서 뛰지 않을 것이다.

28 제목 My Safety Promises로 보아 빈칸 (A)에는 '~할 것이다'라는 의미로 주어의 의지를 나타내는 will이 알맞고, 빈칸 (B)에는 '~하지 않을 것이다'라는 의미의 will not이 알맞다.

29 ⓑ는 동사 look around를 수식하는 말이므로 형용사 careful이 아니라 부사 carefully가 되어야 한다.

내신100신 실전 1회　pp. 88-92

01. ③　02. ⑤　03. ③　04. ②　05. ②　06. ①, ⑤　07. ④　08. (D)-(A)-(B)-(C)　09. (A) careful　(B) carefully　10. ④　11. ④　12. ②, ⑤　13. ②　14. ③　15. ④　16. put on a helmet　17. ①, ④　18. ④　19. break　20. ③　21. picked up a bowl of hot soup　22. ③　23. ③　24. ⑤　25. ④　26. Minji wanted to go home quickly.　27. stair(s)　28. I will not use my smartphone when I walk.　29. ③　30. ①

01 '엎질렀다'라는 말이 필요하므로 ③이 알맞다.

02 hold on to는 '~에 의지하다, ~을 계속 잡고 있다'라는 뜻이므로 ⑤가 정답이다.

03 '실수로 무언가를 치다'는 ③ '부딪치다'의 영영풀이다.

04 '자주 일어나거나 여러 곳에서 흔히 발견되는'은 ② '흔한'의 영영풀이다.

05 Be quiet!는 '조용히 해!'라는 의미로, 위험한 상황에서 상대방에게 조심하라고 주의를 줄 때 사용하는 나머지 표현들과 성격이 다르다.

06 자전거 전용도로에서 헬멧을 착용하고 자전거를 타고 있으므로 관련 있는 안전 수칙은 ①과 ⑤이다.

07 빨간 불이 켜진 상태에서 경고하는 말이므로 빈칸에는 ④ '녹색불을 기다려야 한다'가 오는 것이 자연스럽다.

08 (D) 이봐, 유리야. 조심해. - (A) 무슨 일인데, 기훈아? - (B) 이 안전 표지판을 봐. 머리를 조심해야 해. - (C) 알겠어, 조심할게.

09 해석

> B: 조심해, 민지야.
> G: 왜?
> B: 인도가 미끄러워. 물이 있어. 조심해서 걸어야 해.
> G: 알겠어, 조심할게.

(A) '조심해!'라는 명령문으로 be동사 뒤에는 형용사 careful이 알맞다.
(B) 동사 walk를 꾸며주는 부사 carefully가 알맞다.

10 머리를 부딪치는 그림의 표지판이므로 ④ '머리를 조심해야 해.'가 빈칸에 알맞은 말이다.

11 해석

> G: 데이비드, 조심해! 빨간 불이야.
> B: 오, 그래? 말해줘서 고마워.
> G: 걸을 때 스마트폰을 사용하면 안 돼. 안전해.
> B: 알겠어, 사용하지 않을게.

전체적으로 위험한 상황에 대해 경고하는 상황의 대화이므로 ④는 It's dangerous.가 되어야 자연스럽다.

12 빈칸 뒤에 to부정사가 있으므로 to부정사를 목적어로 취하는 동사만 빈칸에 올 수 있다. 조동사 should와 will 뒤에는 동사원형이 와야 한다.

13 첫 번째 빈칸에는 should가 알맞고, 두 번째 빈칸에는 will이 알맞다.
• 너는 안전 약속을 지켜야 해.
• 나는 운동을 하기 전에 준비 운동을 할 거야.

14 ⓒ는 보어 역할을 하는 명사적 용법의 to부정사이다. 〈보기〉와 나머지는 모두 목적어 역할을 하는 명사적 용법의 to부정사이다.
〈보기〉 그들은 저녁으로 스테이크를 먹고 싶어 한다.
ⓐ 그들은 내일 일찍 일어나야 한다.
ⓑ 우리는 이번 주말에 동물원을 방문하기를 바란다.
ⓒ 그의 직업은 학생들에게 수학을 가르치는 것이다.
ⓓ 그녀는 매일 영어를 공부할 계획이다.

[15-17] 해석

> G: 안녕, 루카스.
> B: 안녕, 에이미. 갈 준비 됐어?
> G: 물론이지! 하지만 먼저 헬멧을 써야 해.
> B: 알겠어, 쓸게.
> G: 그리고 조심해. 차가 오고 있어. 차를 조심해야 해.
> B: 고마워. 오, 저 표지판을 봐. 저쪽에 자전거 전용도로가 있어.
> G: 응, 보이네. 우리는 자전거 전용도로에서 자전거를 타야 해.
> B: 알겠어. 가자.

15 B가 Oh, look at that sign.이라고 말한 후에 There is a bike lane over there.가 이어지고 그런 다음 Yes, I see it. We should ride our bikes in the bike lane.이라고 말하는 흐름이 가장 자연스럽다.

16 will 뒤에는 앞에 나온 put on a helmet이 생략된 형태이다.

17 ①, ④는 '표지판'이라는 의미로 (B)와 쓰임이 같다. ②, ⑤는 '표시', ③은 '서명하다'라는 뜻이다.
① 나는 도로에서 정지 표지판을 보았다.
② 미소는 행복의 표시이다.
③ 여기에 이름을 서명해 주세요.
④ 복도에 '젖은 바닥' 표지판이 있다.
⑤ 그는 나가라는 신호로 문을 가리켰다.

18 해석

> 많은 학생들이 학교에서 즐거운 시간을 보내. 하지만 때때로 위험한 사고가 발생하지. 그래서 우리는 흔한 사고들에 대해 알 필요가 있어. 배워보도록 하자!

④ need는 to부정사를 목적어로 취하는 동사이므로 ⓓ는 to know가 되어야 한다.

[19-20] 해석

> **시간** 많은 학교 사고들이 체육 시간(44%), 점심시간(17%), 또는 쉬는 시간(10%) 동안 발생해.
> **원인** 학생들은 그들이 축구(19%), 농구(15%), 또는 피구(9%)를 할 때 부상을 입어. 학생들이 걸을 때(12%)에도 사고가 발생해!
> **부상** 학생들은 그들의 손가락(23%), 발목(22%), 무릎(6%)에 부상을 입어.

19 '일이나 놀이로부터의 짧은 휴식'은 '쉬는 시간'이므로 break가 알맞다.
20 흐름상 '~할 때'라는 의미의 접속사 when이 알맞다.

[21-23] 해석

> 이제 우리는 흔한 학교 사고들에 대해 알아. 하지만 어떻게 그것들이 발생할까?
> (오전 10시, 체육 수업) 진호가 농구를 했어. 그는 점프를 했는데 잘못된 방향으로 착지했어. 그는 발목에 부상을 입었어!
> (오후 12시 30분, 점심시간) 소라는 뜨거운 국 한 그릇을 집었어. 이런! 그녀는 재민이와 부딪혔어! 소라는 그녀의 팔에 뜨거운 국을 쏟았어.

21 과거형이므로 picked up을 쓰고 '뜨거운 국 한 그릇'을 나타내는 a bowl of hot soup을 이어서 쓴다.
22 (A) bump into: ~와 부딪치다 (B) on: ~ 위에
23 ③ He injured his ankle!로 보아 무릎이 아니라 발목을 다쳤다는 것을 알 수 있다.
24 바닥에 엎드리고 머리를 보호하고 무언가를 잡으라는 것은 ⑤ '지진' 안전 수칙이다.

이것은 우리의 포스터예요.
이 지진 안전 수칙들을 기억하세요.
첫째, 바닥에 엎드리세요.
다음으로, 머리를 보호하세요.
그런 다음, 무언가를 잡고 있어야 해요.

[25-26] 해석

> (오후 2시, 쉬는 시간) 호민이는 복도를 걸어갔어. 그는 그의 스마트폰을 보고 있었지. 조심해, 호민아! 아야! 그는 벽에 부딪쳤어.
> (오후 3:10, 방과 후) 학교 수업이 끝났어. 민지는 집에 빨리 가기를 원했어. 그녀는 계단을 뛰어 내려갔고 미끄러졌어!
> 우리는 학교에서 발생하는 사고의 몇 가지 예시들을 살펴봤어. 이제 안전 약속들을 아래에 적어봐. 그것들을 꼭 지켜야 해!

25 ⓓ run의 과거형은 runned가 아니라 ran이다.
26 주어와 동사 Minji wanted를 쓰고 목적어 역할을 하는 to부정사 to go를 쓰고 home quickly를 이어 쓴다.

[27-28] 해석

> 나의 안전 약속들
> 하나: 나는 운동을 하기 전에 준비 운동을 할 것이다.
> 둘: 나는 내가 뜨거운 국을 잡고 있을 때 주의 깊게 주변을 살펴볼 것이다.
> 셋: 나는 걸을 때 스마트폰을 사용하지 않을 것이다.
> 넷: 나는 계단에서 뛰지 않을 것이다.

27 '위로 올라가거나 아래로 내려가는 데 도움이 되는 계단'이므로 빈칸에는 stair(s)가 알맞다.
28 I will not use my smartphone을 먼저 쓰고 접속사 when을 쓰고 이어서 I walk를 쓴다.

[29-30] 해석

> 쉬는 시간 동안 많은 학교 사고가 계단에서 발생한다. 계단을 오르내릴 때는 발을 잘 보세요. 또한, 계단에서 친구들과 놀지 마세요.

29 '쉬는 시간 동안 학교 사고가 발생하는 일반적인 장소는 어디인가요?'라는 질문에 알맞은 대답은 ③ '계단에서'이다.
30 You should watch your step은 발밑을 조심하라는 경고의 말이므로 ① '바닥이 미끄럽다.'가 어울리는 상황이다.
① 바닥이 미끄러워요.
② 빨간불이에요.
③ 차가 오고 있어요.
④ 날씨가 추워요.
⑤ 음악이 너무 시끄러워요.

내신100신 실전 2회　　pp. 93-97

01. ③ 02. ④ 03. ⑤ 04. ④ 05. ① 06. (1) won't (2) shouldn't 07. (C) - (A) - (B) - (D) 08. ⑤ 09. ⑤ 10. ③ 11. ② 12. ④ 13. ② 14. cover your nose and mouth with a wet cloth 15. ③ 16. ② 17. remember 18. (1) 수영하기 전에 준비 운동을 할 것 (2) 수영장 가까이에서 뛰지 말 것 19. ③ 20. ③ 21. (A) fun (B) sometimes 22. ⑤ 23. ⑤ 24. ④ 25. ④ 26. ④ 27. ③ 28. I will not[won't] use my smartphone when I walk. 29. ③, ⑤ 30. safety

01 ③ to hit something by accident는 bump의 영영풀이다. injure의 영영풀이는 to hurt yourself or someone else이다.

02 학교 시설과 관련이 없는 단어는 ④ '광장'이다.

03 ⑤ 안전 수칙은 '~해야 한다'는 의미가 들어가는 것이 자연스러우므로 빈칸에 공통으로 알맞은 것은 should이다.

04 ④는 should not이 자연스럽고, 나머지는 모두 should가 자연스럽다.

05 구멍이 있다고 했으므로 ① '발밑을 조심해.'라는 경고의 말이 자연스럽다.

06 (1) will not의 줄임말은 won't이다.
(2) should not의 줄임말은 shouldn't이다.

07 (C) 데이비드, 조심해! 빨간 불이야. - (A) 오, 그래? 말해줘서 고마워. - (B) 걸을 때 스마트폰을 사용하면 안 돼. 위험해. - (D) 알겠어, 사용하지 않을게.

08 조심스럽게 걸어야 한다는 말에 대해 그러겠다고 답했으므로 충고하고 답하는 대화임을 알 수 있다.

09 해석

A: 조심해! 빨간 불이야.
B: 오, 고마워.
A: 녹색불이 될 때까지 기다려야 해.
B: 알겠어, 기다리지 않을게.

⑤ Okay, I won't.는 일반적으로 어떤 행동을 하지 않겠다는 의미로, 기다리겠다는 조언에 적합하지 않다. Okay, I will.이 되어야 자연스럽다.

[10-11] 해석

W: 짐, 조심해!
M: 무슨 문제야?
W: 너무 빠르게 운전하고 있어. 우리는 어린이보호구역에 있어. 속도를 줄여야 해.
M: 오, 맞아. 이 근처에 아이들이 많이 있어. 고마워.

10 ③은 '또한, 역시'라는 의미이고, 나머지는 모두 '너무'라는 의미이다.

11 대화에서 짐은 과속하고 있다고 언급되며, 그에 따라 속도를 늦추라는 조언을 받았으므로 ②는 일치하지 않는 내용이다.

[12-14] 해석

B: 나는 오늘 화재 안전에 대해 배웠어.
G: 오! 그것에 대해 내게 말해줘.
B: 물론이지. 만약 네가 불을 보게 된다면, 너는 119에 전화하고 큰 소리로 '불이야!'라고 외쳐야 해.
G: 알겠어. 그다음에 내가 무엇을 해야 해?
B: 너는 젖은 천으로 네 코와 입을 가려야 해. 그러고 나서 너는 빨리 밖으로 나가야 돼.
G: 이해했어.
B: 또한, 너는 계단을 이용해야 해.
G: 알겠어. 내가 그 수칙들을 기억해서 화재 시 주의할게.

12 (A)는 동사 shout를 (B)는 동사 get outside를 수식하므로 모두 부사가 알맞다.

13 화재 발견 시 가장 먼저 할 일로 언급된 것은 ②이다.

14 화재 시 연기를 흡입하지 않기 위해 하는 조치는 '젖은 천으로 코와 입을 막는 것'이다.

15 ⓐ, ⓒ, ⓓ는 옳은 문장이다.
ⓑ에서 hope는 to부정사를 목적어로 취하는 동사이므로 going이 아니라 to go가 되어야 한다.

ⓔ plan도 to부정사를 목적어로 취하는 동사이므로 attending이 아니라 to attend가 되어야 한다.
ⓐ 나는 디저트로 아이스크림을 먹고 싶다.
ⓑ 우리는 다음 달에 휴가를 가기를 바란다.
ⓒ 그들은 식료품점에서 감자를 사야 한다.
ⓓ 그는 사람들 앞에서 기타 치는 것을 아주 좋아한다.
ⓔ 그녀는 요리 수업에 참석할 계획이다.

[16-17] 해석

A: 우리는 지진 안전에 관한 포스터를 만들 거야.
B: 그래. 지진 안전 수칙에는 어떤 것들이 있어?
A: 땅에 엎드려야 해. 그리고 머리를 보호해야 해.
B: 맞아. 그리고 무언가를 붙잡아야 해.
A: 좋아. 그 수칙들을 기억하자.

16 (A) 엎드리다 (B) 가리다 (C) hold on to: ~에 의지하다, ~을 계속 잡고 있다

17 '무언가를 마음속에 간직하다'는 '기억하다'라는 뜻이므로 remember가 알맞다.

[18-20] 해석

B: 수영장에 수영하러 가자!
G: 좋은 생각이야. 하지만 가기 전에 수영 안전 수칙에 대해 이야기해야 해.
B: 알겠어. 수영장 안전 수칙에는 어떤 게 있어?
G: 먼저, 수영하기 전에 몸을 풀어야 해.
B: 그거 중요하네. 그밖에 무엇을 기억해야 해?
G: 수영장 근처에서는 뛰지 말아야 해. 미끄럽거든.
B: 알겠어, 뛰지 않을게.
G: 좋아! 우리는 항상 수영장 주변에서 조심해야 해.

18 you should warm up before swimming과 You should not run near the pool.을 통해 수영 전 준비운동을 할 것과 수영장 가까이에서 뛰지 말 것이 some safety tips에 해당한다는 것을 알 수 있다.

19 대화의 밑줄 친 before는 뒤에 명사가 있으므로 전치사로 쓰인 경우이다. ③에 쓰인 before 뒤에는 주어와 동사가 있는 절이 나왔으므로 접속사이고, 나머지는 모두 전치사이다.
① 나는 잠자기 전에 이를 닦는다.
② 나는 게임을 하기 전에 숙제를 한다.
③ 나는 학교에 가기 전에 아침을 먹는다.
④ 그녀는 잠자기 전에 책을 읽는다.
⑤ 너는 먹기 전에 손을 씻어야 한다.

20 should 뒤에는 동사원형이 와야 하므로 be가 알맞다.

21 (A) 목적어 자리이므로 명사 fun이 알맞다.
(B) '때때로'라는 의미의 부사는 sometimes이다.

[22-23] 해석

시간 많은 학교 사고들이 체육 시간(44%), 점심시간(17%), 또는 쉬는 시간(10%) 동안 발생해.
원인 학생들은 그들이 축구(19%), 농구(15%), 또는 피구(9%)를 할 때 부상을 입어. 학생들이 걸을 때(12%)에도 사고가 발생해!
부상 학생들은 그들의 손가락(23%), 발목(22%), 무릎(6%)에 부상을 입어.

22 '부상을 입다'라는 의미의 injure가 알맞으므로 ⑤가 정답이다.

23 ③ Accidents also happen when students are walking (12%)! 으로 보아 걸을 때도 사고가 발생한다는 것을 알 수 있다.

[24~26] 해석

> 이제 우리는 흔한 학교 사고들에 대해 알아. 하지만 어떻게 그것들이 발생할 까?
> (오전 10시, 체육 수업) 진호가 농구를 했어. 그는 점프를 했는데 잘못된 방향으로 착지했어. 그는 발목에 부상을 입었어!
> (오후 12시 30분, 점심시간) 소라는 뜨거운 국 한 그릇을 집었어. 이런! 그녀는 재민이와 부딪쳤어! 소라는 그녀의 팔에 뜨거운 국을 쏟았어!
> (오후 2시, 쉬는 시간) 호민이는 복도를 걸어갔어. 그는 그의 스마트폰을 보고 있었어. 조심해, 호민아! 아야! 그는 벽에 부딪쳤어.
> (오후 3:10, 방과 후) 학교 수업이 끝났어. 민지는 집에 빨리 가기를 원했어. 그녀는 계단을 뛰어 내려갔고 미끄러졌어!
> 우리는 학교에서 발생하는 사고의 몇 가지 예시들을 살펴봤어. 이제 안전 약속들을 아래에 적어봐. 그것들을 꼭 지켜야 해!

24 After class이므로 ⓓ는 started가 아니라 ended가 되어야 한다.

25 soup(국)의 수량을 나타낼 때는 bowl(사발, 그릇)을 사용하므로 a bowl of가 알맞다.

26 ④ 호민이는 스마트폰을 보며 복도를 걸어가다가 벽에 부딪쳤다.

[27~28] 해석

> 나의 안전 약속들
> 하나: 나는 운동을 하기 전에 준비 운동을 할 것이다.
> 둘: 나는 내가 뜨거운 국을 잡고 있을 때 주의 깊게 주변을 살펴볼 것이다.
> 셋: 나는 걸을 때 스마트폰을 사용하지 않을 것이다.
> 넷: 나는 계단에서 뛰지 않을 것이다.

27 (A) 운동을 하기 전에 준비 운동을 하는 것이므로 '~ 전에'를 의미하는 before가 알맞다. (B) 뜨거운 컵을 들고 있을 때 주변을 주의 깊게 살펴야 하므로 '~ 할 때'를 의미하는 when이 알맞다.

28 걸으면서 스마트폰을 사용할 거라는 안전 수칙은 어색하다. 부정문으로 쓰는 것이 자연스러우므로 will을 will not 또는 won't로 바꿔야 한다.

[29~30] 해석

> 이번 여름 방학 동안 나는 캠핑을 갈 계획이다.
> 나의 안전을 위해 이 세 가지 수칙을 따라야 해요.
> 첫째, 일기 예보를 확인해야 해요.
> 둘째, 야생 동물에 주의해야 해요.
> 셋째, 텐트 안에서 불을 피우지 말아야 해요.
> 안전한 여름 방학을 위해 이 수칙들을 지킬 거예요!

29 ③, ⑤는 위에서 언급하고 있지 않다.

30 빈칸에는 '안전'이라는 의미의 명사가 필요하므로 safe의 명사형 safety 가 알맞다.

내신100신 서술형 실전   pp. 98-100

01. You should not run on the stairs.
02. (a)ccident
03. (1) spill (2) bump (3) injure (4) slip
04. want to travel

05. (1) 보어 / 그의 꿈은 남미를 여행하는 것이다.
   (2) 주어 / 건강한 음식을 먹는 것이 중요하다.
   (3) 목적어 / 나는 방과 후에 피아노 레슨을 받고 싶다.
06. (1) Be careful (2) You should
07. (1) You should not (2) I won't
08. (1) ⓑ: study → to study (2) ⓒ: comes → come
09. (B) – (D) – (A) – (C)
10. (1) She will cross the road at a green light.
   (2) She should cross the road at a green light.
11. (1) She will not[won't] cross the road at a red light.
   (2) She should not[shouldn't] cross the road at a red light.
12. (A) put on a helmet first (B) watch out for cars
   (C) ride our bikes in the bike lane
13. (1) 119에 전화하고 '불이야'라고 크게 외친다.
   (2) 젖은 천으로 코와 입을 가리고 밖으로 대피한다.
   (3) 계단을 이용한다.
14. (1) PE classes (2) soccer (3) ankle
15. safety, weather report, wild animals, make a fire
16. (1) should stop and look both ways before
   (2) will cross when
17. (1) injured (2) spilled (3) bumped (4) slipped

01 '계단에서 뛰어서는 안 된다.'라는 의미의 표지판이므로 You should not으로 시작하고 이어서 동사원형 run과 on the stairs를 이어서 쓴다.

02 '우연히 발생하는 나쁜 일'은 '사고'를 말하므로 accident가 알맞다.

03 (1) 카펫에 주스를 엎지르지 마라.
   (2) 조심해. 다른 사람들과 부딪칠 수 있어.
   (3) 너는 체육 시간에 무릎을 다쳤니?
   (4) 나는 종종 욕실의 젖은 바닥에서 미끄러져.

04 want의 목적어로 travel을 써야 하는데 want는 to부정사를 목적어로 취하는 동사이므로 want to travel이 빈칸에 알맞다.

05 (1) be동사 뒤에서 주어를 보충 설명하는 보어 역할
   (2) 가주어, 진주어 구문에서 주어 역할
   (3) 동사 뒤에서 목적어 역할

06 (1) '조심해!'라는 경고의 말은 Be careful!이다.
   (2) '~해야 한다'라는 말이 필요하므로 빈칸에는 You should가 알맞다.

07 해석

> G: 데이비드, 조심해! 빨간 불이야.
> B: 오, 그래? 말해줘서 고마워.
> G: 걸을 때 스마트폰을 사용하면 안 돼. 위험해.
> B: 알겠어, 사용하지 않을게.

   (1) 너는 ~해서는 안 된다
   (2) 내가 그렇게 하지 않을게

08 (1) ⓑ의 need는 to부정사를 목적어로 취하는 동사이므로 to study가 알맞다.
   (2) ⓒ의 will은 조동사로서 뒤에는 동사원형이 와야 하므로 come이 알맞다.

09 (B) 짐, 조심해! – (D) 무슨 문제야? – (A) 너무 빠르게 운전하고 있어. 우리는 어린이보호구역에 있어. 속도를 줄여야 해. – (C) 오, 맞아. 이 근처에 아이들이 많이 있어. 고마워.

10 (1) 조동사 will 뒤에는 동사원형이 온다.
(2) 조동사 should 뒤에는 동사원형이 온다.

11 (1) 조동사 will의 부정은 will not[won't]이고 뒤에는 동사원형이 온다.
(2) 조동사 should의 부정은 should not[shouldn't]이고 뒤에는 동사원형이 온다.

12 해석

> G: 안녕, 루카스.
> B: 안녕, 에이미. 갈 준비 됐어?
> G: 물론이지! 하지만 먼저 헬멧을 써야 해.
> B: 알겠어, 쓸게.
> G: 그리고 조심해. 차가 오고 있어. 차를 조심해야 해.
> B: 고마워. 오, 저 표지판을 봐. 저쪽에 자전거 전용도로가 있어.
> G: 응, 보이네. 우리는 자전거 전용도로에서 자전거를 타야 해.
> B: 알겠어. 가자.

(A) 가장 먼저 나오는 말이므로 first가 있는 put on a helmet first가 알맞다. (B) 앞에 차가 오고 있다는 말이 있으므로 watch out for cars 가 알맞다. (C) 앞에 자전거 전용도로가 있다는 말이 있으므로 ride our bikes in the bike lane이 알맞다.

13 해석

> B: 나는 오늘 화재 안전에 대해 배웠어.
> G: 오! 그것에 대해 내게 말해줘.
> B: 물론이지. 만약 네가 불을 보게 된다면, 너는 119에 전화하고 큰 소리로 '불이야!'라고 외쳐야 해.
> G: 알겠어. 그다음에 내가 무엇을 해야 해?
> B: 너는 젖은 천으로 네 코와 입을 가려야 해. 그러고 나서 너는 빨리 밖으로 나가야 돼.
> G: 이해했어.
> B: 또한, 너는 계단을 이용해야 해.
> G: 알겠어. 내가 그 수칙들을 기억해서 화재 시 주의할게.

(1) you should call 119 and shout "fire" loudly (2) cover your nose and mouth with a wet cloth, get outside quickly (3) use the stairs를 통해 알 수 있다.

14 해석

> **시간** 많은 학교 사고들이 체육 시간(44%), 점심시간(17%), 또는 쉬는 시간(10%) 동안 발생해.
> **원인** 학생들은 그들이 축구(19%), 농구(15%), 또는 피구(9%)를 할 때 부상을 입어. 학생들이 걸을 때(12%)에도 사고가 발생해!
> **부상** 학생들은 그들의 손가락(23%), 발목(22%), 무릎(6%)에 부상을 입어.

→ 학교 사고의 44%가 체육 시간에 일어난다. 19%의 사고가 축구를 할 때 발생한다. 손가락, 발목, 무릎 부상이 학생들 사이에서 흔하다.

15 해석

> 이번 여름 방학 동안, 나는 캠핑을 갈 계획이다. 나는 나의 안전을 위해 이러한 세 가지 규칙을 따라야 한다.
> 첫 번째, 나는 일기 예보를 확인해야 한다.
> 두 번째, 나는 야생 동물에 주의해야 한다.
> 세 번째, 나는 텐트 안에서 불을 피우지 말아야 한다.
> 나는 안전한 여름 방학을 위해 이 규칙을 따를 것이다!

→ 나는 내 안전을 위해 날씨 예보를 확인하고, 야생 동물에 주의하며, 텐트 안에서 불을 피우지 말아야 한다.

16 (1) 상대방에 대한 충고의 말이므로 should를 사용하고 내용상 접속사 before를 사용한다.
(2) 나의 의지를 나타내므로 will을 사용하고 내용상 접속사 when을 사용한다.

17 해석

> (오전 10시, 체육 수업) 진호가 농구를 했어. 그는 점프를 했는데 잘못된 방향으로 착지했어. 그는 발목에 부상을 입었어!
> (오후 12시 30분, 점심시간) 소라는 뜨거운 국 한 그릇을 집었어. 이런! 그녀는 재민이와 부딪쳤어! 소라는 그녀의 팔에 뜨거운 국을 쏟았어.
> (오후 2시, 쉬는 시간) 호민이는 복도를 걸어갔어. 그는 그의 스마트폰을 보고 있었지. 조심해, 호민아! 아야! 그는 벽에 부딪쳤어.
> (오후 3:10, 방과 후) 학교 수업이 끝났어. 민지는 집에 빨리 가기를 원했어. 그녀는 계단을 뛰어 내려갔고 미끄러졌어!

(1) 진호는 농구를 하다가 발목에 부상을 입었다.
(2) 소라는 재민이와 부딪친 후 뜨거운 국을 엎질렀다.
(3) 호민이는 스마트폰을 보며 걷다가 벽에 부딪쳤다.
(4) 민지는 방과 후에 계단을 뛰어 내려가다가 미끄러졌다.

PART II

LESSON 03 | My Bright Future

교과서 어휘 연습하기 ———————— pp. 102-103

A 01. 사람 02. 우주 03. ~ 앞에서 04. 예의범절, 예의 05. 번역[통역]하다 06. 밝은 07. ~ 전에 08. 특별한 09. ~으로 유명하다 10. 사진작가 11. 멀리 떨어진, 먼 12. 반 친구 13. 만들어 내다 14. 흥미진진한 15. 화성 16. 멋진 17. 밴드, 악단 18. 영화 감독 19. 사실상, 실제로는 20. 이해하다 21. 여행 22. 유용한 23. 정보 24. 깨뜨리다, 부수다 25. ~에 관심[흥미]이 있다 26. job 27. poster 28. photography 29. find out 30. fantastic 31. role model 32. astronaut 33. acting 34. future 35. reunion 36. travel 37. in the future 38. dream 39. guitarist 40. leave 41. capture 42. moment 43. language 44. take pictures 45. guide 46. possible 47. reporter 48. floor 49. alone 50. take care of

B 01. special 02. reunion 03. amazing 04. photographer 05. exciting 06. possible 07. captures 08. translates 09. understands 10. travels 11. manners 12. tourists 13. faraway 14. take 15. application 16. photography

교과서 대화문 연습하기 ❶ ———————— pp. 104-105

TOPIC 1 Listen & Talk

A. Listen and Check
    1. what do you want to be, want to be, interested in
    2. are you interested in, want to be, What do you want to be, want to be, I'm interested in
    3. are you interested in, I'm interested in, I want to be

B. Look and Talk
    Are you interested in, What do you want, I want to be

C. Listen Up
    I'm interested in, What do you want to be, I want to be

D. Talk Together
    what are you interested in, I'm interested in, What do you want to be, want to be

TOPIC 2 Real-Life Communication

My Role Model
I want to be, I'm interested in, I want to be

Step 2
What are you interested in, I'm interested in

Lesson Review

A
what are you interested in, What do you want to be, I want to be

교과서 대화문 연습하기 ❷ ———————— pp. 106-107

TOPIC 1 Listen & Talk

A. Listen and Check
    1. in the future, a singer, interested in dancing, Not really
    2. an artist, What about you, a designer
    3. sports, a basketball player, That's cool

B. Look and Talk
    interested in science, a scientist

C. Listen Up
    What are you doing, looking at, join that club, What about you, taking pictures, a photographer, photography club

D. Talk Together
    interested in cooking, a cook, You can do it

TOPIC 2 Real-Life Communication

My Role Model
really exciting, I agree, my role model, like him, work together, sounds great

Step 2
Can you guess, an astronaut, famous for, the first person, I got it

Lesson Review

A
playing the guitar, love music, play in a band, sounds amazing

교과서 대화문 연습하기 ❸ ———————— pp. 108-109

TOPIC 1 Listen & Talk

A. Listen and Check
1. B: Arin, what do you want to be in the future?
    G: I want to be a singer. I'm interested in singing.
    B: Are you interested in dancing too?
    G: Not really.

2. B: Haeun, are you interested in drawing?

G: Yes, I am. I want to be an artist.

B: That's cool.

G: What about you, Tony? What do you want to be in the future?

B: I want to be a designer. I'm interested in drawing too.

3. G: Woojin, are you interested in sports?

B: Yes, I'm interested in basketball. I want to be a basketball player.

G: That's cool!

B. Look and Talk

A: Are you interested in science?

B: Yes, I am.

A: What do you want to be in the future?

B: I want to be a scientist.

A: That's cool!

C. Listen Up

G: Hey, Ben! What are you doing?

B: Hi, Taeyeon. I'm looking at these school club posters.

G: Oh, I see. Look! There is a drama club.

B: Yes. I'm interested in acting. I can join that club.

G: What do you want to be in the future? An actor?

B: Yes, I want to be an actor. What about you?

G: I'm interested in taking pictures. So I want to be a photographer.

B: Wow, cool! You can join the photography club, then.

D. Talk Together

A: Suho, what are you interested in?

B: I'm interested in cooking.

A: I see. What do you want to be in the future?

B: I want to be a cook. What about you, Haerin?

A: I'm interested in dancing. So I want to be a dancer.

B: That's great. You can do it!

TOPIC 2 **Real-Life Communication**

My Role Model

B: This movie is really exciting.

G: Yeah. Tom Stewart's acting is fantastic.

B: I agree. In fact, he is my role model. I want to be a great actor like him.

G: That's cool. Actually, I'm interested in movies too.

B: Oh, really?

G: Yes, I want to be a movie director. Julie Lee is my role model.

B: Maybe we can work together someday!

G: That sounds great!

Step 2

A: Hey, Minjun. Can you guess my role model?

B: Sure, Yumi. What are you interested in?

A: I'm interested in space.

B: What is your role model's job?

A: He was an astronaut.

B: What is he famous for?

A: He was the first person on the moon.

B: I got it. Your role model is Neil Armstrong.

A: Correct! I want to be a great astronaut like him.

Lesson Review

A

B: Lily, what are you interested in?

G: I'm interested in playing the guitar. I want to be a guitarist.

B: Oh, I love music too!

G: Really? What do you want to be in the future, Henry?

B: I want to be a singer.

G: That's cool! We can play in a band together someday.

B: That sounds amazing!

교과서 **문법 연습하기** ——————— pp. 110-111

Point 1 동사의 과거형

01. were **02.** was, were **03.** loved **04.** was, had **05.** was, liked **06.** was **07.** was **08.** were **09.** was **10.** were **11.** visited **12.** played **13.** finished **14.** watched **15.** studied **16.** went **17.** traveled **18.** bought **19.** lived **20.** didn't[did not] clean

Point 2 접속사 when

01. when **02.** When **03.** when **04.** When **05.** when **06.** before **07.** after **08.** after **09.** before **10.** when **11.** before **12.** when **13.** when **14.** before **15.** when **16.** When **17.** when **18.** When **19.** when **20.** before

교과서 **본문 연습하기 ❶** ——————— pp. 112-113

02 중학교 동창회가 있기 때문이다!

03 우리는 20년 전에 같은 반이었다.

04 지금은 모두가 놀랄 만한 직업을 가지고 있다.

05 그것들에 대해 알아보자!

06 은지는 우리가 중학교에 다닐 때 사진 동호회에 있었다.

07 그녀는 사진 찍는 것을 정말 좋아했다.

08 지금 그녀는 드론 사진작가이다.

09 드론은 거의 어디든 갈 수 있다.

10 그래서 그녀는 높은 하늘에서 사진을 찍을 수 있다.

11 그녀는 멋진 순간들을 포착한다.

12 그녀의 사진들은 놀랍다!

13 지민이는 어떨까?

14 그는 개를 정말 좋아하는 사람이었고 세 마리의 개를 키웠다.

15 그는 지금 선생님이다.

16 그러나 그는 아이들을 가르치지 않는다.

17 그는 개를 가르친다!

18 그는 개를 돌보고 그들에게 예절을 가르친다.

19 그가 개들과 대화할 때, 그는 특별한 애플리케이션(응용 프로그램)을 사용한다.

20 그것은 개의 소리를 사람의 언어로 번역한다.

21 그는 그가 개의 말을 알아들을 때 행복을 느낀다.

22 소희는 관광 가이드로 일한다.

23 그녀는 전 세계를 여행한다.

24 그러나 그녀는 한국을 떠나지 않는다.

25 어떻게 그것이 가능할까?

26 그녀는 VR 세계에서 관광객들을 안내한다!

27 소희가 중학교에 다닐 때, 그녀는 흥미로운 장소에 대해 우리에게 말하는 것을 좋아했다.

28 지금 그녀는 관광객에게 같은 것을 한다.

29 그녀는 그들을 멀고 위험한 장소에도 데려간다.

30 그녀는 심지어 화성으로 여행을 간다. 그건 흥미롭게 들린다!

교과서 본문 연습하기 ❷ ——— pp. 114-115

01. O	02. X	03. X	04. X	05. O	06. O	07. X
08. O	09. O	10. X	11. O	12. X	13. X	14. X
15. O	16. X	17. X	18. X	19. O	20. X	21. X
22. X	23. O	24. O	25. O	26. X	27. X	28. X
29. X	30. X	31. O				

02. haveing → having

03. was → were

04. have → has

07. take → taking

10. takes → take

12. She → Her

13. Why → How

14. has → had

16. don't → doesn't

17. teachs → teaches

18. manner → manners

20. to → into

21. happily → happy

22. like → as

26. tourist → tourists

27. tell → telling

28. same → the same

29. they → them

30. from → to

교과서 본문 연습하기 ❸ ——— pp. 116-117

01. is 02. are having 03. were 04. has 05. find out 06. was, when we 07. loved taking 08. Now 09. can go 10. can take pictures 11. captures 12. are amazing 13. How about 14. was, had 15. is, now 16. doesn't teach 17. teaches 18. takes care of, teaches 19. When 20. translates, into 21. feels, when, understands 22. works as 23. travels 24. doesn't leave 25. How is 26. tourists 27. When, was, liked 28. does 29. takes, to 30. travels to 31. sounds

교과서 본문 연습하기 ❹ ——— pp. 118-119

01. special day 02. middle school reunion 03. in the same class 04. amazing jobs 05. about them 06. photography club 07. taking pictures 08. drone photographer 09. almost anywhere 10. from high up in the sky 11. great moments 12. Her pictures 13. How about 14. had three dogs 15. a teacher now 16. doesn't teach children 17. teaches dogs 18. teaches manners to them 19. talks with 20. translates dog sounds into 21. feels happy, understands 22. as a tour guide 23. all around the world 24. doesn't leave Korea 25. that possible 26. in a VR world 27. us about interesting places 28. does the same thing 29. also takes them to 30. even travels to 31. sounds exciting

교과서 본문 연습하기 ❺ ——— pp. 120-121

01 Today is a special day.

02 We are having our middle school reunion!

03 We were in the same class 20 years ago.

04 Now everybody has amazing jobs.

05 Let's find out about them!

06 Eunji was in the photography club when we were in middle school.

07 She loved taking pictures.

08 Now she is a drone photographer.

09 Drones can go almost anywhere.

10 So she can take pictures from high up in the sky.

11 She captures great moments.

12 Her pictures are amazing!

13 How about Jimin?

14 He was a dog lover and had three dogs.

15 He is a teacher now.

16 But he doesn't teach children.

17 He teaches dogs!

18 He takes care of them and teaches manners to them.

19 When he talks with the dogs, he uses a special application.

20 It translates dog sounds into human language.

21 He feels happy when he understands the dogs.

22 Sohee works as a tour guide.

23 She travels all around the world.

24 But she doesn't leave Korea.

25 How is that possible?

26 She guides tourists in a VR world!

27 When Sohee was in middle school, she liked telling us about interesting places.

28 Now she does the same thing with her tourists.

29 She also takes them to faraway and dangerous places.

30 She even travels to Mars. That sounds exciting!

LESSON 04 | Be Safe Everywhere

교과서 어휘 연습하기 ──────── pp. 126-127

A 01. 인도 02. ~ 동안 03. 표지판 04. 지진 05. 밖, 바깥쪽 06. 안전 07. 부딪치다 08. 자전거 전용도로 09. 부상을 입다 10. 바닥 11. 배우다 12. 발목 13. 가리다, 덮다 14. 미끄러지다 15. 약속 16. 흘리다, 쏟다 17. 사고 18. 예, 예시 19. 잡고[들고] 있다 20. 일기예보 21. 횡단보도 22. (속도를) 늦추다 23. ~을 입다[쓰다] 24. 준비 운동을 하다 25. 불을 붙이다 26. tip 27. wet 28. watch 29. happen 30. cloth 31. slippery 32. shout 33. stair 34. common 35. way 36. land 37. break 38. remember 39. matter 40. excited 41. loudly 42. follow 43. school zone 44. exactly 45. pick up 46. both 47. cloudy 48. traffic light 49. cross 50. hold on to

B 01. happen 02. common 03. break 04. injuries 05. ankles 06. landed 07. injured 08. picked up 09. bumped into 10. spilled 11. walked down 12. stairs 13. examples 14. safety 15. warm up 16. holding

교과서 대화문 연습하기 ❶ ──────── pp. 128-129

(TOPIC 1) **Listen & Talk**

A. Listen and Number
1. Be careful, You should walk, Okay, I will
2. be careful, You should not use, Okay, I won't
3. be careful, You should slow down

B. Look and Talk
Be careful, You should wait for

C. Listen Up
you should put on, be careful, You should watch out, We should ride

D. Talk Together
Be careful, You should watch

(TOPIC 2) **Real-Life Communication**

Safety Campaign
you should call, You should cover, you should get outside, you should use, be careful

Step 2
You should drop, you should cover, you should hold

A

we should talk, you should warm up, You should not run, We should always be careful

교과서 대화문 연습하기 ② ———————— pp. 130-131

TOPIC 1 Listen & Talk

A. Listen and Number

1. The sidewalk is slippery
2. a red light, Thanks for telling me, when you walk, dangerous
3. What's the matter, driving too fast, school zone, many children around here

B. Look and Talk

red light, wait for the green light

C. Listen Up

ready to go, put on a helmet, A car is coming, watch out for cars, look at that sign, bike lane over there

D. Talk Together

Look at this safety sign, watch your head

TOPIC 2 Real-Life Communication

Safety Campaign

learned about fire safety, see a fire, What should I do next, cover, with, get outside quickly, remember those tips, during a fire

Step 2

make a poster, earthquake safety, drop to the ground, hold on to something

Lesson Review

A

Let's go swimming, before we go, swimming pools, warm up, That's important, run near the pool

교과서 대화문 연습하기 ③ ———————— pp. 132-133

TOPIC 1 Listen & Talk

A. Listen and Number

1. B: Be careful, Minji.
   G: Why?
   B: The sidewalk is slippery. There's water on it. You should walk carefully.
   G: Okay, I will.

2. G: David, be careful! It's a red light.
   B: Oh, is it? Thanks for telling me.
   G: You should not use your smartphone when you walk. It's dangerous.
   B: Okay, I won't.

3. W: Jim, be careful!
   M: What's the matter?
   W: You are driving too fast. We are in a school zone. You should slow down.
   M: Oh, you are right. There are many children around here. Thank you.

B. Look and Talk

A: Be careful! It's a red light.
B: Oh, thank you.
A: You should wait for the green light.
B: Okay, I will. / Okay, I won't.

C. Listen Up

G: Hi, Lucas.
B: Hi, Amy. Are you ready to go?
G: Sure! But you should put on a helmet first.
B: Okay, I will.
G: And be careful. A car is coming. You should watch out for cars.
B: Thank you. Oh, look at that sign. There is a bike lane over there.
G: Yes, I see it. We should ride our bikes in the bike lane.
B: Okay. Let's go.

D. Talk Together

A: Hey, Yuri. Be careful.
B: What's the matter, Kihoon?
A: Look at this safety sign. You should watch your head.
B: Okay, I will. / Okay, I won't.

TOPIC 2 Real-Life Communication

Safety Campaign

B: I learned about fire safety today.
G: Oh! Please tell me about it.
B: Sure. When you see a fire, you should call 119 and shout "fire" loudly.
G: Okay. What should I do next?
B: You should cover your nose and mouth with a wet cloth. Then you should get outside quickly.
G: I understand.
B: Also, you should use the stairs.
G: Okay. I'll remember those tips and be careful during a fire.

Step 2

A: We will make a poster about earthquake safety.

B: Yes. What are some earthquake safety tips?

A: You should drop to the ground. Then you should cover your head.

B: Exactly. Also, you should hold on to something.

A: Great. Let's remember those tips.

(**Lesson Review**)

A

B: Let's go swimming in the pool!

G: That's a good idea. But before we go, we should talk about swimming safety tips.

B: Sure. What are some safety tips for swimming pools?

G: First, you should warm up before swimming.

B: That's important. What else should I remember?

G: You should not run near the pool. It's slippery.

B: Okay, I won't.

G: Great! We should always be careful around swimming pools.

교과서 **문법 연습하기** ————— pp. 134-135

(Point 1) 동사의 목적어로 쓰이는 to부정사

01. to know 02. to go 03. to write 04. to watch 05. want to visit 06. to learn 07. needs to finish 08. to travel 09. to play 10. to buy 11. to see 12. plan to move 13. to read 14. hopes to meet 15. to visit 16. to cook 17. plans to travel 18. need to study 19. to take 20. hope to make

(Point 2) 조동사 should, will

01. should 02. will 03. will 04. will not 05. will not 06. should 07. will 08. should not 09. will call 10. will not 11. should finish 12. should 13. should not be 14. will finish 15. should not 16. will not 17. should 18. will not 19. should take 20. should not drive

---

교과서 **본문 연습하기** ❶ ————— pp. 136-137

02 하지만 때때로 위험한 사고가 발생하지.

03 그래서 우리는 흔한 사고들에 대해 알 필요가 있어.

04 배워보도록 하자!

05 많은 학교 사고들이 체육 시간, 점심시간, 또는 쉬는 시간 동안 발생해.

06 학생들은 그들이 축구, 농구, 또는 피구를 할 때 부상을 입어.

07 학생들이 걸을 때에도 사고가 발생해!

08 학생들은 그들의 손가락, 발목, 무릎에 부상을 입어.

09 이제 우리는 흔한 학교 사고들에 대해 알아.

---

10 하지만 어떻게 그것들이 발생할까?

11 진호가 농구를 했어.

12 그는 점프를 했는데 잘못된 방향으로 착지했어.

13 그는 발목에 부상을 입었어!

14 소라는 뜨거운 국그릇을 집었어.

15 이런! 그녀는 재민이와 부딪혔어!

16 소라는 그녀의 팔에 뜨거운 국을 쏟았어.

17 호민이는 복도를 걸어갔어.

18 그는 그의 스마트폰을 보고 있었지.

19 조심해, 호민아!

20 아야! 그는 벽에 부딪혔어.

21 학교 수업이 끝났어.

22 민지는 집에 빨리 가기를 원했어.

23 그녀는 계단을 뛰어 내려갔고 미끄러졌어!

24 우리는 학교에서 발생하는 사고의 몇 가지 예시들을 살펴봤어.

25 이제 안전 약속들을 아래에 적어봐.

26 그것들을 꼭 지켜야 해!

27 나는 운동을 하기 전에 준비 운동을 할 것이다.

28 나는 내가 뜨거운 국을 잡고 있을 때 주의 깊게 주변을 살펴볼 것이다.

29 나는 걸을 때 스마트폰을 사용하지 않을 것이다.

30 나는 계단에서 뛰지 않을 것이다.

교과서 **본문 연습하기** ❷ ————— pp. 138-139

01. O 02. X 03. X 04. O 05. X 06. X 07. X
08. X 09. O 10. O 11. X 12. X 13. O 14. X
15. O 16. X 17. O 18. X 19. X 20. X 21. O
22. X 23. O 24. O 25. X 26. O 27. X 28. X
29. O 30. O

02. sometime → sometimes

03. know → to know

05. for → during

06. and → when

07. to walk → walking

08. injury → injure

11. the basketball → basketball

12. and → but

14. piece → bowl

16. to → on

18. for → at

19. Are → Be

20. to → into

22. going → to go

25. safe → safety

27. after → before

28. careful → carefully

교과서 본문 연습하기 ❸ ——— pp. 140-141

01. Many students have 02. happen 03. need to know
04. learn 05. school accidents 06. get injuries 07. are
walking 08. injure 09. know about 10. how do 11. played
12. jumped, landed 13. injured 14. picked up 15. bumped
into 16. spilled, on 17. walked down 18. looked at 19. Be
20. bumped into 21. ended 22. to go 23. ran down, slipped
24. looked at 25. safety promises 26. should keep 27. will
warm up 28. will look around 29. will not use 30. will not run

21 The school day ended.
22 Minji wanted to go home quickly.
23 She ran down the stairs and slipped!
24 We looked at some examples of accidents at school.
25 Now write the safety promises below.
26 You should keep them!
27 I will warm up before I play sports.
28 I will look around carefully when I am holding hot soup.
29 I will not use my smartphone when I walk.
30 I will not run on the stairs.

교과서 본문 연습하기 ❹ ——— pp. 142-143

01. have fun at school 02. dangerous accidents 03. know
about common accidents 04. Let's learn 05. in, at, during
break 06. get injuries 07. also happen when 08. injure their
fingers 09. common school accidents 10. do they happen
11. played basketball 12. landed the wrong way 13. injured
his ankle 14. a bowl of hot soup 15. bumped into 16. spilled
the hot soup 17. walked down the hallway 18. looked at his
smartphone 19. Be careful 20. bumped into the wall
21. school day 22. to go home quickly 23. ran down the
stairs 24. some examples of accidents 25. safety promises
below 26. should keep them 27. before I play sports 28. I
am holding hot soup 29. when I walk 30. run on the stairs

교과서 본문 연습하기 ❺ ——— pp. 144-145

01 Many students have fun at school.
02 But sometimes, dangerous accidents happen.
03 So we need to know about common accidents.
04 Let's learn!
05 Many school accidents happen in PE classes, at lunchtime, or during break.
06 Students get injuries when they play soccer, basketball, or dodgeball.
07 Accidents also happen when students are walking!
08 Students injure their fingers, ankles, and knees.
09 Now we know about common school accidents.
10 But how do they happen?
11 Jinho played basketball.
12 He jumped but landed the wrong way.
13 He injured his ankle!
14 Sora picked up a bowl of hot soup.
15 Oops! She bumped into Jaemin!
16 Sora spilled the hot soup on her arm.
17 Homin walked down the hallway.
18 He looked at his smartphone.
19 Be careful, Homin!
20 Ouch! He bumped into the wall.

30

독해	듣기	수능·기타

Reading TUTOR 리딩튜터

체계적인 초·중·고등 독해 프로그램

Starter 1 | 2 | 3
Junior 1 | 2 | 3 | 4
리딩튜터 입문 | 기본 | 실력 | 수능PLUS

능률 중학영어 듣기 모의고사 22회

전국 16개 시·도 교육청 주관
영어듣기평가 실전대비서

Level 1 | Level 2 | Level 3

수능답독

시작부터 깊이 있는
중학 수능 독해

Level 1 | Level 2 | Level 3

1316 READING

기초부터 내신까지 중학 독해 완성

Level 1 | Level 2 | Level 3
🔗 1316 Grammar | 1316 Listening

1316 LISTENING

기초부터 실전까지 중학 듣기 완성

Level 1 | Level 2 | Level 3
🔗 1316 Grammar | 1316 Reading

첫번째 수능영어

한 발 앞서 시작하는
중학생을 위한 수능 대비서

기본 | 유형 | 실전

JUNIOR READING EXPERT

앞서가는 중학생들을 위한
원서형 독해 교재

Level 1 | Level 2 | Level 3 | Level 4
🔗 Junior Listening Expert |
Reading Expert

JUNIOR LISTENING EXPERT

앞서가는 중학생들을 위한
원서형 듣기 교재

Level 1 | Level 2 | Level 3 | Level 4
🔗 Junior Reading Expert

능률 중학영어

문법, 독해, 쓰기, 말하기를
함께 배우는 중학 영어 종합서

예비중 | 중1 | 중2 | 중3

READING Inside

중상위권 대상의 통합교과 원서형 독해서

Starter | Level 1 | Level 2 | Level 3
🔗 Grammar Inside

열중16강

문법과 독해를 완성하는 특강용 교재

문법 Level 1 | Level 2 | Level 3
문법+독해 Level 1 | Level 2 | Level 3

지은이

김 기 택	現 서울대학교 영어교육과 교수	김 현 우	現 연세대학교 영어영문학과 교수	강 민 희	現 불암중학교 교사
김 유 경	現 광남중학교 교사	최 성 묵	現 경북대학교 영어교육과 교수	서 공 주	現 대구외국어고등학교 교감
조 래 정	現 포천여자중학교 교사	전 성 호	現 ㈜NE능률 교과서개발연구소	조 유 람	前 ㈜NE능률 교과서개발연구소

중등 기출문제집
내신백신
1학기 기말고사
English 1 김기택

펴 낸 날	2025년 3월 1일 (초판 1쇄)
펴 낸 이	주민홍
펴 낸 곳	(주)NE능률

개 발 책 임	김지현
영 문 교 열	Curtis Thompson, Alison Li, Courtenay Parker
디자인책임	오영숙
디 자 인	안훈정, 오솔길
제 작 책 임	한성일

| 등 록 번 호 | 제1-68호 |
| I S B N | 979-11-253-4959-4 |

대 표 전 화	02 2014 7114
홈 페 이 지	www.neungyule.com
주 소	서울시 마포구 월드컵북로 396(상암동) 누리꿈스퀘어 비즈니스타워 10층

초·중등 영어 독해
필수 기본서

1 최신 학습 경향을 반영한 지문 수록

시사, 문화, 과학 등 다양한 소재로 지문 구성 및
중등교육과정의 중요 어휘와 핵심 문법 반영

2 양질의 문제 풀이로 확실히 익히는 독해 학습

지문 관련 배경지식과 상식을 키울 수 있는 다양한 코너 구성과
독해력, 사고력을 키워주는 서술형 문제 강화

3 Lexile지수, 단어 수에 기반한 객관적 난이도 구분

미국에서 가장 공신력 있는 독서능력 평가 지수 Lexile 지수 도입과
체계적인 난이도별 지문 구분

중등 기출문제집

내신백신 English 1 김기택

1학기 중간고사 | 1학기 기말고사 | 2학기 중간고사 | 2학기 기말고사

건강한 배움의 즐거움, NE능률

www.nebooks.co.kr
교재 상세 정보
부가학습 자료, 정오표

모바일 고객센터
교재 내용 문의, 맞춤형 교재 추천
지사/총판 안내

대표전화 02 2014 7114

정가 **15,000**원

53740

9 791125 349594

ISBN 979-11-253-4959-4